WANSHAN
The Red District

看万山红遍

中国资源型城市转型可持续发展的万山实践

连玉明 主编

社会科学文献出版社
SOCIAL SCIENCES ACADEMIC PRESS (CHINA)

编委会

编委会主任　　陈昌旭　陈少荣

编委会副主任　张　涛　夏　虹　张　明

编　　　　委　连玉明　田玉军　马兴方　马结华
　　　　　　　张吉刚

主　　　　编　连玉明

副　　主　　编　朱颖慧　武建忠　石龙学　张　涛

执 行 副 主 编　王新江

核心研究人员　连玉明　朱颖慧　武建忠　王新江
　　　　　　　石龙学　张　涛　裴　飞　李　超
　　　　　　　陈　贝　陈名彬　彭婷婷　钱　超
　　　　　　　刘　胤　李明星　陈万涛　韦　佳

学 术 秘 书　李瑞香　龙婉玲

目录

导　论　为什么是万山　　　　　　　　　　　　　　　001

第一章　资源枯竭型城市的路径依赖与转型战略

第一节　路径依赖与路径创新　　　　　　　　　054
　　一、资源枯竭型城市的世界性难题　　　　　　055
　　二、国外资源枯竭型城市转型的四种主要模式　066
　　三、我国资源枯竭型城市的转型　　　　　　　072

第二节　资源型城市的转型战略与成效评价　　　079
　　一、资源型城市产业转型的战略选择　　　　　079
　　二、资源型城市转型成效与评价体系的构建　　085
　　三、资源枯竭型城市转型进入一个新的历史阶段　092

第三节　看万山红遍：万山转型问题的典型性　　102
　　一、脱贫脱困是万山转型的首要任务　　　　　103
　　二、政策叠加优势是万山转型最大的支撑　　　107
　　三、绿水青山是万山转型的底线　　　　　　　115

第二章 脱困、脱贫与转型发展

第一节 转型共识与转型效能　125
　　一、理念，从思想转变到作风转变　126
　　二、速度，从决策力到执行力　129
　　三、实干，从招商引资到招才引智　132

第二节 从脱困到脱贫的转型实践　137
　　一、"输血"脱困与"造血"脱贫　138
　　二、练好内功和借助外力　141
　　三、讲习所、春晖社与第一书记　147

第三节 产业原地转型与城市异地转型　157
　　一、"九丰农业+"创新大棚模式　158
　　二、朱砂古镇推动文旅融合　161
　　三、农村电商重塑产业形态　165
　　四、谢桥新城提升城市品质　168
　　五、未来丹都引领城乡一体　171

第三章 重构与重生：转型规律再认识

第一节 从转型到后转型的三大跨越　177
　　一、土地流转：从分散经营到规模经营　177
　　二、人力资源：从"打工潮"到"返乡潮"　183
　　三、基层政权：从村民自治到多元治理　190

第二节 "转型之转型"的三个逻辑   195
   一、历史逻辑：由资源替代产业到现代制造与服务   196
   二、实践逻辑：从政府主导到企业主体   199
   三、理论逻辑：从基础设施硬环境到体制机制软环境   205

第三节 后转型价值链的三个重构   209
   一、新能源：多层次产业体系   210
   二、新农业：多维度结构转型   215
   三、新文旅：多元化融合范式   223

第四章 转型再平衡：从产业转型、城市转型到社会转型

第一节 获得感：迈向全面小康的公共服务   235
   一、就业优先看政策   236
   二、普惠教育靠投入   241
   三、医养结合搭平台   247

第二节 幸福感：可持续发展框架下的城乡融合   254
   一、老村与乡愁   255
   二、社区与家园   260
   三、公园与城市   266

第三节 安全感：转型中的社会治理   274
   一、维护社会安全稳定   275
   二、做好防灾减灾救灾   278
   三、加强环境污染防治   283

第五章 高质量发展：跳出转型看未来

第一节 乡村振兴：做好脱贫攻坚的接力　289
一、以"多规合一"推动六种类型乡村分类规划建设　291
二、以产业链、创新链、价值链推动绿色农业发展　295
三、以乡村旅居推动田园综合体试点示范建设　297

第二节 文化盛兴：创新世界丹都的价值　300
一、以朱砂产业园为载体创建国家文化创意产业试验区　301
二、以万山汞矿遗址申报世界文化遗产为核心建设世界著名遗产地和旅游目的地　308
三、以文化生态国际旅游城为支撑建设绿色发展先行示范区　311

第三节 特区复兴：放大协同开放的优势　317
一、下协作棋：探索东西部协作"消费扶贫"新模式　317
二、打创新牌：融入国家大数据（贵州）综合试验区建设　320
三、走开放路：与重庆、湖南等周边区域共建南向通道融入"一带一路"　322

结　语　看万山红遍的实践之美　329

专业术语　341

地名索引　349

参考文献　353

后　记　371

导论

为什么是万山

"万山丛林似沧海,百年汞矿见兴衰。千岁风云有记载,一部新史重抒怀。"

贵州省铜仁市万山区,承载着新中国第一个县级行政特区[①]的历史血脉,如今,又在加快推动转型可持续发展中走在全国前列。作为曾经的"朱砂王国"和"中国汞都",万山因汞而兴,也因汞而衰。发生在2008年冬天那场百年不遇的凝冻灾害[②],再一次把万山和党中央的关怀、全国人民的关注联系在一起。踏着坚硬的桐

[①] 1966年2月22日,经国务院批准,设立万山特区,隶属铜仁地区。1968年9月24日,贵州省革命委员会批准,撤销万山特区,建立万山镇,直属铜仁地区。1970年8月8日,国务院批准,恢复万山特区,仍属铜仁地区。

[②] 2008年1月中旬至2月上旬,我国南方地区出现了一场有气象记录以来持续时间最长、影响范围最广、强度最大的低温雨雪凝冻气象灾害。持续30天左右的凝冻天气,导致部分地区农业生产受灾严重,工业企业大范围停产,交通、电力、通信等基础设施严重受损,造成长时间的交通运输中断,旅客大量滞留,停水、停电、通信中断,食品、燃料等生活物资紧缺,给工农业生产和人民生活带来严重影响。

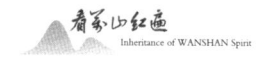

油凝，习近平亲临万山看望慰问。[①]这次慰问，温暖了万山那颗几乎冻僵的心，唤醒了万山人那颗几乎绝望的心，正式拉开了万山转型可持续发展的大幕。

十年后的今天，万山已从资源枯竭的低谷中走出来，浴火重生、凤凰涅槃，从一个贫困落后的资源枯竭型城市变成了一个彻底摆脱贫困、大踏步迈向全面小康的城市，从而迈向了绿色可持续发展的历史新征程。万山842平方公里土地、27万人民将总书记的那份牵挂、那份嘱托转化为感恩奋进、化茧成蝶的实践，让习近平新时代中国特色社会主义思想成为燎原之势，红遍万山。

习近平总书记牵挂的地方

我国的资源型城市是随着工业特别是重工业的发展而兴起并逐步壮大的。中华人民共和国成立以来，相继建成了克拉玛依、大庆、东营、盘锦、库尔勒等石油基地，大同、平顶山、阳泉、兖州、淮南等煤炭基地，鞍山、攀枝花、马鞍山等钢铁基地，白银、金川、铜陵、德兴等有色金属基地，形成了我国能源与原材料的强大供应系统。我国的煤炭、钢铁、水泥产量居世界第一位，10种有色金属、石油、化工矿产品的产量居世界前列。矿产资源的开发利用为我国提供了95%的一次能源、80%的工业原材料、

[①] 2008年1月31日，时任中共中央政治局常委、中央书记处书记习近平在贵州省委、省政府主要领导的陪同下，亲临万山特区、玉屏侗族自治县视察灾情，慰问群众，指导抗灾救灾工作。

75%以上的农业生产资料、30%以上的农田灌溉用水和饮用水；其中，矿业城市为国家提供了94%的煤炭、90%以上的石油、80%以上的铁矿石、70%以上的天然气。[1] 大庆市的原油产量占全国的45%，鞍山的钢铁产量占全国的1/7，攀枝花的钒、钛产品分别占全国的78%和60%，金川提供了全国绝大部分的镍和铂。[2] 资源型城市已经成为我国矿物能源和原材料的主要供应地。

资源型城市对促进我国经济发展、维护我国社会稳定、增强我国经济实力具有举足轻重的作用。1999年，全国矿业城市（镇）国内生产总值达到30417亿元，占全国GDP的37.3%，人均GDP为9817元，相当于全国人均GDP的1.5倍。[3] 矿业城市以占全国24.7%的人口提供了37.7%的国内生产总值，这是一个很大的贡献。矿业总产值2895亿元，占全国当年矿业总产值的81%，占全国当年GDP的3.5%，由于矿业的巨大后续效应，矿业产值及矿产品加工工业产值约占全国GDP的30%；矿产品及相关能源、原材料产品进出口总额约占全国进出口总额的15%。矿业城市向国家交纳了大量利税，为增强国家财力做出了重要贡献。如大庆市累计上缴利税3103亿元，是国家同期投资总额的46倍。

资源型城市的兴起与发展，改善了我国的区域经济格局，在

---

[1] 刘玉宝：《我国资源型城市的现状特点及其历史贡献评述》，《湖北社会科学》2006年第4期。
[2] 朱训：《21世纪中国矿业城市形势与发展战略思考》，《中国矿业》2002年第1期。
[3] 鄢丽娜：《为资源型城市转型增加"智慧"砝码》，《中国煤炭报》2018年5月12日，第005版。

促进区域经济协调发展方面发挥了重要作用。资源型城市多分布在荒无人烟或人烟稀少的穷乡僻壤,其中很多是老、少、边、穷地区。资源型城市的发展和区域辐射带动作用,促进了这些地区的脱贫致富,带动了区域经济的发展。资源型城市是一个区域物质财富、精神财富高度聚集的场所,是一个区域人、财、物的聚集中心和市场中心,它所固有的辐射力、吸引力和综合服务能力,对区域经济与社会发展具有巨大的带动作用。如攀枝花,从1965年开始,已经发展成为我国重要的钢铁基地、最大的钒钛生产基地,辐射周边20多万平方公里土地、2000多万人口,成为川滇交界地区科技、经济和社会文化中心。特别是对于我国西部地区来说,矿产资源的开发有力地支撑了区域经济的发展。

资源型城市的兴起,为社会提供了大量的就业机会。据统计,全国仅矿业城市中的矿业职工就约有827万人。矿业人口占地区人口比重最高的地级城市为甘肃省嘉峪关市,约占70%;最高的县级区为河南省上天梯区,约占66%;最高的县级市为山西省义马市,约占54%;最高的镇为青海省芒崖镇,约占52%。资源型产业的发展,带动与促进了矿产品加工业和服务业的发展,为扩大整个社会就业做出了重要的贡献。全国矿业城市已吸纳就业人口1.3亿,这对改善人民群众的物质文化生活、促进社会稳定发挥了重要的作用。[1]

---

[1] 刘玉宝:《我国资源型城市的现状特点及其历史贡献评述》,《湖北社会科学》2006年第4期。

资源型城市在促进我国城市化进程方面起到了积极的作用。国务院首次界定的262个资源型城市约占我国城市数量的30%，其矿产资源开发的增加值约占全部工业增加值的25%，高出全国平均水平一倍左右。1949年末，我国常住人口城镇化率仅有10.6%。由于一大批大型矿产地的发现和勘探开发，先后建成了大庆、包头、金昌、嘉峪关、克拉玛依、大同、淮南、淮北、阳泉、乌海、鞍山、本溪、盘锦、松原、七台河、鸡西、铜陵、马鞍山、德兴、三门峡、黄石、郴州、云浮、铜川、白银、石嘴山、东营等众多的资源型城镇，加快了我国的城市化进程。随着西部大开发战略的实施，西部地区逐步形成一批资源型城市，如陕西省的大柳塔就是因神府东胜煤田的开发而形成的一座新兴矿业城市。[①]

资源枯竭型城市转型是总书记一直的牵挂

随着资源的深度开发，从20世纪七八十年代开始，大多数资源型城市逐渐步入成熟期或衰退期，而资源的有限性导致资源主导型产业出现结构失衡、经济萎缩、生态环境恶化等一系列问题，严重制约区域经济社会发展及城市竞争力提升。推动资源枯竭型城市转型发展，成为加快转变经济发展方式、实现全面建成小康社会奋斗目标的必然要求，也是促进区域协调发展、统筹推进新型工业化和新型城镇化、维护社会和谐稳定、推进生态文明建设

---

① 王静：《资源枯竭型城市经济转型问题研究》，西北师范大学硕士学位论文，2011。

的重要任务，更是加快动能转变、培育新动能的必然选择。

近年来，我国在推动资源枯竭型城市转型发展方面取得了阶段性成果，一些社会民生方面的历史遗留问题基本得到解决，生态环境和城乡面貌持续改善，接续替代产业发展势头良好，转型发展的内生动力明显增强。其中，转型前全国69个资源枯竭型城市的地区生产总值年均增速远低于全国平均水平，而转型后已高出全国平均水平1.4个百分点；从财政数字看，转型地区地方公共财政收入翻了近两番，地区经济发展对资源的依赖程度不断降低，过去"一业独大"的产业结构已转向更具活力的"多元支撑"；同时，要避免这些城市重蹈"矿竭城衰"的覆辙，接下来还必须加快建立开发秩序约束、利益分配共享、产品价格形成、接续替代产业扶持等长效机制，为可持续发展提供有效的体制机制保障。[①]从中长期来看，资源型地区转型发展的核心问题是产业转型。要加快培育壮大多元并举、多极支撑的产业体系，彻底改变资源型产业"一业独大"的产业格局，这样才能增强资源型地区抵御风险的能力，从而逐步走上可持续发展的良性轨道。[②]

从目前的情况看，我国已经有不少资源枯竭型城市在转型发展之路上形成了各具特色的创新实践，特别是以江苏徐州贾汪区、辽宁抚顺等为代表，在保障改善民生、恢复治理生态环境、培育发展多元化产业体系等方面已初步探索出可复制、可推广的转型

[①] 顾阳：《做好资源枯竭城市转型发展这篇文章》，《经济日报》2018年12月17日，第011版。
[②] 阮启祥：《资源型城市转型如何走出新路》，《江西日报》2019年1月30日。

模式和解决方案。

徐州贾汪区有着130多年的采煤历史，20世纪90年代达到了鼎盛时期。贾汪的煤炭运往全国各地，它在为经济建设做出重要贡献的同时，也因过度开采，造成地面下沉、房屋开裂、生态环境恶化等问题，受采煤影响塌陷的土地有13万多亩。[1]由于产业结构高度单一，环境污染严重，高新技术和新兴产业项目难以落地，贾汪失业人员剧增，财政极端困难，社会保障压力巨大。2011年，贾汪被列为全国第三批资源枯竭型城市。在江苏省和徐州市的支持下，贾汪提出"打造绿色贾汪，建设生态家园"的发展目标，对全区境内13.23万亩的"地球伤疤"进行复垦，实施生态再造工程。与此同时，荒山开发、河道绿化等工程同步实施。现在，贾汪已治理塌陷地7万余亩，先后在低洼塌陷地建成潘安湖湿地公园、五号井矿工广场、月亮湖田园大世界等一批生态修复项目。境内举目皆景，湖泊众多，昔日的煤城变身美丽水乡。徐州贾汪的治理模式，也成为全国资源枯竭型城市生态修复的范本。2017年12月12日，习近平前往徐州市贾汪区潘安采煤塌陷区整治工程神农码头考察。这是党的十九大闭幕后总书记首次到地方考察调研。曾经荒芜的采煤塌陷区，经过生态修复、景观构建，已经变成湖水盈盈、杨柳依依的湿地景区。习近平听取塌陷区整治和资源枯竭型城市转型发展情况汇报，然后步行到湖边察看景区新貌。

---

[1] 郭丁源：《为了总书记的嘱托：加快资源枯竭城市绿色发展》，《中国经济导报》2018年12月19日，第002版。

习近平总书记强调，资源枯竭地区经济转型发展是一篇大文章，实践证明这篇文章完全可以做好，关键是要贯彻新发展理念，坚定不移走生产发展、生活富裕、生态良好的文明发展道路。对采煤塌陷区整治的有益经验，要注意总结推广。[①]

2018年9月28日上午，习近平来到有着百年煤炭开采史，因煤而兴，也因煤而困的抚顺。在抚顺矿业集团西露天矿，了解采煤沉陷区总体情况和下一步综合改造利用的考虑，又实地考察抚顺市采煤沉陷区避险搬迁安置情况。他说，"我一直牵挂着资源枯竭型城市，这些城市发展怎样、人民生活怎样，我早就想来看看。资源枯竭型城市如何发展转型是一个大课题，要认真研究，不能急，要一步一步来。在找出路的过程中，首先要把民生保障好，特别是要保障最困难群体的生活。我们发展经济的最终目的，就是为了让老百姓的生活过得越来越好。大家的生活都要过好，全面建成小康社会，一个也不能落下，一个也不能少。"[②]

当前，推动资源枯竭型城市转型要顺应新时代的要求，既要面对全面小康新起点，也要面对高质量发展新要求，坚持以改善民生为中心、以绿色发展为遵循、以多元产业为支撑、以长效机制为保障、以统筹规划为引领，在准确把握新历史方位和矛盾变化的基础上，全面推动走高质量转型发展之路。

---

① 郭丁源：《为了总书记的嘱托：加快资源枯竭城市绿色发展》，《中国经济导报》2018年12月19日，第002版。
② 张晓松：《奋力书写东北振兴的时代新篇》，《人民日报》2018年9月30日，第001版。

总书记对万山转型可持续发展的关怀

提起"特区"一词，人们的第一反应可能是深圳。诚然，改革开放以来，深圳经济特区发展迅猛，现今已成为具有一定影响力的现代化国际化大都市，创造了举世瞩目的"深圳速度"。但以时间为单位追溯"特区"头衔的加冕，早在深圳之前，万山已是特区。1966年2月，经国务院批准正式设立万山特区，隶属铜仁地区。对于万山人，尤其是曾经的矿工子弟而言，"特区"是挥之不去的辉煌和骄傲。一个地方小镇，冠以"特区"之名，这也是万山与其他资源型城市的区别之处。

从字义剖析，"特"为独特、特殊之意，用在语境中强调事物的唯一性、突出性或重要性。汞矿的兴盛为万山带来了"特区"的荣誉，万山于1950年成立公司进行汞矿开采，1950年至2002年的50多年间，万山累计生产朱砂水银3.2万吨，占全国同期汞产量的70%以上，为国家上缴利税按可比价计算达150亿元，带动综合效益300亿元。1959年到1962年的四年间，万山生产的汞金属达4548吨，连续四年汞产量突破千吨大关，创下15亿元的收益，出色地完成了帮国家渡过难关和偿还苏联外债的重任，被周恩来总理誉为"爱国汞"。

汞矿巅峰期，万山会聚了除西藏以外全国30个省区市的人员，包括南下干部、全国各地的工程技术人员、知识分子、工人等，他们在万山留下青春的印记，倾注热情与智慧，发挥各自的技术专长，奉献出心血，书写着汞矿的历史。

20世纪60~90年代，贵州汞矿培养出的一批批管理者和技术人员，输送到贵州钢铁厂、贵州铝厂、水城钢铁厂、遵义钢绳厂、瓮福磷矿、务川汞矿和省外的广西平果铝厂、陕西略阳钢铁厂等企业，这不仅是对全省工业企业建设的重大支持，同时还为后来万山汞化工储备了大量专业人才。贵州汞矿成为贵州工业革命的发源地，是贵州国有大中型企业的摇篮。[1]

但是，由于对汞矿资源"粗放式"的大量开采，万山提前迎来资源枯竭期。20世纪80年代中后期，矿山原探明储量3.4万余吨，已累计开采3.3万吨，余下的多为边角残矿，生产规模骤减，生产经营和收入长期"负增长"。汞产量由原平均年产500吨降至200吨左右，开采难度大，成本高，安全隐患严重。1992年至1994年，贵州汞矿一坑、五坑、岩屋坪三个坑口相继闭坑，朱砂主产地杉木董分矿、四坑也成为边角残采的地方。由于无矿可探、无井可钻，贵州井巷公司、贵州有色地质一队等单位纷纷从万山外迁。20世纪90年代以后，随着汞资源的日趋枯竭，汞矿为万山提供的财税收益一年比一年少，到1994年，汞矿已完全不能上缴利税，连办公经费都无法开支，职工工资不能完全兑现。

2001年10月18日，为中国累计生产朱砂水银3.2万吨的贵州汞矿在完成了光荣的历史使命后，沉重地关上了大门。与很多国内其他资源枯竭型城市相比，万山的产业高度单一，资源型产业既是主导产业，又是支柱产业，甚至可以说是唯一产业。因此，

---

[1] 铜仁市委党史研究室万山区委党史研究室：《历史界碑与精神丰碑》，《铜仁日报》2014年8月7日。

贵州汞矿的关闭,不仅是结束一座矿山的使命,而且也是万山资源主导型发展模式的终结。失去经济支柱的万山面临主体经济缺位、经济总量小、基础设施薄弱、城镇化水平低、失业人员多、居民生活困难的巨大困境,维稳成为当时面临的最大问题,一度有"贵州稳定看铜仁,铜仁稳定看万山,万山稳定看矿山"之说。

从繁荣到衰落,万山的境遇并不是突出个例,更多的,它还是我国诸多资源型城市发展现状的缩影。万山的发展与时代同轨。中华人民共和国成立以后,为尽快走上社会主义现代化道路,我国实施计划经济体制,采取优先发展重工业战略,全国各地的资源型城市迅速崛起,其中东北地区是国家大规模投资兴建的主要工业基地。20世纪50年代至80年代中后期是资源型城市发展的上升期,工人成了大家心之所向的自豪职业。形势需、资源足,则兴工业。万山乃至全国资源型城市的繁荣便是在这一时代背景下产生的。

自然资源是财富,也是掣肘。中华人民共和国成立后,大量开采的现象在资源型城市中屡见不鲜,虽然推动了我国的城镇化发展,但也加速了资源型城市生命的第二阶段,即资源枯竭的到来。梳理各资源型城市的发展历史可以发现,20世纪90年代以后,除了万山,其他资源型城市也面临资源枯竭的困境。在这一时期,资源型城市的经济社会发展进入落后或停滞阶段。例如,1996年到2000年,辽宁省"煤都"阜新市GDP年均增幅仅为2.1%,低于全国平均水平6.2个百分点。因石油资源的逐步枯竭[1],1998年

---

[1] 《国家划定69个典型资源枯竭型城市煤都占54%》,《矿业汇》,http://www.sx-coal.com/news/4563620/info,2017年11月3日。

起，甘肃玉门市地方政府为服务油田开采而兴办的化工、轻工机械、石化下游开发等工业企业，糖酒、五金、饮服等配套的商贸服务企业绝大多数破产倒闭。①

纵观人类文明，工业革命是促进资源型城市兴起的源泉，自第一台蒸汽机诞生起，大大小小的城市便开始凭借一座座高炉，在滚滚浓烟中高速前进。全球的资源型城市皆依靠丰富资源崛起，发展到顶峰后，又逃不掉资源枯竭的命运。20世纪60年代，德国鲁尔区传统的煤炭工业和钢铁工业开始走向衰落，到80年代末期，鲁尔区面临严重的失业问题。20世纪70年代，美国匹兹堡地区因资源枯竭出现了严重的衰退，企业倒闭，工人失业，社会问题丛生，市区人口大量下降。

从资源富集到资源枯竭，这是资源型城市发展的必然宿命。2008年1月，一场突如其来的雪凝灾害降临万山，一个多月，断水断电、交通受阻、房屋坍塌，万山成了一座冰封大地的白色孤岛。在灾情最严重、最危急的关头，时任中共中央政治局常委、书记处书记的习近平同志带着党中央、国务院的亲切关怀，亲临万山察看灾情，看望慰问万山受灾群众，给万山人民带来极大的鼓舞和鞭策。万山真正有效的转型，也是始于2008年习近平来过之后。在这之前，万山的困境已经到了极点，再加上那场百年不遇的雪凝灾害，万山人的心几乎都冻僵了，是总书记温暖了万山人的心，

---

① 《甘肃玉门油竭城衰资源枯竭型城市陷入转型困局》，中国经济网，http://www.hinews.cn/news/system/2010/06/15/010909069_01.shtml，2010年6月15日。

点燃了人们的希望。

2013年，铜仁市委市政府以专报的形式，将万山从2008年开始5年来取得的成绩，通过省委报到中央。5月4日，中共中央总书记、国家主席、中央军委主席习近平看到万山取得的成绩后，在贵州省专报件上做出重要批示："铜仁市万山区2008年遭受特大凝冻灾害，这些年来在中央和省的支持下，万山干部群众奋力拼搏，实现了脱困目标，我感到十分欣慰。希望再接再厉，加大工作力度，用好扶持政策，加快推动转型可持续发展，不断提高经济社会发展和群众收入水平，为实现与全国同步全面建成小康社会做出积极贡献。"星星之火，可以燎原。万山转型的星星之火源自习近平同志的亲自视察与关心关切，2013年习近平总书记的批示更如一股东风将星星之火变成了燎原之势。

2013年5月11日，贵州省委召开常委会议，学习贯彻习近平总书记对铜仁市万山工作的重要批示。会议要求，全省上下认真学习、深刻领会，把思想和行动统一到习近平总书记的批示精神上来，切实增强与全国同步全面建成小康社会的信心和决心，抓住用好国家支持贵州省发展的一系列政策机遇，大力推进经济结构战略性调整，实现转型可持续发展。[①]2013年5月8日，铜仁市委召开常委(扩大)会议专题传达学习贯彻习近平总书记重要批示精神。会议指出，习近平总书记的重要批示，饱含深情、催人

---

① 赵国梁:《学习贯彻习近平总书记对铜仁万山工作重要批示》，《贵州日报》2013年5月12日。

奋进，对万山的成绩给予了充分肯定，对铜仁的发展寄予了厚望，充分体现了党中央和习近平总书记对贵州对铜仁对万山的高度重视，极大地鼓舞了全市广大干部群众干事创业、奋力实现铜仁"中国梦"的士气和斗志。铜仁各级各部门要充分认识到习近平总书记的重要批示是最重要的政治资源、最宝贵的发展机遇，切实把认真学习宣传、贯彻落实习近平总书记的重要批示作为重要的政治任务，大力营造感恩奋进的良好氛围。

万山之变，源于总书记的关怀和厚爱。习近平总书记对万山做出重要批示，为万山的转型发展指明了前进方向、注入了强大动力、带来了巨大机遇，全面开启了万山转型崛起的燎原之路。

正是有了总书记的关怀，万山的发展得到了国家、省级层面的关心关注和大力支持，2013年11月12日，国务院《关于印发全国资源型城市可持续发展规划（2013—2020年）的通知》，将万山区列为全国67个衰退型城市之一，明确继续加大中央财政转移支付力度，指出选择典型的资源富集地区、城市和资源型企业开展可持续发展试点，积极探索各具特色的发展模式。贵州省委、省政府更是专门出台支持万山转型发展的意见。2013年5月23日，中共贵州省委、贵州省人民政府印发了《关于支持万山资源枯竭型城市转型发展的意见》，从财税、金融、土地、产业、民生和社会发展、矿产资源勘查和矿业权管理等方面给予万山支持。此外，贵州省政府还建立了支持万山资源枯竭型城市转型发展联席会议制度，联席会议制度办公室设在省发展改革委，具体负责万山转型的组织、协调和推进工作。①贵州省经济和信息化委员会、贵州省环境保护厅、贵州省林业厅、贵州省卫生厅、贵州省农业委员会、贵州省文化厅、贵州省商务厅、贵州省教育厅、贵州省旅游局、贵州省科学技术协会、贵州省住房和城乡建设厅、贵州省民宗委、贵州省残疾人联合会、贵州省供销社、贵州省发展和改革委员会等省直厅局也相继出台一系列支持万山转型发展的政策和措施。没有总书记重要批示，就没有今天万山的转型发展和群众的幸福生活。万山这几年的发展和进步，无一不是得益于习近平总书记的深切关怀和厚爱。

万山速度、万山模式与万山精神

"心衰则志衰，志衰则不达。"良好的精神状态是领导干部干事创业的必备条件。习近平总书记多次强调，要坚持把改进干部作风作为振兴发展的重要保证，充分调动广大干部积极性，不断提升工作精气神。②在转型发展的关键时期，万山党员干部带头转观念、转作风、抓落实，破除"庸懒散慢浮""拖推等靠要"等作风问题，形成"立说立办、马上就办、办就办好"的干事创业氛围。作风建设"大力度"催生发展"加速度"，万山从此驶入奋起直追

---

① 中共贵州省委办公厅：《中共贵州省委 贵州省人民政府关于支持万山资源枯竭型城市转型发展的意见》，《铜仁日报》2013年7月11日。
② 王莉银、雷景富：《全面提升新时代基层新闻宣传工作水平》，《新闻传播》2018年第22期。

的快车道，"万山速度"和"万山纪录"的不断产生，已让"先干不争论""快干不议论""干成再结论"的干事作风成为转型新共识。观念一变天地宽，作风一改效能升。万山的转型发展，已然成为习近平总书记重要批示精神最为生动的实践。

万山速度：干部作风激发政府效能

万山，仅仅用7天时间实施亮丽景观工程，安装千盏灯饰，让昔日的木杉河实现了从"美丽"到"亮丽"的转身。同样，30天完成客运南站106户拆迁工作；48天完成万山红酒店从确定选址到规划建设再到装修运营；70天基本完成了万山欢乐世界项目征地拆迁工作；3个月完成九丰农业从建设注册到产品上市工作；3个月完成万山红大道景观改造；5个月建成木沙河湿地公园；8个月完成观山雅居易地扶贫搬迁安置点的征地、平场、建设到入驻；17个月实现小云南水库建成蓄水[①]……一个个近乎奇迹的数据折射了万山速度，充分展现了万山人苦干实干、奋勇争先的激情。从2015年至2017年，每年开展为期100天的"城市大会战"，三年时间，仁山公园、名家汇、金鳞尚城等高档住宅小区陆续交付使用，基础设施日趋完善，城市绿化提档升级，项目建设如火如荼，到处都是欣欣向荣的景象，"一月一小变，三月一大变"成为万山常态，一座宜居、宜游、宜业的现代化园林城市基本成形。而城

[①] 金婉秋：《万山抓作风有力度，抓发展有速度》，http://www.wsxw.gov.cn/2015/1026/yaowen10390.html，2015年10月16日。

市快速建设、快速发展的背后，正是政府、企业和群众"保质量、抓时间、抢进度"执行效率提升的必然结果。

2015年5月，万山开展"两转一抓"主体活动，明确指出"要从有多少钱办多少事，转变为有多少项目找多少资金，敢想、敢干、敢闯！"同时，万山区出台了《铜仁市万山区干事创业容错纠错实施细则》《万山区委关于进一步加强干部队伍执行力建设的意见》等文件，促进全区干部思想观念大转变、工作作风大改进、执行能力大提升，不断激发政府效能。万山区委书记田玉军说："干事创业不能计较，不要看上班时间，而是要看效率。"

万山区政协主席吴泽军，"退居二线"后再次回到"党政一线"，担任敖寨乡脱贫攻坚指挥部指挥长、大坪乡脱贫攻坚指挥部指挥长、万仁新能源汽车项目指挥长、远盛钾业项目指挥部指挥长……54岁的吴泽军比30岁时干得更卖力、更带劲，他说："只有昂首发展，才不会再低头、被遗忘；只有昂首前进，才能感恩总书记对万山的关怀！"[①]

这里的干部脑中只有一个概念，那就是全面推动城市建设。"先干不争论、快干不议论、干成再结论"的作风成就了一个个重点项目、重点工程的快速落地，缔造了名声远扬的"万山速度"。

2018年9月，万山区成功脱贫出列，脱贫攻坚取得阶段性成效。脱贫攻坚战打响以来，万山区累计脱贫7198户24185人，贫困发生

---

① 李中迪、杨聪：《"千年丹都"拨响"绿色琴弦"》，《贵州日报》2018年8月4日，第011版。

率从19.51%降至1.19%。其中，在落实"三保障"方面，教育保障"应享尽享"，新建和改扩建92所学校，新增山村幼儿园62所；医疗保障"应保尽保"，建立"四重医疗保障"体系，开启"先看病，后付费""一站式结算"等绿色通道，建档立卡贫困户家庭医生签约服务率达100%；住房保障"应改尽改"，完成农村危房改造7873户，改善农户生产生活环境25072户。在基础设施建设方面，率先在全省实现县、乡、村100%通油（水泥）路，公路总里程突破1000公里，行政村客车通运率达100%，新建和硬化通组公路663公里，实现30户以上952个村民组全部通硬化路，共建成人饮工程396处，新建蓄水池712个，铺设管道2630公里，保障了13万山区群众饮水安全；率先在全省实现"户户通"全覆盖，实现95个村（社区）光纤信息网络全覆盖，共铺设光缆3300公里，发放机顶盒31400套，新增用户35598户。在易地扶贫搬迁方面，在完成区内1万人易地扶贫搬迁基础上，承接了全市其他县4万人的跨区域搬迁，尤其是仅用100天就完成了张家湾社区486户搬迁安置。[1]

　　一项项的数据显示，万山区的脱贫攻坚在全省，尤其是在全市实现了多个"率先"，基础设施建设、农村产业发展等速度之快，令人惊讶。而这一切都离不开脱贫攻坚一线干部的辛苦付出与强有力执行。正是有了他们的实干与担当，才有了万山的脱贫出列，从而奠定万山区农村转型发展的基础，催生万山全面转型加速度。

　　万山速度伴随着万山的转型发展应运而生。但我们应该看到，

---

[1] 邓明鹏：《万山："六个聚焦"打赢脱贫攻坚战》，《铜仁日报》2018年12月27日。

高速度发展下的城市必然对规划的科学性、政策的前瞻性及财政资金的保障和风险防范提出更高要求,也必将导致城市基础设施需求的快速增长。同样,快速建设发展的城市与老百姓的思维与生活习惯也存在着一定的矛盾,尤其是转型后原住民、新市民、外来人口等多种人群的特定需求,也对后转型时期的万山提出了更大的考验。

万山模式:从田到棚、从无到有、从小到大

资源枯竭型城市转型的核心是产业转型,要突破"矿竭城衰"的困境,摆脱路径依赖和资源掣肘,就必须改变"一业独大"的产业格局,推动产业重构。万山区通过脱贫攻坚与转型发展的结合,走出了一条传统农业从田到棚、现代工业从无到有、第三产业从小到大的后发赶超之路。尤其是高标准规划"四圈两带一网"的产业布局,推进农文旅一体、一二三产融合发展,实现了产业发展的蝶变重生。

传统农业:"从田到棚"转模式。要打赢脱贫攻坚战,实现乡村振兴,推动产业革命,必须转变传统的农业生产组织方式,破解农村没人种地这个难题。

2015年,万山区以引进九丰农业为契机,签订了《万山区大棚蔬菜种植技术应用推广合作协议》[①],按照强化结构、科技、品牌

---

① 《万山区"农业综合体+"带动1016人脱贫》,人民网,http://gz.people.com.cn/n2/2017/0929/c375231-30792843.html,2017年9月29日。

三个支撑点的"一建二提三支撑"思路,在全区推广"核心大棚+示范大棚"蔬菜种植模式,形成了"领导小组统筹管、农业部门监管、乡镇(街道)具体管"的大棚蔬菜推广管理机制,并设立大棚蔬菜发展启动基金[各乡镇(街道)不少于500万元],采取"公司+村级集体经济+农户"的运作模式,投资建设大棚蔬菜试点示范基地,推动标准化蔬菜大棚基地规模化、产业化、市场化运作,从而提高土地利用率和产出率,逐步推动农业市场化运作、合作化经营、专业化管理、科技化支撑的"四化融合"。目前,万山已建成标准化大棚蔬菜基地64个,建设规模达1.5万余亩,推广食用菌5000万棒,发展精品水果5万亩,形成了"乡乡有园区、村村有产业、贫困户户户有利益联结"的产业新格局。[1]

大棚在万山不仅仅是农业基础设施,也不仅仅是农业转型技术,而是一种现象、一种模式,更是一种精神、一种气质、一种文明。正是通过大棚这一载体,万山的传统农业转型为山地高效农业,万山的农民转型为现代技术农民,万山的农村转型为脱贫致富奔小康的农村。以引进九丰农业为标志,万山农业转型驶上一条快车道。蔬菜大棚在万山的推广普及,让从来不懂现代农业技术的农民认识到高科技农业"高大上"的厉害,让曾经"狐疑得五官变形"的万山农民看到了绿色山地高效农业的希望和未来。九丰农业、问鼎农业等在万山的落户,不仅仅是引进了一个个企

---

[1]《农村产业革命的九丰农业+模式》,万山网,http://www.wsxw.gov.cn/2018/1207/yaowen34396.html,2018年12月7日。

业,更是一种价值的开发、精神的发扬,落一子而满盘活。这也正是2015年6月习近平总书记考察遵义九丰农业时所说的"我到这里来,主要就是看中了你们对农民的带动作用"。

当然,由于农业发展的基础比较薄弱,万山农业的发展还面临着一些问题。例如,部分村依然存在缺技术、缺资金、同质化严重、销路不畅等问题。万山区农业农村局罗洪超副局长也说:"我们万山区农业存在的主要问题,一个是科技投入比较低,山区的机械化水平不高;另外一个就是抗风险能力不够,容易受自然灾害的影响。"要想实现农业更加高效发展,万山区还需在技术资金、营销模式、特色发展、基础设施建设等方面继续下功夫。

总体来看,通过大棚种植,万山区走活了农业转型这盘棋,彻底打破了万山群众"手工劳作"的农耕思维,实现了传统农业"从田到棚"的跨越式发展,犹如经历了一场"忽如一夜春风来,千树万树梨花开"的嬗变。如今的万山,"千年丹都"变身"武陵菜都",一跃成为黔东市民的"菜篮子"、休闲观光的"花园"。昔日的工业区,刮起了一股强劲的绿色旋风,再度焕发新的生机与活力。

现代工业:"从无到有"闯新路。万山因汞而兴,产业在很长的一段时间内都是以汞化工为主的传统产业。2013年,贵州省委、省政府联合发布了《关于支持万山资源枯竭型城市转型发展的意见》,其中提到"支撑万山发展接续替代产业,把万山作为我省工业重镇及承接东西部产业转移的重点,将含钾页岩综合开发利用、锰矿开采及锰精深加工、生物医药、电子信息、新材料及装备制造、新能源等纳入全省产业规划布局"。① 政策的支持,成为万山产业转型发展强劲的外部推动力。在内外动力共同作用下,万山不断做长产业链、做大产业群、做强产业园,走上了循环经济和环保之路,从此工业转型进入新阶段。

工业转型,创业为始。原万山经开区经济发展办公室主任甘江华谈道:"为了打破依靠汞的惯性思维,加快转型发展,万山区树立了多元化的发展思路,一是大力推进传统产业升级改造,减存量,控增量。二是积极引进和培育新型产业,初步形成了以新能源汽车制造配套为主导产业,钾资源综合开发利用和大健康产业共同发展的新工业格局,逐步建成了全国精细化工循环经济示范基地、朱砂工艺品生产加工示范基地、西部地区新能源汽车示范基地等五大基地。"

万山红晶汞业总工程师张亚雄说:"我们破解了'含汞固体废物利用'难题,带动汞产业从以汞矿石提炼'原生汞'过渡到以含汞废料回收'再生汞'转型。② 此后,又发明了用电代替煤作为燃料的'锅炉式'加温新工艺,技术水准达到国际先进水平。原来是卖资源,现在是向卖技术和精深加工方向转变,并形成了原材料和市场两头在外的发展格局。""尽管汞资源枯竭了,但我们依靠技术创新、利用品牌优势、提高市场占有率而让汞化工产业实现了振兴,巩固了全国汞产品集散地的龙头地位",原铜仁市政

---

① 《万山资源枯竭城市转型提速》,铜仁网,http://www.tongren.gov.cn/2013/0608/42293.shtml,2013年6月8日。

② 万秀斌、郝迎灿:《汞都转型,破茧蝶变》,《人民日报》2014年5月20日,第006版。

协副主席、万山区委书记汤志平说。①万山以此为契机,以新型汞化工为主体的民营企业迅速崛起,拉开了万山工业转型的序幕。

"截至现在,万山区规模企业已经达到了58家,汞化工企业有14家,铁合金企业3家,锰矿开采加工的企业有4家,建材企业有6家,酒、茶、药、食品等特色产品有11家,有色行业有1家,装备制造业3家,电子信息产业2家,朱砂工艺品加工企业有7家,其他的还有包括食品之类的其他行业有7家。总的来说,原来工业产业主要是靠高耗能企业和汞行业为主,占据了万山工业的95%,到现在为止比例已经降到45%左右了",万山区工业和商务局副局长段仕龙说。

第三产业:"从小到大"促发展。2015年之前,万山几乎是不谈旅游的。没有成熟的景区、景点,旅游业基本上是空白。资源枯竭,生态环境破坏,到处都是破败的景象,第三产业无比薄弱。为了破解这一症状,万山区坚持"念好山字经,做好水文章,打好生态牌"的主基调,以"工业强区、农业惠民、旅游兴业"的发展思路大力发展全域旅游,逐步构建了"四带一网"旅游格局。

回望万山产业转型历程,第三产业的发展在转型中留下了浓墨重彩的一笔。这里建起了我国第一个以山地工业文明为主体的矿山休闲怀旧小镇——朱砂古镇,建成了汞矿博物馆、玻璃栈道、影视基地、万亩红枫林等景点,实现了从过去卖资源到现在卖文化的转变;建设了集蔬菜种植、智能观光、育苗研发、食品加

---

① 陈玉祥:《万山产业转型,提速增量》,《贵州日报》2014年6月20日,第003版。

工、生态养老于一体的4A级农业旅游景区——万山九丰农业博览园，开启了万山乡村旅游新征程；挞扒洞"长寿湖湿地公园"、牙溪村"泰迪旅游综合体"、夜郎村"夜郎谷"等一系列乡村旅游景点逐渐走进人们的视野，还有水上乐园和陆地公园兼有的主题乐园——彩虹海，溶洞主题旅游景区——黄腊洞，木杉河湿地公园等；以朱砂大酒店、万山红大酒店、楚溪大酒店等为代表的酒店业也不断扮靓黔东新城，拉动第三产业的发展……

凡是过往，皆为序章。"双转型"战略实施以来，万山区实现了从人迹罕至、危楼遍布的老旧矿区向车流不息、安居乐业的旅游新区转变，第三产业蓬勃发展。下一步，万山仍需大力发展高品质社会服务业和生活服务业，以第三产业牵引公共服务结构优化，提升公共服务质量，不断探索社会与经济良性循环的发展模式。

万山精神：脱贫攻坚中的洗礼和升华

"将一座城市和一个乡村区别开来的不是它的范围和尺度，而是它与生俱来的城市精神。"[1] 城市精神是城市的自我文化认同，对内起到凝聚团结的作用，对外有着形象标识的功能[2]，它是城市的灵魂和前行的源动力，凝聚了一个城市的历史传统、精神积淀、社会风气、价值观念以及市民素质等诸多因素。万山精神是什么，虽然不同的人有不同的答案，但隐藏在背后的意思却是异曲同工，

---

[1] 叶南客：《城市精神的价值取向与塑造战略——以南京为例》，《群众》2012年第4期。

[2] 沈湘平：《当代城市精神如何塑造？》，《成都日报》2017年8月2日。

那就是一股"劲"。回溯历史，我们不难发现，近现代以来，万山为民族独立与新中国建设做出了巨大的牺牲与奉献；20世纪80年代中期以后，又因汞资源逐渐枯竭而寻求转型发展之路。万山历史，既是一个个历史界碑，更是一座座精神丰碑。[①] 万山人民在自豪与磨难、挫折与成功的历史风雨洗礼中，演绎了独特的万山精神，铸就了万山的精神脊梁。

爱国与奉献，是万山人民嘴边提得最多的一个词，也是万山人民自豪的底气。回顾历史，爱国与奉献贯穿万山的发展长河。不管是1899年得知英法侵略者要进万山掠夺汞矿时所发出"卖地给洋人者，断子绝孙"的誓言，还是此后的不断反抗，皆揭示了万山人民反帝爱国的民族气节。侵略者的"自供状"就是佐证，其内容为："昔拳匪乱炽时，莠民群聚，欲取文（万）山，厂之所有毁之。公司派人前往各处探视矿苗，常被土民所掠夺。追思往事，实为可惧。"[②]

1958年，苏联单方面撕毁合约，并提出苛刻的赔偿条件。同时，三年自然灾害更是令国家经济建设雪上加霜。而此时万山矿区天天灯火通明，工人不分昼夜地生产，连续四年产量突破千吨，生产汞总计5480.02吨，成为当时我国唯一的有色金属年产量突破千吨大关的矿山，为国家创收15亿元，周恩来总理深情地誉之为

[①] 铜仁市党史研究室、万山区党史研究室:《历史界碑与精神丰碑——万山精神溯源》，万山网，http://www.wsxw.gov.cn/2014/1226/yichan5011.html，2014年12月26日。

[②] 同上。

"爱国汞"。在国家最困难的时期,万山区人民顾全大局,先天下之忧而忧,后天下之乐而乐,凭借一身摧不垮的筋骨,肩负着为国家偿还外债的使命,付出巨大牺牲的同时,也做出重大的贡献。[①]

坚韧与自强,是万山人民攻坚克难的力量源泉、奋发图强的精神支柱。苏联专家的撤离,带走了万山汞矿区的地质勘探资料,为万山的地质勘探工作蒙上了阴影。暂时的困难并没有压垮万山人民的铮铮铁骨,反而激发了万山人民的拼劲。在这特殊的时间,万山发出了"革命前辈靠小米加步枪打出了一个新中国,我们甩掉洋拐棍也要找出矿来"这一掷地有声的呐喊。在那三年困难时期,他们提交的一批特大型和大型汞矿床,彻底改变了贵州汞矿等米下锅、无工业储量可采的被动局面。

2001年,万山汞矿因汞资源的枯竭而依法关闭破产,彼时的万山人民,生活仿佛跌入了冰点。从昔日的"小香港"到一片萧条,巨大的心理落差与生活压力,反而成了万山人探索脱困与脱贫的不竭动力。2008年,百年一遇的凝冻让万山陷入瘫痪,历经矿竭之难和城衰之痛的万山人民充分发挥为国分忧、爱国奉献、艰苦奋斗的矿工精神,不断探索转型之路,寻求生存之道。万山的转型成功离不开国家的暖心关怀,也离不开万山人民那股"不服输"的劲儿。

"万山精神是什么?"高楼坪乡党委书记杨清林说,"万山有

[①] 铜仁市党史研究室、万山区党史研究室:《历史界碑与精神丰碑——万山精神溯源》,万山网,http://www.wsxw.gov.cn/2014/1226/yichan5011.html,2014年12月26日。

一股劲、一种信念,那就是万山精神,就是苦干实干拼命干,干才有出路,拼命才能活命,所以万山敢于亮剑,万山这几年就是拼出来的。"

"一想二干三成功,一等二看三落空。"万山区以"两转一抓"为抓手,提振干部群众"苦干、实干、巧干"的干事创业精气神,形成"立说立行、马上就办、办就办好"的干事创业氛围,推动了万山经济社会跨越发展,逐渐重塑昔日辉煌与荣耀。"大道至简,实干为要",万山区通过苦干实干,谱写了一曲转型发展的凯歌,而今"先干不争论、快干不议论、干成再结论"已成为城市转型的新共识。

万山转型面临的最大瓶颈不是交通,也不是资源,而是观念。铜仁市人大常委会副主任、万山区委书记田玉军认为,不管"产业转型"还是"城市转型",首先必须是观念的"转型"。只有以观念的转变促进产业的转型、城市的转型,万山才能实现总书记提出的"加大工作力度""加快推动转型可持续发展",这样才能保证转型的一次成功,实现全面建成小康社会的目标。[①]万山创造性地提出"城市异地转型,产业原地转型"发展战略,就是源自观念的转变。也正是通过思想的不断解放和观念的不断创新,万山才走出了一条资源枯竭型城市绿色发展的新路。

一是推动观念创新,实施"贴标·亮牌"制度,牢固树立"有多少事就找多少钱"的理念,摒弃"有多少钱就办多少事"的思

---

① 欧阳黔森:《看万山红遍》,《人民文学》2018年第9期。

想。① 二是推动发展创新，以"百万年薪"招募电商领军人才，探索实施"3+"模式②，打通"黔货出山"渠道；以"菜农当官"助力农村产业发展；以"让楼于企"激发全社会创造潜力和创新活力。三是探索脱贫新路，创新推行"622"利益分配模式③、"九丰农业+"模式④、"旅游+"扶贫模式，助力脱贫攻坚。创新"334"互助养老模式⑤，切实解决农村养老问题；创新实施"五长制"⑥，推进城乡环境卫生一体化管理……一系列创新举措，打破常规激发转型活力。如今的万山，以"无中生有"的信念发展旅游业、现代农业、新型工业，从处处"慢人半拍"到"超前半步"，走出了一条资源枯竭型城市绿色转型发展的新路。

开放是城市发展的内在要求，万山区以打造"内陆开放要地"为契机，坚持"引进来"与"走出去"并重，不断推动开放型经

---

① 杨聪、王瑞馨、王娜：《打破常规激活力 "无中生有"闯新路》，《贵州日报》2018年8月15日。
② "3+"模式："机制+政策"提动力、"平台+能人"破瓶颈、"服务+特色"树品牌。
③ "622"利益分配模式：将纯利润的60%用于贫困户、20%用于村集体经济积累、20%用于合作社管理人员奖励。
④ "九丰农业+"模式：2017年，万山区依托九丰农业的大棚蔬菜繁种技术、种植模式、管理理念等优势，开始在全区推广组建标准化大棚蔬菜推广专班。精选9名技术骨干分别到9个乡镇（街道）进行技术指导，并在每个乡镇（街道）设立不少于500万元的大棚蔬菜发展启动基金，全部以贫困户股金入股龙头企业和合作社，统一育苗，统一品牌，打造标准化大棚蔬菜全产业链。
⑤ "334"互助养老模式："自带食材+集体补助"模式、"自愿缴费+政府补贴"模式、"自己种菜+社会支持"模式。
⑥ "五长制"：路长制、所长制、街长制、楼长制、网格长制。

济向更高层次发展。一是加快"引进来"。结合区内实际，万山区围绕"缺什么、引什么"的思路，重点关注五大产业，成功引进全国500强企业盾安集团、广东温氏集团、万仁新能源汽车、吉阳旅游、九丰农业、开盛钾业等企业（项目），实现建链、补链、强链多管齐下，促进产业集群发展；充分利用与苏州高新区合作的契机，争取与东部发达地区更多的合作，主动承接产业转移。二是推动"走出去"。万山区以重大节会为契机，搭建区域文化、旅游、经贸有机对接的对外交流平台，"借势"发展，形成节会、文化旅游产业和区域经济互动互促的局面。如以国际风筝会、万山朱砂工艺品博览会、城市形象宣传片等为宣传媒介，架起对外沟通之"桥"，搭建对外开放之"船"，让万山走出大山、走向世界。

万山精神既是汞矿精神，更是转型精神。万山的汞资源虽然枯竭了，但是万山的精神却没有消失，丹砂的精神赞歌依然在万山丛中永久地回响，在脱贫攻坚中涅槃，时刻激励着万山人不断前行。

脱贫攻坚战是人类历史上最伟大的工程，而一线干部就是这段历史的书写者，考验着领导干部真抓实干的精神、作风与本事。在脱贫攻坚的战场上，万山干部群众不惧艰辛、埋头苦干，在大山深处挺起铮铮脊梁，不断迎难而上、攻营拔寨，奋力开创生态美、产业兴、百姓富的万山新篇章。

他们当中，有为村民"跑断腿"却仍拄着拐杖坚守在扶贫一线的下溪乡官田村"第一书记"张程，有忍着"妻离子别"却始终奋战在脱贫攻坚最前线的石竹社区驻村干部田鹏，有在"7·4"

特大洪灾中凌晨4点从谢桥街道走到牙溪村田坝组的村支部书记张兴科……正是有了以第一书记和驻村工作队为主体的转型干部队伍及以村（社区）"三委"为代表的各级政府工作者的艰辛付出、实干苦干和无私奉献，才有了万山的脱贫出列，他们都是万山精神的践行者和传播者。

"您觉得万山之所以能转型成功和实现脱贫的最大原因是什么？""我认为一个原因是干部的苦干实干和辛勤付出，另一个就是我们找准了方向、瞄准了地方、用对了劲。"开天村开天小学教师蒲召亿的回答就是最好的佐证。

能人是推动农村集体经济发展的主要力量。当前，以合作经营为基本路径、以"专业合作社"为联系纽带、以新型能人为主要抓手已成为农村集体经济的新实现形式。群雁回巢、百鸟归林，万山正兴起一场"群雁回归"的热潮。"群雁"为什么要回归，回归的原动力是什么？除了脱贫攻坚带来的政策优势等良好的外部投资环境，最大的动力还是富而思源的故乡情、使命感与责任感以及创新创业、团结兴业、报效桑梓的精神。

2008年大学毕业后，华茜[①]一直在江浙地区打拼。"外面提到贵州，都觉得那里是个偏僻落后的地方，交通不便，但是产品很原生态。"当她在温州发展电商积累一定经验后，华茜想到了远在贵州的家乡人，同样的方法是否也能为家乡人创建一个好的机会和舞台？于是，怀揣着发展家乡的梦想，2014年初华茜回到家乡，机缘

---

① 华茜，十三届全国人大代表，铜仁市万山区万山镇电子商务服务中心负责人。

之下,她投身到阿里巴巴的农村淘宝项目中,开启了自己的创业之旅,创立了"黔乡百味"品牌,助推"黔货出山"。[①]不管是作为电商带头人、全国人大代表还是共青团干部,她都把带动百姓致富当作其重要的职责。老百姓的农产品滞销,她通过自己的电商渠道帮忙;返乡青年要创业,她积极给予鼓励和实际支持。她说:"一个人富不代表什么,我要以自己力所能及的方式让农民生活好起来,带动更多人就业,为更多人创造财富,为家乡做出更多的贡献。"

富而思源,回报桑梓。大坡村现任党支部书记田树昌自高中毕业后,就一直在外面跑工程,以建筑工程为主。2009年,他毅然决然地带着自己多年打拼攒下的500余万元回到家乡,带领村民开沟修渠,建设成立了铜仁市万山区新江大鲵亲本培育繁殖基地,该基地2013年被评为国家农业综合开发饵料养殖基地和铜仁学院实践教学基地。当被问及他为什么会回到大坡村,带动乡亲们养殖大鲵(娃娃鱼)时,田树昌支书简单地回答道"我是这里的人啊"。简简单单的七个字,尽显田树昌回报家乡、造福桑梓的情怀。

正是有了这样一批人的创新实践与奉献担当,万山才能谱写农村产业转型发展的华丽篇章,才能种下集体经济"摇钱树",才能带动农民脱贫致富,奠定乡村振兴之基。

脱贫攻坚这场战役,如果说谁是最大的受益者,无疑是贫困群众。脱贫攻坚实施以来,农村发生了天翻地覆的变化,尤其是农村基础设施、生产生活条件和农民的精神面貌得到极大改变,

---

① 刘怡珉、华茜:《归雁返乡带民富》,《铜仁日报》2018年5月4日。

最直观的就是村庄美起来了、荷包鼓起来了、笑容多起来了。

不忘初心,砥砺前行。谢桥街道石竹社区詹长江,曾经是"社区最穷的贫困户"。脱贫攻坚战一打响,在社区的引领下,詹长江开始转变观念,他说:"人不能始终留在贫困中,我不想一直当贫困户。"于是,在社区的帮助下,他做起了养鸡事业,最终成为谢桥街道附近最出名的养鸡专业户,顺利摘下"贫困帽"。说起自己的养鸡经历,詹长江脸上洋溢着幸福的笑容,那是咬定目标不放松的坚韧与自强,那是苦干实干脱贫致富后的自豪与自信。谈到国家的帮扶政策,詹长江的感激之情溢于言表,他激动地说:"虽然我不知道用什么话来形容,但是我觉得国家的扶贫政策就是好,我们是打心眼儿里感激政府。在政府的帮助下,我家的生活确实发生了很大的变化。"纵有疾风起,人生不言弃。风起云涌时,奋力求生存。

牢记嘱托加油干,感恩奋进谱新篇。从万山区这些年的发展情况来看,贫困群众无不感恩国家的扶持政策,但是即使有政府帮助,他们也不忘自强的初心。正如万山区委书记田玉军所说:"万山成绩的取得得益于全区上下牢记总书记嘱托,团结一心,苦干实干,摆脱贫困的底气和信心;源于万山干部的铁肩担当;源于万山人民不屈不挠、自力更生,更源于全区上下迎难而上的昂扬斗志。"[①]

---

① 王新伟:《贵州省铜仁市万山区敖寨侗族乡:因地制宜建设幸福乡村》,《经济日报》2019年2月19日,第007版。

跳出万山看万山

"产业原地转型，城市异地转型"是万山基于固有发展优势的转型模式创新。这种"双转型"的最大理论价值，就是突破长久以来的发展路径锁定效应，创造发展新路径。

"双转型"的理论和实践意义

以"双转型"[①]为引领，激发万山转型发展新动力。"为什么要产业原地转型？瘦死的骆驼比马大，贵州汞矿虽然破产了，但汞、锰加工冶炼产业沉淀了一定的基础，在这个方面我们还有很大的发展空间。"万山区政府办公室副主任杨胜元认为，万山重工业的基础为在老城上发展汞、锰深加工产业提供了技术、人才、市场方面的支持。近年来万山在发展汞、锰相关产业的同时，还加大招商引资力度，发展新型工业，不断延伸产业链条与完善工业体系，如发展新材料、锂电池、汽车零部件等加工业。万山一步一步以创新为新动能，带动转型发展。可以说"双转型"发展模式是贫困地区资源枯竭型城市转型发展的创新模式典范。

围绕"双转型"，万山深挖工业遗址中的文化价值，全力打造朱砂古镇、探索推广"九丰农业＋"大棚蔬菜技术培训和产业发展模式等，多路径探索，大胆创新实践，通过产业调整助推万山转型发展。2008年，万山三次产业比重为20：55：25，2018年

---

① "双转型"：产业原地转型、城市异地转型。

调整为19.7∶40.9∶39.4，创新发展路径带来的变化不仅仅是产业结构数字的变化，还给群众带来了更多的发展红利。目前，万山发展标准大棚蔬菜1.5万余亩，带动3000多户贫困户增收致富，户均增收3000元，为贫困户提供了稳定的脱贫保障。[①]

经济发展后的分配问题是群众享受发展红利的制度保障，也是激发群众积极性最有效的方法。精准扶贫"622"分红模式是万山敖寨乡中华山村"土生土长"的集体经济参股分红制度。"'622'就是村民用扶贫资金入股，将食用菌等集体产业纯利润的60%用于贫困户分红，20%用于村集体经济积累，20%用于合作社管理人员工资发放。我们村委会、乡领导和驻村干部连续召开了一个星期的会议，才确定了'622'分配模式"，中华山村村主任毛照新说。2018年5月，《人民日报》还对"622"分配模式进行了头条报道，目前"622"模式已在铜仁市推广。

以"精准扶贫"为抓手，实现万山均衡可持续发展。没有农村的发展，就没有真正的发展；没有农村的现代化，就没有整个社会的现代化。2018年万山正式实现全区域脱贫，转型发展取得了阶段性成果，尤其是万山城区已完全具备现代化城市的特点。但是"摘帽"并不意味着为脱贫攻坚工作画上休止符，"贫"与"困"的问题依然存在，它与"摘帽"之间没有清楚的分界线，尤其是城乡之间依然存在发展不均衡等问题，破除城乡二元结构，加快建立城乡协调发展体制机制和政策体系仍然是下一阶段万山

---

① 郭刚：《推动产业扶贫，实现产业富民》，《当代贵州》2018年5月1日。

发展的方向。

"本来领导安排我到谢桥新区去的，但是我在这个地方60多年了，我对这个地方有感情了，不想离开。这里样样都好，就是没有存钱取钱的地方，看病没有医院，很不方便。"家住敖寨乡岩屋坪社区的龙运笔是贵州汞矿的老矿工，在他看来，虽然现在的生活越来越好，吃穿不愁，但是在农村生活还是多有不便。问题仍然存在，但行动没有停止。精准扶贫工作开展以来，万山在改善农村面貌方面做了不少实事。"万山在改善民生方面是下了大功夫的，就拿'五改一化一维'来说，工程涉及农户2.6万户，投入资金13.65亿元"，茶店街道横山村第一书记杨党光这样说。

"心往一处想、智往一处谋、劲往一处使，这是在脱贫攻坚工作中最需要的战略。这里包含了多层意思，我认为其中最重要的几点，一个是扶贫工作光靠政府是不够的，要整合政府和社会各界的力量，打造一个政府、社会组织、企业、个人多方力量协同出力的局面；另一个是扶贫的同时要扶'志'，内外协调发力，这样有了外在推力和内在动力，群众脱贫快，也不容易返贫"，茶店街道主任任志远说道。

以"绿色发展"为底线，守住万山未来发展红利。万山发展汞矿业历史悠久，而过去粗放式的开采难免带来土壤、水源等污染问题，万山要谋求转型可持续发展，首先是解决污染问题，一是因为国家环境保护政策收紧，污染问题解决了，工厂才允许生产，群众才能安心生活。二是绿色发展是万山转型的新方向，"绿水青山"是万山发展的比较优势，未来绿色现代农业、文化旅游产业的发展都依靠万山的"绿水青山",只有保护好"一方水土",守住"绿色发展"底线,才能守住未来万山的发展红利。

"2007年以来,万山大力治理汞污染等一些历史遗留问题,在生态修复和环境整治上,一方面采取积极措施应对历史遗留问题,另一方面采取切实有效措施防治新污染产生。2007~2014年,万山投入资金共计3.2亿余元,实施矿山环境治理工程,近几年还在增加资金投入。万山汞化工产业发展更规范,涉汞企业基本实现了'三废'零排放,有近10家已被列为全国含汞废物集中利用处置示范区。同时我们一直在调整产业结构,发展绿色现代农业和旅游业,逐渐向绿色生态产业过渡。"2007年以来,万山一直沿着"念好山字经,做好水文章,打好生态牌"的思路做转型探索,力求实现经济发展和生态保护的双赢。

另外,得益于转型发展,万山在城乡基础设施建设、产业结构调整、保障民生等领域都取得了可喜的成绩。转型发展途径多样,但最终都要落脚到让百姓共享转型发展红利的目标上。发展红利共享,才能增强群众的获得感和幸福感,激发群众参与积极性,实现共建共治共享的新局面。俗话说,成果怎么样,群众说了算。"现在一个学期都不要交多少钱,只要交课本费,学费和其他的基本是免费的,在食堂吃饭一个月交的生活费都会返还",这是敖寨中学初三学生蒋珊的告白。"以前在外面打工的时候,没怎么关注家乡这块,但是随着家乡的这些企业慢慢增多之后,我发现很多人开始想着留在家乡工作",海天农业负责人邓家保说道。"以前我们的乡镇和区政府布局了好多项目,但是没有真正落实到位。从万山转型以来,这几年我们真正落实到位了,农村进行屋改,还有路网家家户户都打通了,交通发达了,确实实现了大转型",谈起近几年万山的变化,区民政局社会救助局局长、两河口村第一书记罗国玉满脸自信。穷则思变,万山在探索中求突破,在突破中发展。

可持续发展的示范价值

过去的几十年,生态学者告诫道,在开采并根据自己的意愿使用自然环境后,人类正快速滥用可支配的资源,大约20世纪,人类继续开采自然资源的能力开始达到一个极限,开始危及这些资源的再生。[1]无论是人类正经历的气候变化,还是影响许多地方的空气污染,抑或多种自然资源、生态资源(包括物种)的灭绝。科学家告诉我们,人类可以在不危及未来的情况下达到极限,可持续发展必然成为我们共同的选择。

可持续发展的概念存在已久,1987年世界环境与发展委员会(WCED)发布《我们共同的未来》报告并指出,可持续发展是"既满足当代人需求,又不损害后代人满足其自身需求的发展"。[2]从那以后,可持续发展逐渐被国际社会认可和接受,逐渐成为一项全世界公认的发展目标,也是联合国一直推崇和世界各国正努力

---

[1] 安东尼·M.奥罗姆、张玥:《亚洲城市未来十年面临的四个巨大挑战》,《中国治理评论》2014年10月31日。
[2] 张晓玲:《可持续发展理论:概念演变、维度与展望》,《中国科学院院刊》2018年第1期。

践行的全球性战略行动。

可持续发展是一项全球战略行动,更是资源枯竭型城市转型的迫切需要。我国历来重视可持续发展,可持续发展思想源远流长。"不违农时,谷不可胜食也;数罟不入洿池,鱼鳖不可胜食也;斧斤以时入山林,木材不可胜用也。"这正是先辈可持续发展智慧的体现。改革开放以来,我国积极响应联合国的可持续发展战略。1994年,《中国21世纪议程》颁布,正式拉开了可持续发展在我国的实践序幕。[1] 进入21世纪以来,我国对于可持续发展的重视更是达到了前所未有的高度,可持续发展思想开始上升为指导全国经济发展的重要思想,从科学发展观的"全面协调可持续"到新发展理念的"绿色发展",再到习近平新时代中国特色社会主义思想重点内容的"生态文明"思想,均是对可持续发展思想的持续深化。

资源枯竭型城市的诞生,意味着城市经历了或者正在经历从资源富集走向资源枯竭、从兴荣走向衰落的过程,其本身就是可持续发展的反面素材。面对资源枯竭的压力,城市要实现转型发展就必然要突破资源束缚,打破资源依赖,走可持续发展道路。习近平总书记在对万山转型的重要批示中便明确要求,"加快推动转型可持续发展"。可持续发展符合所有城市的发展需要,而资源枯竭型城市的这种需求是最为迫切的。

---

[1] 冯雪艳:《改革开放40年中国可持续发展理论的演进》,《现代管理科学》2018年第6期。

转型发展高度吻合可持续发展目标要求。可持续发展要实现从理念到实践的转化，必须要有指导实践的明确目标。2015年9月，联合国大会第七十届会议通过了《2030年可持续发展议程》，该议程确立了17个可持续发展目标，新目标适用于所有国家，也是未来15年全球需要共同完成的重点任务，17个目标内容如下。[①]

目标1：无贫穷。

目标2：零饥饿。

目标3：确保良好健康的生活与人民福祉。

目标4：实现优质教育。

目标5：提倡性别平等。

目标6：保障清洁安全饮水，并对其进行持续性管理。

目标7：推广经济适用的清洁能源。

目标8：促进经济持续增长，保障就业与体面工作。

目标9：改善基础设施，实现产业可持续发展，鼓励创新。

目标10：减少不平等。

目标11：建设可持续的城市和社区。

目标12：确保可持续消费和生产模式。

目标13：应对气候行动。

目标14：保护水下生物。

目标15：保护陆地生物。

---

① 联合国：《可持续发展目标//变革世界的17个目标》，https://www.un.org/sustainabledevelopment/zh/，2019年3月4日。

目标16：维护和平、正义与建立有效、负责和包容的机构。

目标17：加强合作，建立可持续发展伙伴关系。

可持续发展目标涉及内容较多，各目标既相对独立，又相互影响，其共同的主旨是提倡"在致力于消除贫穷的同时，需实施促进经济增长、满足教育、卫生、社会保护和就业机会等社会需求并应对气候变化和环境保护的战略"。向更可持续和更有应变能力的社会转变，需要把握好可持续发展目标相互关联的本质，负责任地管理有限自然资源是实现转变的关键，保障居民获得基本服务是实现可持续发展的基石，同时转型过程中要为脆弱人群提供社会保障体系，必须解决日益增长的社会、经济和环境的挑战，在建设具有包容性和可持续的社会过程中，移民可以使人人受益。①

从万山的转型发展实践看，既强调要摆脱贫困，保障教育、医疗、住房、就业、养老等基本公共服务，又强调改变城乡二元格局，缩小城乡差异，促进城乡融合，更强调要促进绿色发展，整治环境污染。这显然与可持续发展目标是高度吻合的。

近年来，万山区围绕"一达标、两不愁、三保障"的脱贫目标，累计实现脱贫7198户、24185人，贫困发生率从19.51%降到了1.19%，高度符合联合国可持续发展目标1～目标5的要求。2017年以来，"五改一化一维"工程全区范围内覆盖了25842人次，基

---

① 联合国：《2018年可持续发展目标报告》，https://unstats.un.org/sdgs/files/report/2018/TheSustainableDevelopmentGoalsReport2018-ZN，2019年3月4日。

本实现了目标6与目标7的要求。随着万山农村基础设施完善，各大龙头企业入驻，集体经济产业相继诞生，既促进了全区经济发展，又方便了群众就业，不仅让更多的人不必外出打工，还吸引了众多外出务工人员回归万山，基本完成了目标8与目标9的要求。易地扶贫搬迁工程显著改善了区域发展不平等的问题，提高了城市的包容性，这便是对目标10与目标11的落实。无论万山矿区实现从卖资源到卖文化的转变，还是引进九丰农业，开创"九丰农业+"的大棚蔬菜种植模式，以及引领全国的"622"利益分配模式，均是万山对目标12可持续性消费和生产模式的创新探索。"污染防治"攻坚战，是对目标13~目标15的落实。转型过程中，万山区大力改善了农村人居环境，加强了对生活垃圾的集中处理，减少了固体污染，在有条件的地方还建立了污水处理系统，加强了水资源的循环利用。目标16与目标17重点体现在对可持续发展治理体制的健全，无论是派驻第一书记、驻村干部提高基层组织力量，还是整合春晖社、信用社和供销社等力量，都是为了建立与巩固可持续发展的伙伴关系。

因此，如果说联合国可持续发展目标描绘了未来的发展蓝图，拟定了任务书，那么万山的转型发展便是为可持续发展提供了具体的操作示范，万山转型的经验与做法既值得资源枯竭型城市学习，也适合任何想要实现可持续发展地区学习与借鉴。万山转型发展不仅是为万山走出了一条发展新路，更是为全球实现可持续发展打了一个先头战。因此，我们更要跳出万山看万山，从更大范围和更高层次，站在绿色可持续发展的战略背景下，站在整个国家绿色转型的潮头下，用自己的实际行动落实习近平总书记重要批示精神，践行习近平总书记精准脱贫重要理论和生态文明思想，用资源枯竭型城市转型的典型示范和生动实践，为全球可持续发展提供路径参考。

夹缝转型理论与实践

后发地区有着与先发地区完全不同的发展特征、资源禀赋和制度基础，这决定了其转型发展必须探索更具后发优势和赶超特征的转型模式，找到反映自身特征的转型理论。

夹缝转型：后发地区的转型新理论。我国经济发展头部集中化趋势愈加明显，市场、资本、资源、人才等极度集中在先发地区，这对后发地区的转型而言是一个重大挑战。但与头部集中相对应的是产业和市场中的长尾效应，这恰恰是夹缝转型之所以成为可能的关键。如果没有这种长尾，所有转型的机会都将被头部的集中所垄断，后发地区就找不到夹缝，夹缝转型就没有可能。大多数的转型要素会集中在头部，而分布在尾部的转型是个性化的、零散的、小量的需求。正是由于产业和市场从先发地区的溢出，那部分差异化的、少量的转型会在需求曲线上面形成一条长长的"尾巴"，后发地区只要找到产业和市场的切入点，通过实施小产品、新技术、大市场战略，就能在这种转型长尾中找到突破口。

长尾效应（The Long Tail）由美国《连线》杂志主编安德森（A. Chis）于2004年10月首次提出，用来描述诸如亚马逊、易趣、谷歌等网站的商业经营模式。他告诉读者：商业和文化的未来不在热门产品，不在传统需求曲线的头部，而在于需求曲线中那条无穷长的尾巴。在统计学中"长尾"是幂律（Power Laws）和帕累托分布（Pareto Distributions）特征的一个口语化表达，人们习惯于将正态曲线中间的突起部分叫作"头"，两边相对平缓的部分叫作"尾"（见图1）；传统商业的帕累托法则认为企业80%的业绩来自20%的畅销产品，而 Web 2.0 时代的电子商务则表明那些销售冷门且量小的产品由于其种类繁多，加之互联网扩大了购买人群进而导致累积总收益丰厚。[1]

自"长尾理论"问世以来，它已经跨越了新经济的疆界而进入传统经济：越来越多的行业注意到，长尾市场不是新经济的独家特权，而是在各个传统行业无所不在的现实。[2] 同样，将长尾理论引入资源枯竭型城市的转型研究中也是非常适宜的。在更多资源要素向先发地区聚拢的头部集中达到一定程度后，其必然转向尾部的转型特色和个性地区，这些转型地区特殊的政策、市场、环境等能够满足头部溢出的转型资源更个性化和特色化的转型需求，这部分差异性大的少量转型需求会在转型市场的需求曲线上形成一条长尾。后发地区转型发展就是要在这条长长的市场夹缝中找到一条新路，实现夹缝转型，这是后发地区转型成功之所在。夹缝转型理论强调，在头部集中已经基本形成的背景下，后发地区要通过项目楔子在产业和市场的长尾效应中找到转型突破口。

---

[1] 臧雷振：《国家治理现代化的建构路径——作为治理主体的灵巧型政府实践》，《中国治理评论》2015年第1期。
[2] 张海鹰：《长尾市场媒介策略分析》，《广告大观》（综合版）2007年第9期。

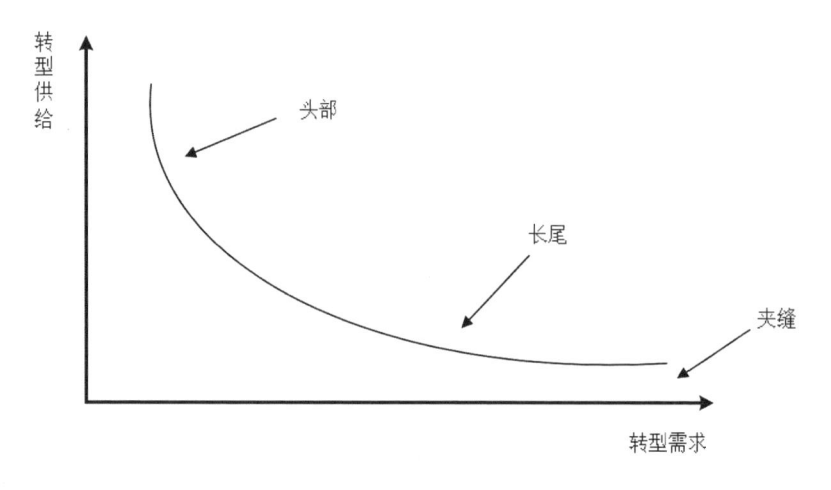

图1 头部集中、长尾效应与资源型地区的夹缝转型

由于这种长尾效应最大的特点不是与头部地区争夺高端产业和高端市场，而是小而精、小而美、小而特的领域，这种所有非流行的市场累加起来就会形成一个比流行市场还大的市场。例如，可以以行业附加值高、更换频率高、市场需求量大的智能化"小产品"为重点与头部地区和企业共建产业技术联盟，通过小产品推动工业互联网、人工智能、大数据在轻工业的集成创新与应用。对于后发地区来说，只要抓住具有庞大的市场需求并能在短时间内形成数量优势的产业，就能避开头部地区的挤压，实现夹缝转型。因此，长尾效应暗示着，更多的发展机遇和财富潜藏在非主流市场的市场需求。先发地区丰富的各种资源外溢将成为后发转型地区潜在市场的养分和触发器，要素配置市场化使得生产要素能够在先发地区与后发地区之间形成良性流动，能够缓解并改善

后发地区的转型瓶颈。通过这种资源配置的再分配与最大化，在实现先发地区带动后发地区发展的同时，也能为全域的经济结构调整和产业升级提供源源不断的动力，达到全域均势协调发展。

后发地区的转型发展在于如何抢占先机，与头部地区实现人才、资本等资源上的互动，充分调动双方优势资源实现互补；也在于如何挖掘自我发展能力，避开头部地区发展势头强劲的主流市场，另辟蹊径去发展和开拓非主流市场，成为市场全链条发展中的关键一环。后发地区的发展，需要契合产业与技术的发展趋势，才可能与头部地区协同发展，引入资本、人才、企业等发展的活源泉；也需要找准自身比较优势与产业发展趋势的最佳结合点，不断挖掘和扩展其内生力量所能拓展到的市场边界，获得蓬勃生命力、强大竞争力和持续发展力。后发地区的发展，需要在头部集中和长尾效应的夹缝中寻找后发转型新机遇，在外生力量和内生机制的齐力作用下寻找后发新动能，实现后发地区赶超。因此，后发地区的"后"是发展理念、发展条件的"后"，"发"是发展滞后但仍可以超越的"发"。后发地区要转型升级，要实现后发赶超，其固然有后发便利和后发优势，但更需要观念的转变、条件的具备。从一定意义上说，传统的不是产业，而是固化了的发展模式；落后的不是产业，而是僵化了的思想。夹缝转型的核心是转变思维，突破常规，在认识和把握转型发展规律的基础上，重构转型动力机制，实现传统产业的转型重生，加快新兴产业的优培优育。产业转型能够带动当地的经济增长，复合模式有助于区域产业有层次地协调发展，投资结构的优化有助于发挥资本的技术累积溢出效应，产业转型政策的连续性是地区发展的持续动力和保障。

当然，后发地区在转型升级的过程中，要避免沦为机会主义者，刻板地对高新技术产业和新兴产业"一哄而上"和对传统行业"一刀切"；要避免盲目套用先发地区成功经验、盲目追求经济增长；要跳出"资源诅咒""资源优势陷阱"的病态模式，借助新思维、新模式、新业态来实现新领域的开拓。只有突破路径锁定效应与资源掣肘的双重桎梏，对产业结构格局中合理的部分加快创建发展，不合理的部分加快调整优化，促使后发便利向后发优势再向比较优势的转化，争取转型升级发展先机，后发地区巨大的发展潜能才有可能被激活。"弱鸟先飞"，才有可能形成后来居上的生动局面。

夹缝转型推动万山产业优化升级。当前，后发地区的发展面临着"赶"与"转"的双重任务，选择什么样的方向与路径至关重要。夹缝转型，为后发地区成功融入供应链、价值链、产业链、创新链打好了楔子，钉紧钉实了钉子，是后发地区实现"弯道超车"的突破口，也是后发地区实现跳跃式发展的关键契机。万山的产业原地转型战略，也体现了夹缝转型的基本特征，就是以市场为导向，以"鼎新"带动"革故"，以增量带动存量，降本减负，通过新产品、新技术、新产业、新业态、新模式推动产业优化升级，强链补链延链，推动制造业产业模式和企业形态根本性转变，促进产业迈向价值链中高端。其主要体现在三个方面。

一是跳出资源，但用好政策。国家利好政策为地区经济发展提供更多资金、技术、人才等资源支持,万山转型发力最初得益于国家利好政策。2008年是万山大步迈开转型步伐的"转型元年",其后政策扶持的轨迹十分清晰。2009年,万山被国务院列为全国第二批资源枯竭型城市;2010年,贵州省人民政府批复同意《资源枯竭型城市贵州省万山特区转型规划(2010—2020年)》;2010年,《万山区汞污染防治和汞循环经济发展规划》纳入《国家重金属污染综合防治"十二五"规划》;2013年,国务院出台了《全国资源型城市可持续发展规划(2013—2020年)》,将万山纳入全国67个资源枯竭型城市行列,同年贵州省委、省政府出台《关于支持万山资源枯竭型城市转型发展的意见》,其后贵州30多个省直部门相继出台了支持万山转型发展的意见和政策措施。就如万山区委书记田玉军所指出的:"要说经验,其中一点是依靠政策,主动发力,推动产业转型和城市转型。近年来万山依靠国家政策和资金,积极发展了大棚蔬菜产业、新能源产业和全域旅游业。"正是国家政策的支持,为万山发展替代产业、开展环境整治、推动资源型城市全面转型和实施可持续发展提供了重要战略机遇。

二是企业是主体,但政府更有为。后发转型的特征决定了后发转型的规律,后发转型的规律催生了后发转型的道路。万山转型的基本规律,可以概括为六个字,那就是:理念、速度、实干。理念的转变是先导,速度的突破是核心,实干的作风是关键。作为转型发展的决定性因素,政府的引领、干部的敢干能干会干实干是转型成功的决定性因素。万山能在2018年实现全区脱贫,在脱贫攻坚任务中干部的奋斗,尤其是身处"第一线"的第一书记和驻村工作队的帮扶起着决定性作用。为早日打赢脱贫攻坚战，实现对重点乡镇、贫困村、建档立卡贫困户的一对一帮扶，万山压实干部责任，首先是建立"5321"干部帮扶机制[①]，对全区所有建档立卡贫困户均明确了帮扶干部。其次是全区"5321"帮扶干部充分运用自身资源帮助贫困户发展产业，每户至少发展1个产业，激活贫困户发展内生动力。再次是选派了300余名干部组成驻村工作队全力开展驻村帮扶工作，驻村干部每月到村开展工作20天以上。最后是针对全区2014年以来建档立卡贫困户的生产生活状况，切实解决好贫困户生活用品配备问题。万山脱贫靶向之精准、速度之快、效果之好得益于以干部为代表的政府发挥的"中流砥柱"作用。转变作风，压实责任，万山打造出一支忠诚担当、务实创新、立说立行的党员干部队伍。工作中团结统一、步调一致，万山形成了高度团结的政治生态，凝聚了全区的发展合力。

三是在"无中生有"中引进外力，在高位对接中敢破敢立。转型是一个长期的、需要适时做出革新的过程。万山要实现转型升级，就是要实现产业转型升级。实现产业转型升级，就是要实现经济转型升级。万山在转型升级的过程中认真分析作为后发地区的后发优势，保留传统汞、钾、锰等金属深加工中极具发展优势部分的同时，承接先发地区的产业转移，借助先发地区的新思维、新模式、新业态，实现了新领域的开拓，发展了万山的替代

---

① "5321"干部帮扶机制：县级领导挂帮5户，科级领导挂帮3户，股级干部挂帮2户，一般干部挂帮1户的结对帮扶机制。

产业。目前,三大产业中对万山经济发展贡献率最高的企业以转型发展后的引进企业为主。其中,第一产业以九丰农业为代表,第二产业以万仁新能源电动汽车[①]为代表,第三产业以吉阳旅游开发有限公司[②]为代表。万山通过分析比较优势,在"无中生有"中引进外力,促使产业优化升级,突破了路径锁定效应与资源掣肘的双重桎梏,激活了后发地区巨大的发展潜力。

---

① 贵州万仁汽车集团,是万山区招商引资的一家标杆性龙头企业,坐落于万山经济开发区,成立于2016年,注册资本1亿元,总占地面积1000亩,规划总投资规模达20亿元,具备新能源汽车整车和三电系统的研发、生产、销售及服务能力的新能源汽车公司。
② 贵州铜仁吉阳旅游开发有限公司,由江西省上饶市吉阳实业集团有限公司投资建设,主要从事旅游景区开发、经营业务,目前开发经营主要有两大景区,一是万山国家矿山公园景区,二是夜郎谷风景名胜区。

第一章

资源枯竭型城市的路径依赖与转型战略

按照国务院《关于促进资源型城市可持续发展的若干意见》[①]，资源型城市（包括资源型地区）是以本地区矿产、森林等自然资源开采、加工为主导产业的城市类型。资源型城市经济转型要求城市的发展要逐渐摆脱对自然资源的依赖，实现城市经济增长和可持续发展。资源枯竭型城市转型是中国经济转型的一个重要组成部分，同时也是更加复杂、更加艰难的一部分。

针对资源枯竭型城市的不同类型和转型的不同模式，目前国内的研究重点主要从资源型城市面临的路径依赖及资源、技术和认知等锁定状态入手，寻找突破这种锁定进而实现路径创新的可能性。在此基础上，一些研究还从静态和动态两个视角着手，构建资源枯竭型城市转型成效测度体系，合理设置综合评估城市转型过程和转型后达到的状态等指标，进而测算出一定时间区间内相关资源枯竭型城市的转型成效，并分析出各城市转型成效差异的原因。此外，还将这些资源枯竭型城市的转型发展成绩从其周边区域发展所取得的共同成绩中分离出来，从而深入分析资源枯竭对一个城市的影响，进而有效评估不同区域特征城市和不同资源类型城市的转型成效，发现各区域及各类型资源枯竭型城市转

[①] 2007年12月18日，国务院出台《关于促进资源型城市可持续发展的若干意见》。

型成效的差异与其外部经济环境、内部历史矛盾的积累深度以及发展基础的更深层次的关系。

第一节 路径依赖与路径创新

"路径依赖"最早起源于美国的古生物学,是指物种进化过程中偶然随机突变因素导致物种跳跃进化的现象。[①] 路径依赖引入西方新制度经济学后,主要是指一个具有正反馈机制的体系,一旦在外部性偶然事件的影响下被系统所采纳,便会沿着一定的路径发展演进,很难被其他潜在的甚至更优的体系所取代。[②] 从20世纪90年代开始,路径依赖理论被引入制度经济学、社会学、经济地理学等领域,并在熊彼特关于"任何在某一点被设计为有效的系统都会随着时间的推移变得不再有效"的论述中得到了体现,同样也有学者将路径依赖的突破归结为"有意识的偏移"。虽然不同学科、不同学者对路径依赖的理解有所差异,但对路径依赖也达成了一些共识,认为路径依赖具有以下基本特征:路径依赖是一种状态或过程;历史的偶然事件对系统发展轨迹有重要影响;强调历史的"滞后"作用。[③]

在我国,研究资源型城市转型发展中的路径依赖问题,更主要的是强调一种资源、技术和产业的发展,一旦形成,就很难改变,

---

① 谭俊涛、张平宇、李静、刘文新、仇方道:《资源型城市经济转型的路径创造——以辽源市为例》,《资源与产业》2018年第3期。
② 同上。
③ 同上。

并且会持续保持下去。一般来说，一个地方经济的发展存在两种路径依赖效应，一种是企业衍生、聚集经济为驱动力的积极意义的路径依赖效应，另一种是过度专业化、忽略外部联系而导致的消极意义的路径依赖效应。资源型城市发展问题的不断暴露主要是由于城市发展进入了消极意义的路径依赖。而一旦陷入这种依赖，就会被锁定，在行为心理学中，人们把这种一旦形成行为规划就很难改变这种规则的现象，称为阿瑟的路径锁定效应，简称锁定效应。该理论认为事物的发展过程对道路和规则的选择有依赖性，一旦选择了某种道路就很难改弦易辙。俄罗斯总统普京说过一句让人深思的话："我们的国家十分富有，但人民却很贫困。"资源型城市的转型，就是要打破这种依赖，跳出资源的"诅咒"。

一、资源枯竭型城市的世界性难题

按照资源产业与资源型城市发展的规律，资源型城市一般都要经历建设、繁荣、衰退、转型或衰亡的过程。从国际上看，德国鲁尔矿区和法国洛林矿区就曾是著名的煤铁之乡，造就了发达的矿业经济。随着矿产资源的枯竭，这些地方的发展曾一度走到衰退的边缘。但随之而来的转型，尤其是通过国家政策引导和产业结构优化，合理解决了矿业城市的历史遗留问题。其中，法国洛林模式主要通过高科技改造传统产业，德国鲁尔模式则以人力资源开发促进资源型产业转型。此外，还有以大项目引进带动产业调整的英国威尔士模式、以自身优势发展高新产业区的日本九州模式、以产业链延伸和高新技术企业发展实现城市综合发展的美国休斯敦模式。依靠这些成功的转型模式,这些传统的矿业地区走向区域经济平衡、协调和可持续发展的复兴之路,而今这些地区的经济都得到了持续性的发展。

替代产业的选择,是资源枯竭型城市转型必须面对的一个非常关键的问题。一般情况下,多数资源枯竭型城市以重组第二产业为切入点,但这并不能完全解决就业、社会保障、环境保护等经济社会问题。世界各国根据国家空间规划和布局,综合考虑资源、产业、环境因素、城市功能定位和市场需求,从而确定替代产业。各国当前的做法有迁移、产业链延伸、高新技术产业植入、发展服务业(特别是旅游业)、发展现代农业等。虽然转型模式不同,但其中也有一些共性措施和规律。

国家行动计划。传统矿业形成的矿业城市,很多是历史积淀的问题,需要政府统一的行动计划。在资源枯竭型城市的转型过程中,许多国家的政府以政府行为去矫正市场失灵,通过确定转型目标和制订转型计划去规范城市转型行为。[1]

组建专门机构。无论是发达国家还是发展中国家,单纯依靠市场机制很难完成资源型城市的转型。为做好资源型城市转型工作,很多国家设立了专门机构,制定了城市或地区转型的长期规划,认真履行社会事务管理的职责。[2]

制定优惠措施。通过实施各项优惠措施(特别是土地优惠措

---

[1] 岳友熙、岳庆云、张录强:《论生态现代化视阈下资源枯竭城市的转型——以淄博市为例》,《山东理工大学学报》(社会科学版)2011年第5期。

[2] 宋玥霞:《乌海资源型城市经济转型研究》,内蒙古大学硕士学位论文,2011。

施），吸引外部资本进入资源枯竭型城市改造。

补贴生产。为了维持就业，欧盟国家对煤炭进行补贴生产。不管是欧盟东扩后进来的相对贫穷的新盟友，还是老资格的发达国家和没落的资本主义国家，比如意大利、希腊和西班牙，在欧盟资金扶持下都仍然保留了相当比重的矿业，保证原材料和能源供应以及提供劳动就业的机会。

建立资源开发和生态环境补偿机制。如美国煤矿自建成投产开始就提取煤矿衰老报废资金，由煤矿公司集中掌握使用，积累资金用于煤矿衰老转产及煤矿关闭后职工安置、塌陷地补偿和恢复地貌等事宜。[1] 世界上多数国家实行矿山恢复环境保证金制度。

从上述资源枯竭型城市的转型路径看，无论是纯粹市场式，还是政府领导式，抑或是像日本这种在产业政策指导下的产业援助，或者自由放任模式，最终都是要跳出资源型城市的路径依赖并从资源锁定（包括功能性锁定、认知性锁定及政治性锁定）中摆脱出来，消除传统资源在产业发展中的自我增强机制，通过新的转型政策和规划，找到相应的转型模式、转型方向、转型战略，最终实现城市的转型可持续发展。[2]

1. 突破锁定效应，摆脱路径依赖

根据产业结构锁定效应的理论解释，产业发展路径依赖形成

---

[1] 秦成逊、周惠仙、李喜景：《西部资源型城市经济转型扶持政策研究》，《昆明理工大学学报》（理工版）2008年第2期。
[2] 戴学锋：《从国际经验看资源枯竭型城市如何转型》，《今日中国论坛》2009年第Z1期。

的根本原因在于产业结构被"锁定",难以进行合理有效的调整和优化。[①]按照产业发展的客观规律,一定的产业发展阶段是由相应的产业结构来支撑的,新的增长阶段的形成,往往伴随着一次大的产业结构的升级,进而把经济带上一个新的台阶。但资源枯竭型城市的产业结构恰恰受资源的锁定,导致产业结构无法升级,经济出现滑坡。这也正是所谓的资源"诅咒"假说所认为的,越是有资源的地方,越是容易出现发展的问题。

现有研究成果从以下五个方面观察一个地区是否落入资源"诅咒"陷阱:一是自然资源是否对其他要素产生挤出效应,导致一业独大、其他产业萎缩或者发展不力。二是以主导资源为依赖的发展模式是否导致当地产业发展功能性锁定、资产和能力专用性锁定、人们思维模式认知性锁定和受利益集团影响而形成的政治性锁定。三是资源型产业扩张是否导致人力资本积累不足,学习和创新能力下降,复合能力差,难以支撑产业多元化持续发展的需要。四是是否存在资源利用机会主义及寻租行为,造成大量资源浪费和掠夺性开采,腐败问题频出。五是经济发展模式是否具有可持续性;现有的经济发展模式受阻后,是否出现就业、治安、生态等社会问题。[②]

[①] 亓晶晶:《煤炭资源型城市产业发展路径依赖与经济转型》,山西财经大学硕士学位论文,2010。

[②] 杨波、赵黎明:《资源"诅咒"破解、锁定效应消除与转型空间建构——"中国金都"招远市资源型城市转型模式探索》,《现代财经》(天津财经大学学报)2013年第11期。

丰富的自然资源不一定能促进一国经济增长，反而可能阻碍其经济增长。但必须指出的是，产业发展路径依赖的锁定效应并不仅仅只是路径依赖导致的后果，它同时是问题的根源，即产业发展陷入路径依赖，导致产业结构被锁定。这种路径依赖更是产业发展的初始条件和发展过程中的自我增强机制共同作用的结果。资源型城市要破解资源"诅咒"，实现传统产业与新兴培育产业的和谐替代，实现转型发展，首先面临的一个挑战就是摆脱资源、技术、结构、功能以及认知等的"锁定效应"，通过利益与角色调整、优势与机制重构、策略与路径选择等，重新建构转型空间。从国外城市的转型经验来看，转型的过程也是逐步将支撑性资源由不可再生的资源转向可再生的人力、技术资源，逐步由对资源的开采加工转向对资源的营造，逐步由"资源观"向"资产观"转变的过程。[①]

2. 转型模式的对比与分析

　　资源枯竭型城市的转型发展是一个世界性的问题，是一项复杂而又系统的工程，但资源枯竭型城市的类型众多，不同的国情和经济结构、特殊的生态、资源赋存和产业发展经历等个性特征也决定了转型模式的差异，但其总离不开政府"有形之手"和市场"无形之手"的双重作用，从各自所发挥的作用来划分，资源枯竭型城市的转型模式主要有政府主导型和市场运作型两

---

① 杨波、赵黎明：《资源"诅咒"破解、锁定效应消除与转型空间建构——"中国金都"招远市资源型城市转型模式探索》，《现代财经》（天津财经大学学报）2013年第11期。

大类。

政府主导型模式是指政府全程参与、全方位保障城市转型发展，并在其中发挥主导作用，尤其是在转型前中期。其主要措施有：一是制定转型发展规划，设定短期、长期发展目标，明确转型路径；二是制定政策和出台法规，为城市转型提供制度保障和政策支持；三是优化营商环境，通过税收调节、财政补贴等方式为产业转型和培育接续替代产业提供有力支撑；四是完善社会保障体系，加大民生保障力度，维护社会稳定，助力城市全面转型。

政府主导型转型模式的代表有德国、日本和法国，如德国政府从20世纪60年代起，对鲁尔老工业基地进行改造，一是发挥政府主导作用，协调联邦、州和市三级政府共同参与。[①]制定"以煤钢为基础，发展新兴产业，改善经济结构，拓展交通运输"的总体目标，以及"稳定第一地带、控制第二地带、发展第三地带"的整治方案；出台《鲁尔发展纲要》，明确产业结构及布局调整等一系列目标，并在实践中不断修改和调整整体发展目标；协调联邦政府及地方政府共同承担环境整治资金，启动煤炭补贴税。二是改造传统产业，完善基础设施，实现城市"再工业化"。以法律的形式制定规划和产业结构调整方案，通过提供优惠政策和财政补贴对传统产业进行改造，改善基础设施结构，类似于中国的"关、

---

① 石秀华：《国外资源型城市成功转型的案例分析与比较》，《科技创业月刊》2006年第12期。

停、并、转"。三是吸引资金和技术,发展新兴产业。出台《1980—1984年鲁尔行动计划》,进行以发展新兴产业为主导的产业结构调整,优惠的政策,加上强有力的扶持措施,使得信息技术、新能源、生物科技等"新经济"在鲁尔区的发展极为迅速,并远远领先于德国其他地区。[1]四是提供"专业培训津贴"和成立专门的培训公司。加强对失业人员的培训,并出台创业优惠政策,调动创业积极性,从而不断扩大就业。五是发展优势产业,推进产业结构多样化。主要是通过政府主导产业结构的多样化调整,并依靠科技创新和财政补贴转向多种产业,加快产业多样化发展。六是筑起社会保障大堤,使每一位公民都能享受到最基本的生活保障。[2]

市场运作型是指资源枯竭型城市在转型过程中坚持市场导向,树立利用国内外市场的技术、资金和人才为转型服务的大开放观念,充分发挥市场在资源配置中的作用。具体来看,就是依靠企业自身发展和市场力量来实现转型,由企业自行决定进入和退出市场的时间,重点发挥企业在转型中的主体作用和项目在转型中的载体作用,并通过参股、合资、上市等形式改变产业结构不合理状况,而地方政府主要做好服务和规划工作,很少参与具体的转型控制。

该方式以美国为代表,主要有两种截然相反的结果:一是像

---

[1] 宋飏、肖超伟、王士君、王雪微:《国外典型矿业城市空间可持续发展的借鉴与启示》,《世界地理研究》2011年第4期。

[2] 石秀华:《国外资源型城市成功转型的案例分析与比较》,《科技创业月刊》2006年第12期。

位于西弗吉尼亚煤矿带中部的 Rhodell 镇，因煤炭资源渐趋枯竭，开采难度不断加大，很多煤炭企业及配套商业纷纷撤离该镇，最终沦为无人居住的鬼城；另一种是像休斯敦等城市，在 100 多年的发展历史中，走过了因油而兴、因高度依赖石油工业经济严重受挫和从单纯的石油资源型城市转向产业多元化、经济持续增长的新型大都市的发展历程，成为美国能源和石化工业中心、交通物流中心、世界著名的太空城。①

3. 转型价值链的再造

资源型城市的资源优势导致城市发展过程与轨迹进入以资源型产业为主的状态中，随着资源经济的规模递增效应，城市发展锁定在资源型经济中，而随着创新能力下降、企业竞争和报酬递减效应的出现，资源型城市必然进入过度锁定的发展瓶颈。因此，资源枯竭型城市突破这种过度锁定，或者说实现转型可持续发展的唯一出路，就是实现转型价值链的再造。之所以强调这是一种转型价值链的再造，是因为这种转型不是单一的路径选择，也不是单一的价值实现，而是一种全周期和全价值链的再造过程，是一种路径突破和路径创造，即地方政府、企业等行为主体通过战略性谋划，引进转型性产业，打破资源型城市由于路径依赖而形成的过度锁定状态，进行新路径创造的过程。② 其核心就是打

---

① 张学高：《政府主导的资源枯竭型城市转型路径选择》，《云南行政学院学报》2013 年第 4 期。

② 谭俊涛、张平宇、李静、刘文新、仇方道：《资源型城市经济转型的路径创造——以辽源市为例》，《资源与产业》2018 年第 3 期。

破多方锁定,使产业结构逐步由单一向复合转变,其中,选择最易于打破锁定的产业进行培育,是重塑转型价值链的关键(见图1-1)。[①]

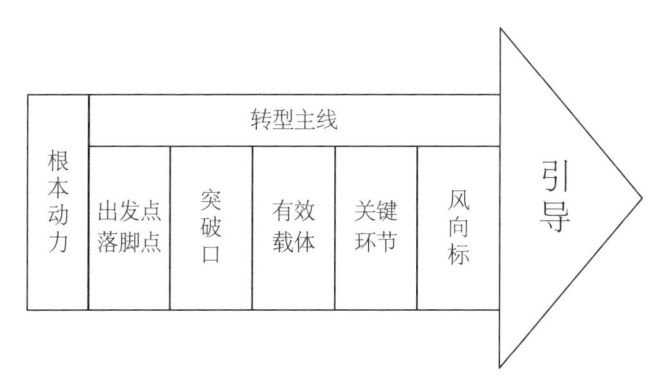

图1-1 资源枯竭型城市经济转型和可持续发展的价值链

图1-1中各价值环节的具体含义如下:

引导:中央和地方财政性转移扶持资金、基金等。

根本动力:体制机制创新与干部作风。

转型主线:转变经济发展方式。

出发点和落脚点:着力解决民生问题。

突破口:大力发展民营经济。

有效载体:招商引资和项目建设。

关键环节:营商环境。

风向标:环境整治和生态建设。

[①] 戴学锋:《从国际经验看资源枯竭型城市如何转型》,《今日中国论坛》2009年第Z1期。

转型价值链的形成，本质上是转型生态圈的重塑。如果说，传统战略思维是二维的、平面的，那么生态圈则为我们带来了多维的世界，对战略进行了革命与再定义。最近几年，国内企业日益认识到平台、生态圈等战略的重要性，这意味着传统竞争战略的终结和重塑转型生态圈的开始。如果说，以往我们对竞争战略的重视体现在如何在竞争中有效地打败竞争对手，从而形成目标市场的领导地位。那么，在新的转型背景和条件下，资源型城市转型发展战略的选择与竞争战略已经呈现高度的同质化，跨界的思维、共享平台的思维、去中心化的思维等显得更加重要。对于转型城市来说，要着眼于对传统的转型战略进行重构，更要树立转型生态圈和转型价值链的观念，更多地从平台、从创新、从网络的角度部署转型战略，实现基于转型生态圈的资源型城市转型可持续发展新动能体系。只有形成这样一种新的体系，资源型城市才能真正跳出功能性锁定，实现产业价值链的高位对接；跳出认知性锁定，实现更有效的制度层面的创新；跳出政治性锁定，实现更大范围的资源和要素的优化整合与配置。从这个角度说，转型生态圈的本质就是对人与自然的关系、对发展与保护的关系的重构。

资源型城市的传统危机扎根于"资源观"之中，打破资源"诅咒"，要从转变观念入手。[①]从国内外资源型城市的转型经验来看，

---

① 戴学锋：《从国际经验看资源枯竭型城市如何转型》，《今日中国论坛》2009年第Z1期。

当资源枯竭时，由于锁定效应，此类地区的产业应变性、适应性较差，存在功能性、认知性和政治性的多方锁定，需要以外力强制性地打破，逐步实现支撑性资源由不可再生向可再生转变，城市发展由"资源观"向"资产观"转变。[①]因此，资源型城市转型，一方面要突破长期单极产业结构发展造成的专业化锁定问题，让各种经济要素从被固化的资源型产业领域中跳脱出来，在非资源型产业中形成新的竞争优势和产业吸引力；另一方面必须突破原有的路径依赖，"解锁"锁定效应，利用比较优势创造出新的发展路径。

"锁没开，只是因为那把钥匙没有转动。"顾城有首诗写道"绝望消失以后一千年安静下来的美丽"，对于资源型城市来说，它们也有一个共同的责任，那就是守住这"一千年安静下来的美丽"。放眼全球，资源型城市是推动人类社会进步与经济发展的重要力量，同时资源诅咒也是全球资源型城市共同的痛点，制约了社会迈向新阶段的步伐，不仅使经济陷入僵局，还关系人的生存与可持续发展，引发一系列社会问题，引发集体事件，威胁社会稳定，动摇国家根基。但我们不能急功近利，从根本上实现资源枯竭型城市的转型，还是要从我们的内心出发，寻找城市最美的那个侧面，用敬畏之心收拢被破坏的资源，找到人与城市、与自然和谐共处之道，最终抵达"转型"的彼岸。

---

① 戴学锋：《从国际经验看资源枯竭型城市如何转型》，《今日中国论坛》2009年第Z1期。

二、国外资源枯竭型城市转型的四种主要模式

资源枯竭型城市转型的核心是突破资源锁定，实现产业转型，要避免重蹈"矿竭城衰"的覆辙，就必须提高资源尤其是稀缺资源的配置效率，改变"一矿独大"的产业格局，推动产业重构，培育多元并举、多极支撑的产业体系，逐步走上可持续发展的良性轨道。从国际上看，国外一些资源型城市的转型，其主要路径模式大致有四种：产业延伸型、产业更新型、产业复合型和空间再造型。

1. 产业延伸型：全面拓展产业链

产业延伸型主要是利用城市自身的资源基础性优势，提高资源开发的自我积累能力，改造升级传统行业，以尽可能少的资源投入生产尽可能多的产品，获得尽可能大的效益。同时，延伸和拓展产业链，逐步培育发展一批有基础、有潜力、有需求的特色产业集群，实现上下游产业集聚效应，从而提高资源利用效益和附加值，实现产业高端化、集聚化发展。

例如美国休斯敦，其主要的产业政策是引导资源型产业向产业链的高端发展，利用技术优势弥补资源带来的诸多不利因素。一是双向拓展延伸石油产业价值链。一方面，向下延伸价值链，充分利用区位优势和周边地区丰富的原材料，大力发展石化产业及其相关产业；另一方面，向上延伸价值链，加大石油勘探、开采、炼化等先进技术研发和成果转化力度，推动石化产业价值链高端化发展。二是大力发展面向石化产业和高科技产业的现代服务业，不断增强城市的服务功能。三是利用技术、人才高端优势推动石

油及关联产业发挥辐射效应，实现跨国经营。四是抓住美国航天中心落户的机遇大力发展非油高科技产业，成为石化产业外的另一支柱产业。

随着产业结构、经济结构的战略调整，休斯敦产业结构日趋多元化，完成了从单一的石油资源型城市向集资本、技术、智力于一体的综合性大都市的演变，"世界能源之都"的名声依旧，"太空城"的名号越叫越响。

2.产业更新型：培育替代新产业

产业更新型发展模式实则是一种转向发展，主要是资源完全枯竭或开发难度大、成本高，导致以资源型产业为主导的城市经济发展动力不足，从而不得不"舍弃"原有主导产业，培育壮大新兴产业，实现产业接续和替代，推动城市"换道"发展。这是推动资源枯竭型城市产业转型的关键，也是带动城市整体转型的关键。

洛林地区是法国历史上以铁矿、煤矿资源丰富而著称的重化工基地。20世纪60年代末，洛林依靠传统资源的发展模式遇到了瓶颈，开始实施"工业转型"战略，一是彻底关闭煤矿、铁矿、炼钢厂等成本高、耗费大、污染重的企业；二是接轨国际市场需求，重点发展核电、计算机、电子、生物制药和汽车制造等高新技术产业；三是改造升级传统产业，提升钢铁、机械、化工等产业的技术含量和附加值；四是成立国土整治部门，负责处理和解决衰老矿区遗留下来的土地污染、闲置场地的重新利用问题；五是创立专项基金，迅速抹掉老矿区的痕迹，对其进行重新包装，如建居民住宅区、娱乐中心等；六是创建企业园圃，培育中小企业，由国家资助非营利性孵化器，为新创办的小企业无偿制定起步规划，在初期或成长期为之提供各种优良服务；七是加强职业技术培训，促进劳动力转岗就业。①

洛林转型花了30多年时间，曾经的工业污染旧貌换上了"新颜"，变成了蓝天绿地、环境优美的工业新区，整个地区由衰退走向了新生，洛林也已成为法国吸引外资最主要的地区。②

3. 产业复合型：多元化综合发展

多元化综合发展是一种依靠"延链"和"引链"双轮驱动的产业复合发展路径，主要做法是延伸原有优势产业的产业链，因地制宜地引入其他产业，使城市从"一业独大"转向"多角发展"，从而推进城市向综合性方向发展。实质上，这种模式是"产业延伸型"和"产业更新型"两种模式的融合，适合资源依赖性强、同时具有其他产业优势的资源枯竭型城市。

鲁尔工业区位于德国西部，形成于19世纪中叶，是德国以及世界最重要的工业区，是以采煤、钢铁、化学、机械制造等重工业为核心的传统工业地域，工业产值曾占全国的40%，被称为"德国工业的心脏"。鲁尔区从20世纪90年代开始转型，实施"新产业化"战略取代"再工业化"战略，其目标是围绕区域传统产业，发展以未来为导向的新经济，在区内原有工业部门的基础上，

---

① 陈学章：《国外资源型城市转型的经验与启示》，《湖北师范学院学报》(哲学社会科学版)2007年第3期。
② 石秀华：《国外资源型城市成功转型的案例分析与比较》，《科技创业月刊》2006年第12期。

发展新型产业分支机构。"新产业化"政策克服了阻碍经济结构变迁的"锁定因素",使鲁尔区的大公司和企业转变其传统的经营核心,通过适应市场需求的变化,进一步加快产业多样化进程[1],取得了举世瞩目的成绩,成为资源枯竭型城市成功改造转型的经典案例。

鲁尔区改造最大的特点,就是大面积保留了原址厂房和设施,并赋予它们新的功能。这在当时是革命性的,因为在这之前的100年,人们开始意识到重工业对环境的污染,意识到工业园区内生活条件的恶劣,所以建设通常都是"在城市中引入自然"(例如1850年代的纽约中央公园)。但鲁尔区改造者认为,100年后社会已经改变,城市已经变得宜居,城市需要的不再是自然化,而是地域化(鲁尔区转型发展的核心理念"Think Globally, Act Regionally")。因此,改造后的鲁尔新区,在完好保存原有景观的前提下,发展为融遗迹观赏、旅游度假、文化娱乐、科学展览、体育锻炼、培训教育、商贸购物和市民宜居等于一体的区域。其主要经验有五个方面:加强基础设施建设,为资源枯竭型地区的工业转型创造良好的投资环境;政府制定和出台相应的投资政策,简化审批手续,以吸引外商投资;因地制宜,发挥本地区的优势,在转型改造的同时,注意保持本地区传统历史文化;在改造传统工业的同时,重视第三产业服务业的发展;重视教育

---

[1] 亓晶晶:《煤炭资源型城市产业发展路径依赖与经济转型》,山西财经大学硕士学位论文,2010。

和职业技术培训。[1]

4. 空间再造型：城市转型空间重构

空间再造型主要是针对区位条件不优、生态环境破坏严重、接续替代产业缺乏、难以持续发展的资源枯竭型城市，尤其是部分独立工矿区、小型矿镇，仅靠自身力量难以完成产业转型，而借助外部力量转型又存在明显的不经济性，为了重获发展生机，转移人口和发展重心、减小城市规模乃至城市整体迁移就成为一种可选路径[2]，主要有全部转移或部分转移、一次性转移或分阶段转移等方式。从各国的发展经验来看，转型的过程也是空间结构重新调整的过程。这个过程，伴随着城市中心的转换、产业重心的外推、总体布局的重置，以及城市边界的扩张等。在转型完成后，城市或区域格局一般由资源型城市的单极布局向多极布局转变，城市往往形成新的发展轴线，以前在经济地理上处于相对弱势的边缘地带相对而言获得了更好的发展机会[3]，当然，这也与其是否在转型之初就提前做好了准备有着重要关系。

在这方面，最有代表性的是美国的匹兹堡，作为美国宾夕法尼亚州第二大城市，美国历史上有名的"钢铁之都"，钢铁大王卡耐基就是发家于此。二战后，匹兹堡开始了一系列城市"复

---

[1] 胡凯：《老工业基地视野下自主创新的机制与模式研究》，《青年文学家》2012年第3期。
[2] 支航：《吉林省资源型城市绿色转型方式与机制研究》，东北师范大学硕士学位论文，2017。
[3] 严明清、邹光：《资源枯竭型城市转型的路径选择》，《学习月刊》2012年第2期。

兴"计划，从改变城市产业布局入手，推动整个城市的转型振兴。1985年，匹兹堡市政府与卡内基梅隆大学共同制定了"21世纪发展战略"，确定以经济多元化为改革纲领。[①]围绕城市产业转型与城市整体复兴，促进城市中心城区空间整合与重新发展，匹兹堡采取了资金援助与财政政策，与其他城市构建合作关系，通过地点评估与环境修复帮助开发住宅、商业地产，发展办公型产业与技术型产业，提高宜居程度。同时，匹兹堡市政府还通过给予私人投资一定的优惠政策，以公共投资引导私人投资，从而实现公私合作。特别值得一提的是匹兹堡城市空间规划体系的形成，包括1994年的地区经济复兴计划《协同工作，竞争全球》、1997年的《匹堡市中心区规划》、2000年后颁布的《滨水区发展规划》和《北岸规划》等。这些规划继承了"二次复兴"的发展理念，在城市的基本空间结构上予以整合，进一步复兴中心城区的活力，进一步推进匹兹堡的城市空间转型和产业重构。其中，基础设施建设先行构建了转型的基础，交通环境改善带来了各区域可达性的提升，功能混合和小空间尺度打造推进了城市活力的再造。经过近20年的努力，21世纪以来，匹兹堡已成功转型为以生物科技、计算机技术、机器人制造与人工智能、医疗卫生、金融和教育而闻名的工商业城市，成为美国传统产业城市成功转型的典范。2009年，时任美国总统奥巴马将G20峰会的主办地选在匹兹堡，

---

① 吴雨伦：《匹兹堡成为工业城市转型的典范》，《文汇报》2018年3月15日，第011版。

他认为匹兹堡成为重振美国制造业的榜样,"从没落的传统钢铁工业基地,转变为采用新经济增长模式发展的现代城市,匹兹堡给美国乃至世界很多遭遇经济金融危机、亟待产业转型的城市和地区树立了成功典范"。[1]

三、我国资源枯竭型城市的转型

自然资源禀赋是资源型城市产生的重要原因,其不可再生性决定了产业发展的不可持续性,也为城市的转型发展埋下伏笔,资源总有枯竭的时候,转型也就在所难免,但不同国家、不同类型的资源枯竭型城市,转型的路径和模式也不尽相同。从本质上看,资源枯竭型城市的转型发展是如何从过度依赖特定资源向与特定资源"脱钩"的发展方向转变,关键是实现产业转型可持续发展。我国从2008年起,分批确定的69个资源枯竭型城市也积极转变,探索积累了一系列典型经验。总的来看,形成了以转型发展、转向发展和转移发展为主要路径的多元转型模式[2],塑造了一批可借鉴的典型范例。

1. 我国资源型城市转型的基本类型

据统计,"一五"计划期末,我国拥有一大批资源型工矿城市。作为我国城市体系中最重要的组成部分,1949年以来资源型城市在

---

[1] 吴雨伦:《匹兹堡成为工业城市转型的典范》,《文汇报》2018年3月15日,第011版。
[2] 支航、金兆怀:《不同类型资源型城市转型的模式与路径探讨》,《经济纵横》2016年第11期。

提供初级资源产品、构建国家工业体系、支持现代化建设等方面做出巨大的贡献。例如，1960~1987年，大庆油田累计生产原油9亿吨，财政上缴819亿元，相当于同期国家对油田投资的21倍。[①] 1999年，全国矿业城市（镇）地区生产总值达到30417亿元，占全国GDP的37.3%，人均GDP为9817元，相当于全国人均GDP的1.5倍。矿业城市以占全国24.7%的人口提供了37.7%的国内生产总值。[②]

20世纪50年代至80年代中期是我国资源型城市发展的繁荣时期，这一时期的资源开采供给足、产量高、经济效益好、税收收入丰厚、工人生活水平较高。而随着90年代的来临，资源型城市的发展进入瓶颈期，开始出现不同程度的衰落，资源"诅咒"效应显现，主要表现为：资源可开采量急剧减少，生态环境受损严重，厂矿收益入不敷出，城市经济增长动力不足，城镇失业率上升，工资下发率低等。全国资源型城市陷入"矿竭城衰"的困境。

1996年至2000年，占全国资源型城市总量1/4的东北地区，经济增长速度低于全国平均水平超1个百分点。2000年底，辽宁阜新1/3以上的地方工业企业处于停产、半停产状态。阜新市委、市政府在总结经验和深入调研的基础上，于2000年首次提出阜新经济转型的概念。同年10月，形成了《阜新市经济结构转型总体

---

① 张蒙、杨文利：《东北老工业基地对新中国的历史贡献》，http://www.hprc.org.cn/gsyj/yjjg/zggsyjxh_1/gsnhlw_1/wuguoshixslwj/200906/t20090629_12997.html，2009年6月29日。

② 刘玉宝：《我国资源型城市的现状特点及其历史贡献评述》，《湖北社会科学》2006年第4期。

构想》。2001年5月28日，在阜新市第九次党代会上，做出了以结构调整为主线，实施资源型城市经济转型的重大决策。2001年12月14日，国务院正式发文确定阜新为全国唯一的资源枯竭型城市经济转型试点市，由此掀开资源型城市转型的序章。2006年的"十一五"规划明确提出"抓好资源枯竭型城市经济转型试点"，"建立资源开发补偿机制和衰退产业援助机制"。

2000年，我国六大产铜基地之一的云南东川市撤地级市建制，成为全国第一座因矿产资源枯竭、经济发展停滞、城市丧失持续发展能力而撤销的地级城市。这些数字与案例反映出当时处于瓶颈之中的资源型城市的艰难。

我国资源枯竭型城市转型的成功案例也不少，出现了一大批像阜新、白银、焦作和东川等转型效果显著的典型，许多资源枯竭型城市经过坚持不懈的探索，已经实践出资源转换、科技主导、循环经济、再就业特区四种转型模式。[①]

（1）资源转换模式

该模式主要是通过进行相应的资源转换来促进当地经济的复苏，如加强农业产业化以及加强相关高新产品的研发，这种转型方式主要通过转移城市所依赖的资源来实现，如辽宁的阜新。

（2）科技主导模式

该模式主要通过与相关单位进行合作，研发高新技术和产品，

---

① 谭飞、宋常青：《我国资源枯竭型城市转型四大模式》，《瞭望新闻周刊》2006年第21期。

实现生产技术的高新产业化，达到经济转型目标，如甘肃的白银。

（3）循环经济模式

循环经济模式主要通过自然资源的低投入、高利用和废弃物的低排放，使经济活动按照自然生态系统的规律，重构组成一个"资源—产品—再生资源"的物质反复循环流动过程，从根本上消解长期以来环境与经济发展的尖锐冲突，如河南的焦作。

（4）再就业特区模式

该模式主要是进行再就业特区投资试点，实行企业的增值税、营业税、所得税、房产税、土地使用税、城建税、教育附加税等税种"前5年先缴后返、后5年先缴后返一半"的优惠政策，如云南的东川。

2. 资源型城市转型的"第一桶金"

资源枯竭型城市因支柱产业规模坍缩、经济增长贡献率下降，导致经济发展滞后甚至衰退，人民群众生活得不到保障，从而引发了一系列社会矛盾。要在资源枯竭型城市本身经济发展不景气的时候解决民生等主要问题，实现城市的华丽转型和发展，政策支持是必不可少的。因为政策支持是推动资源枯竭型城市转型发展的重要引擎，同时也是促进资源枯竭型城市多层次、全方位转型发展的基本保障。

政策规划为资源枯竭型城市转型指明了方向。资源枯竭型城市实现转型可持续发展，要解决好三个棘手问题：如何结合实际，怎样开始转型，转型发展什么。中央、省、市针对资源枯竭型城市转型发展出台的一系列政策规划，为资源枯竭型城市转型发展指明了方向：要着力化解历史遗留问题，培育壮大接续替代产业，千方百计促进失业矿工再就业，显著增强可持续发展能力。

政策倾斜为资源枯竭型城市转型提供了动力。中央、省、市出台了一系列资源枯竭型城市全面振兴实现可持续发展的政策"组合拳"，这是资源枯竭型城市转型可持续发展的绝佳机遇，中央、省、市持续的关心支持，一定程度上坚定了资源枯竭型城市转型发展的信心，为转型可持续发展提供了"源动力"。

财力支持为资源枯竭型城市转型筑牢了保障力量。为帮助资源枯竭型城市化解历史包袱、加快推进转型，中央财政设立了资源枯竭型城市转移支付资金，重点用于生态环境治理、城市基础设施建设和社会保障等领域。这不仅为资源枯竭型城市转型发展注入了新活力，让资源枯竭型城市政府积累多年的基础设施欠账得以弥补，规划多年的惠民工程得以实施，还为资源枯竭型城市夯实了转型发展基础，提供了坚强保障，让资源枯竭型城市有了转型发展的"第一桶金"，解除了干部和群众的后顾之忧，让干部群众更齐心协力地谋划城市经济社会更好发展。

3. 资源型城市转型的产业选择

对于资源枯竭型城市的转型来说，首要的战略性任务就是确定城市和产业转型的主导产业，因为单一结构和单一模式支撑不了一个城市的发展，要实现转型发展必须打造若干特色优势明显、技术水平先进、具有较强竞争力的接续替代产业集群。美国经济学家罗斯托在《经济增长的阶段》一书中指出，整个经济的增长率在一定意义上是某些关键部门的迅速增长所产生的直接或间接的效果。[①]无论是从接续产业中寻找，还是从替代产业中产生，抑或是两者的混合发展，对于资源型城市来说，其主导产业都必须瞄准具有广阔的市场前景、较强的创新能力和扩散效应、对其他产业增长具有较大拉动作用、对区域经济发展起导向性作用的产业；罗斯托的主导产业学说认为，前一个成长阶段的主导产业会对下一阶段的主导产业产生诱导作用，原来的主导产业部门在完成带动其他部门和经济增长的使命后，就会让位给新的主导产业部门；资源枯竭型城市的产业转型就是重新确定、发展主导产业的过程。[②]

产业选择的关键是理论逻辑所假定的前提条件是否在现实中存在。同样，作为一个城市的主导产业，也需要某种普遍和共性的特征，其特性包括三种：一是扩散效应；二是转换效应，即主导产业群的转换；三是技术进步效应，即导入了创新并创造市场需求，能够迅速吸收先进的科技成果，具有与新技术相关联的新的生产函数，改变产业之间的投入产出关系，影响其他产业的发展，使主导产业本身获得更多的扩展和产出。[③]只有导入了新的生产函数，促进了产业技术的进步，并创造了新的市场需求，主导产业才可以获得更快的发展速度，表现出较高的产业增长率。

---

① W.W. 罗斯托：《经济增长的阶段》，中国社会科学出版社，2001。
② 孟韬：《资源枯竭型城市产业转型的定位与实践——阜新、辽源两个国家试点城市的经验比较》，《社会科学战线》2007 年第 5 期。
③ 黄田：《可持续发展主导产业选择及实证研究》，合肥工业大学硕士学位论文，2007。

任何产业都要经历发展、成熟和衰退的历史性周期，因此，资源型城市转型过程中主导产业的选择也需要深入研究，将衰退产业的更替和新兴主导产业的导入作为一个辩证问题综合考虑，寻求产业转型的有效实现路径。尤其是要按照技术更先进、产品更高端、生产更高效的原则，发展资源精深加工产业。统筹考虑资源、环境、市场等条件，强化绿色高效的资源开发方式，发展高水平的资源精深加工产业，打造产业链完整、特色鲜明、主业突出的资源深加工产业基地。另外，对于衰退产业的调整，应以市场机制为其基础机制，要通过市场价格的导向和要素市场来实现，但必须辅以政府的扶持和引导才能克服产业调整的壁垒，调整援助的任务就在于根据各类衰退产业的特性来选择合适的调整模式，以减少产业调整所引起的社会震荡，提高资源转移和再配置的效率。

除了主导产业之外，替代产业培育机制也是资源型城市转型的题中应有之义。要按照资源型城市的转型预期，从现有非资源型产业中选择城市未来的主导产业，依靠政府产业政策和市场诱导，促进共同培育。事实上，随着资源开发技术的进步、经济环境的变化以及对资源利用价值的新发现，人们将从资源品种和用途的单一开发转变为资源综合开发和再开发，即可以从多种资源和多种开发利用价值生命周期的差异性、非同步性中寻求资源开发和产业发展的可持续性。因而，"资源枯竭"也具有相对性。在这里，关键是要从资源的多重价值与价值利用角度，特别是从文化资源的角度赋予传统资源新的生命周期，构建一个资源开发利用多重价值生命周期理论的转型框架，这才是资源型城市转型可持续发展的真正内涵。

至关重要的还有创新,这是资源型城市持续发展的关键抉择。无论是接续还是替代,对于资源型城市的转型来说都还不是最为重要的。最重要的是资源型城市的产业创新,包括创新环境、创新网络、创新主体、具体的创新活动等方面内容,以及对产业创新的极化和边缘化效应等的综合考量。只有多种要素的协同聚合,特别是产业链创新、产业集聚创新、政策创新等几方面创新活动在各创新主体的互动过程中释放出创新能量,才能形成区域产业创新体系运行的重要特征。当然,产业创新是一个动态和不断发展的相互促进、相互作用的过程,其创新体系建设的关键在于挖掘产业创新要素潜力,加强产业创新体系的培育、开发和优化,进而实现产业内、外部要素价值的最大化。[①]

第二节 资源型城市的转型战略与成效评价

一、资源型城市产业转型的战略选择

资源型城市要实现经济发展方式的转型必须依靠科学的产业转型,其中,产业转型的重要方向之一就是通过有效的产业政策,对新兴产业、制造业等进行大力扶持,通过确定适合地区发展的新增长点,采取"增量带动产业高度提升"的方式实现产业结构的深度优化,突出工业的主体地位,优化自主创新模式,适时调

---

① 聂亚珍、张云、姜学勤:《资源型城市产业兴衰与转化之规律》,中国书籍出版社,2012,第9页。

整品牌发展战略，对产业结构进行优化升级，将战略性新兴产业、高新技术产业摆在资源型城市转型的重要地位。要从战略高度重视和推进重大改革开放平台建设，提升装备制造业等传统优势产业核心竞争力，推进易地扶贫、老工业区搬迁改造和棚户区改造。加强毗邻城市产业分工协作，延伸资源型产业的产业链，推动简政放权，加快军民融合发展。同时，以龙头骨干企业和特色产业集群推动传统产业升级改造，建设创新平台和创新联盟，推进城市绿色转型，全面优化营商环境。要特别重视和推进资源枯竭型城市转型，促进传统产业改造和新兴产业集聚发展，加快建设绿色生态城市和实施矿山地质灾害治理，形成以产业延伸和产业替代相结合发展新兴产业、以科技创新促进产业向中高端转型发展、促进资源综合利用的转型新态势。

1. 资源深加工产业的统筹和发展

资源型城市存在较多的共性问题：经济结构低度化、产业结构单一等，特别是以能源化工等为代表的下游产业发展滞后，以及制造业比重较低等。为解决这些问题，从德国鲁尔区转型的经验看，在城市主导产业逐步由采掘业转变为以资源深加工业为主导的产业群的基础上，在大量加工企业在一定区域内聚集的过程中，要充分利用区域内企业的集聚经济以及企业间的技术外溢和乘数效应等有利条件，推动不依赖本地资源的新产业发展，逐渐降低对资源的依赖程度，实现城市的产业更替。[①]

---

① 丁湘城、张颖：《资源型城市转型与发展模式选择——基于生命周期理论的研究》，《江西社会科学》2008 年第 8 期。

对于国内资源型城市来说，在资源开发与使用的过程中，必须遵循资源开发有限性原则，利用资源优势，发展下游加工业，通过产业链的扩展，增加产品的加工深度，以此带动区域产业的转型。[1]把资源的精深加工产业置于优先统筹、优先发展的位置，特别是从文化角度进行资源的活化，增加其附加值。同时，针对资源型城市的产业转型，要深入了解区域范围内整个矿业发展的生命周期规律（资源型城市经济会因矿业开发的周期性表现出明显的生命周期：成长期、兴盛期和衰退期）；要关注全球市场对资源型产品需求的周期性和世界资源市场、资源产品价格的波动。根据资源型城市经济发展的特点，从区域生命周期、产业竞争力、城市转型定位和体制四个维度进行资源型城市转型的判定。[2]在将现有资源进行有机整合，利用优势资源，提升产业链条的延伸度及产品的加工深度的同时，强化相关产业间的联动发展，把市场需求度高、发展潜力强、带动能力突出的产业作为后期发展的主导产业。通过对当前产业进行网络化构建，形成产业关联网，深入贯彻循环经济与可持续发展的理念，采取互动发展的方式，提升城市产业的整体竞争水平。

2.战略性新兴产业的扶持和培育

战略性新兴产业的集聚发展是资源型城市转型的重要标志。对于资源型城市来说，科学选择战略性新兴产业非常重要，选对了就能跨越式发展，选错了将会贻误时机。资源型城市具备一定

---

[1] 丁湘城、张颖：《资源型城市转型与发展模式选择——基于生命周期理论的研究》，《江西社会科学》2008年第8期。

[2] 同上。

的比较优势和广阔的发展空间,完全可以在战略性新兴产业的发展上有所作为。在此过程中,资源型城市产业结构调整需要打破原有的产业部署,将战略性新兴产业作为其转变经济发展方式的重要途径,要努力改善产业集聚的发展环境,实施积极的人才策略,更要充分发挥政府的服务作用。对传统经济的发展模式进行改造,不断推动产业结构的优化与升级,关键是发挥传统优势产业与战略性新兴产业两大产业之间耦合内容、耦合机制对产业转型的驱动效应。作为知识密集度、技术密集度和人才密集度较高的高科技产业,战略性新兴产业不仅能让资源型城市在发展相关产业过程中提升产品的附加值,还是发展低碳经济、提升经济发展质量的主要力量之一。

新能源、新材料、新信息、新医药和生物技术以及高端装备制造业等的发展是资源型城市发展战略性新兴产业的主要方向。构建清洁、高效和可持续发展的能源开发使用体系,促使新能源产业得到快速发展,是资源型城市产业转型的重中之重。此外,推动新材料产业发展也是实现经济可持续发展的重要方面,采用新材料取代旧的原材料,可促进能源节约与提升使用效率,符合经济社会与生态环境的协调发展要求。完成上述过程离不开信息化建设,需将信息化建设上升为资源型城市长期发展的重要战略组成部分,并与工业化紧密结合。因此,资源型城市要根据自身的实际情况,结合区域优势及特色,重点发展针对性强、选择性多的战略性新兴产业。

3. 第三产业与第四次工业革命

伴随城市化进程的加深，服务业实现了快速发展，两者间存在相辅相成的关系。以城市社会分工为手段，推动信息咨询、金融、中介服务业以及其他服务业的发展，特别是以生产性服务业、生活性服务业为代表的诸多能够推进资源型城市产业结构调整的相关产业。通过一系列产业结构优化升级有效举措的实施，实现富余劳动力的就业，以及满足日益增长的人民群众物质、精神文化的需求，采取互惠互利、拓宽市场准入渠道、提升对外经济开发度等优惠政策，提升政府支持力度及行业管理规划水平，对生产线服务业进行重点扶持，如物流、法律、金融、信息、保险、咨询服务等。传统服务业是城市发展的根基所在，需要在原有资源的基础上，采取改进、兼并等手段对生产效率、服务水平进行系统改善升级，加快迈向现代服务业的步伐，此类产业与人民的生活紧密相连，如旅游、文化、商贸、餐饮和交通运输等行业。

以推动资源型城市产业转型为中心，加快产业融合、产业专业分工与细化的速度，将生产性服务业推向更高层次，进而充分体现服务水平提升、科技创新能力增强、技术研发能力提高的优势，不断促进资源型城市内部良性竞争及提升其综合竞争力。营造良好的城市金融市场环境也是促进产业多元化发展的重要保障措施，促进金融市场的组织、产品及服务领域的秩序有序化、模式创新化、融资结构规范化。此外，需要特别注重第三方物流体系的建设，通过对现有的信息、物质等资源进行系统性整合，深入挖掘潜在的服务功能，搭建起相对完善的物流服务网络。而城市的配送体系建设是实现上述功能的重要环节，依托综合交通运输网络的构建，配套基础设施，推动联动配送水平的提升。以公众、政府、企业多方信息资源的多层次、多渠道汇集，实现产业信息、产品信息、市场信息的科学开发，以网络增值服务的合理设置，打造制造业、物流业联动发展的有机平台，形成质量高、竞争秩序好、成本低的发展模式，切实提升资源型城市产业规模化程度。

以发展生活性服务业为主导方向，制定合理性与针对性强的服务标准，拉动服务需求，丰富服务供给，通过服务质量的提升，将日益增长的物质与精神需求同经济的发展相协调。

随着信息技术和人类生产生活交会融合，互联网快速普及，大数据及其相关产业正在引领第四次工业革命。世界各国都把推进经济数字化作为实现创新发展的重要动能，在前沿技术研发、数据开放共享、安全隐私保护、人才培养等方面做了前瞻性布局。[1]对于我国资源型城市的转型来说，也要紧跟潮流，审时度势、精心谋划、超前布局、力争主动，把产业转型与大数据、"互联网+"和人工智能等的发展紧密结合起来，深入实施工业互联网创新发展战略，推动实体经济和数字经济融合发展，推动"互联网+"、大数据、人工智能和实体经济深度融合，继续做好信息化和工业化深度融合这篇大文章，推动制造业加速向数字化、网络化、智能化发展，加

---

[1] 习近平:《实施国家大数据战略加快建设数字中国》,《信息化建设》2017年第11期。

快形成以创新为主要引领和支撑的数字经济。① 资源型城市向数字经济转型要强化"弯道取直""无中生有",加快在各行业各领域推进"互联网+";围绕产业链和价值链加快布局,大力促进"互联网+"在旅游、商务、农业、健康养生、医疗卫生、现代物流等产业的运用和发展,培育和扶持大数据企业发展,支持发展电子商务、云计算、物联网等核心产业,抢占能源大数据、能源云计算和能源互联网发展的制高点;要注重以资源型城市的自然资源、人文环境等为代表的基础资源,通过基础设施建设,将科技创新、信息建设成果转化在产业发展的绩效提升之中。

二、资源型城市转型成效与评价体系的构建

1. 资源枯竭型城市转型评估的重要性

推动资源枯竭型城市转型发展是一项长期、复杂的系统工程,必须建立在客观评价的基础上,尤其是围绕转型的重点和关键问题进行评估,综合分析转型中存在的问题及原因,借鉴和总结其他转型城市的经验,有针对性地研究后续政策;评价判断转型取得的成效和存在的问题,评定资源枯竭型城市的转型绩效,根据国内外发展环境变化研究提出新的政策措施。

资源型城市转型指标体系的研究,重点是考察该资源枯竭型城市在转型过程中,在继续发挥该城市所具备的特殊职能的情况下对资源的依赖程度是否有所下降,环境污染的程度是否有所降

---

① 习近平:《实施国家大数据战略加快建设数字中国》,《信息化建设》2017年第11期。

低，同时经济是否继续增长。[1]因此，转型评估指标的设定，要综合运用数理统计、运筹学原理和特定指标体系，对照统一的标准，按照一定的程序，通过定量定性对比分析，对一定区域和一定时间的资源型城市转型情况做出客观、公正和准确的综合评判。资源枯竭型城市转型效果评估的基本思路是：在资源枯竭型城市继续发挥自身功能的同时，能降低对资源的依赖程度，减少环境污染，并较快地发展自身经济，提高社会和谐度。[2]从产业角度看，重点是对建立创新驱动的产业转型升级内生动力机制，形成以园区为核心载体的平台支撑体系，构建特色鲜明、竞争力强的现代产业集群等的评估，因此，就要特别强调将能源消耗程度与社会和经济支出等的投入纳入具体分析，而将经济发展成果、环境改善、产业结构、社会就业率等的产出作为最终落脚点，同时，在兼顾样本数据的可比性、可得性、科学性和可复制可推广价值的基础上，形成对资源枯竭型城市转型效果的评估指标体系。通过这个体系，准确评估出资源枯竭型城市转型的水平和能力。[3]

2. 资源型城市转型成效评估体系的构建

以2001年12月14日辽宁阜新这个"全国首个资源枯竭型城市经济转型试点市"的正式确定为标志，中国资源型城市转型发展的大幕至今已经进入第18个年头。尤其是在经历了改革开放、东

---

[1] 商允忠、王华清：《资源型城市转型效率评价研究——以山西省为例》，《资源与产业》2012年第1期。
[2] 同上。
[3] 同上。

北老工业基地振兴以及2013年国务院印发《全国资源型城市可持续发展规划（2013—2020年）》后，多年来，在国家大规模援助资源枯竭型城市的发展形势下，资源枯竭型城市转型发展的成效如何，已成为接下来更多资源型城市开启新一轮转型可持续发展的重要参考。从目前学界的相关研究看，对资源型城市转型的评价和测度已经有所深入，相关成果也表明，构建资源枯竭型城市转型成效评估体系，测算一定时期各资源枯竭型城市的转型成效，并分析各城市转型成效差异的原因，是厘清转型思路，制定新形势下新的转型战略的重中之重。

相比国外，国内对资源型城市转型成效的评估起步较晚，但发展迅速。具有代表性的研究如系统性资源型城市经济转型战略及"功能性策略"研究[1]以及关于矿产资源消费生命周期时空效应研究[2]等。在对资源型城市转型成效的具体测度方法上，国内专家主要采用因子分析法对城市转型效果进行测度，并通过聚类分析对各城市转型成效进行分类，从而发现各市之间的转型差异。从分析结果看，虽然多个城市在转型过程中积累了各自的优势，但其中生产要素和科技水平对资源枯竭型城市转型成效的影响最大。[3]另外，进一步的研究还通过从产业、民生、生态环境等维度

---

[1] 张雷：《矿产资源开发与国家工业化》，商务印书馆，2004。
[2] 沈镭、程静：《论矿业城市经济发展中的优势转换战略》，《经济地理》1998年第2期。
[3] 陈浩、陈平、罗艳：《资源枯竭型城市产业转型成效分析》，《商业研究》2015年第11期。

综合评估城市转型过程和转型后达到的状态等指标，将城市转型发展的成绩从周边区域发展所取得的共同成绩中分离出来，进而有效测度资源枯竭型城市的转型成效。

在借鉴相关研究成果的基础上，接下来的评估重点是着眼于资源型城市经济、生态、资源等主要矛盾的解决，体现创新、协调、绿色、开放、共享新发展理念。对于国内资源型城市来说，主要的转型，就体现在经济、政府、资源、环境、社会五个方面，这是资源枯竭型城市转型效果评价指标体系构建的主要指向（见表1-1）。

表 1-1 资源枯竭型城市转型效果评价指标体系

指标	创新	协调	绿色	开放	共享
经济转型	技术创新	多元产业结构、就业与产业关联度	多元市场培育		转型效益
政府转型	体制机制创新		营商环境改善		政府信息化程度
资源转型	集约节约利用	约束条件	非资源型产业发展		自然资源人均占有量
环境转型	跨区域协同治理		矿区环境修复、主要污染物排放治理		环境质量
社会转型	社会治理模式	产业工人/下岗失业人员的利益	生活方式	文化建设	生活质量、社会保障

本指标体系从经济、政府、资源、环境、社会五大转型维度入手，形成对资源型城市转型发展的综合评价。

（1）经济转型指标

从技术创新、就业与产业关联度、多元产业结构、多元市场培育、转型效益五个方面表现资源型城市转型发展的综合水平和能力。

（2）政府转型指标

从体制机制创新、营商环境改善、政府信息化程度三个方面评估政府的职能转变和放管服改革的情况。

（3）资源转型指标

从约束条件、集约节约利用、非资源型产业发展、自然资源人均占有量四个方面反映资源型城市可持续发展的资源支持能力。资源型城市本身具有特定的资源属性和特征，而指标的选取则要考虑城市的可持续发展。

（4）环境转型指标

从矿区环境修复、主要污染物排放治理、跨区域协同治理、环境质量四个方面反映资源型城市的环境改善程度。指标主要反映环境污染对人类的潜在威胁，以及在污染治理和资源保护方面的改善情况。

（5）社会转型指标

从社会治理模式、产业工人（包括下岗失业人员）的利益、生活方式、文化建设、生活质量、社会保障六个方面反映资源型城市社会发展的综合水平和能力。城市发展的主体是人，突出转型背景下人口流动变化和社区融入等多方面因素，强调经济社会的协调发展。

从该评价指标体系看，资源枯竭型城市转型是一个综合体系，不仅强调经济因素，还要强调社会转型、人居环境水平等方面的提升。因此，最终资源枯竭型城市转型的效果评价，其实就是一个关于政府、社会、经济、资源和环境五大转型的评估，对应五大发展理念，并以经济、社会、生态三大优先指标为引领，形成对资源型城市立体的和综合的评估。从政府转型方面看，重点是评估其营商环境是否健康、政府效能是否提高、干部作风是否改善、政策环境是否优化等。从经济转型方面看，重点是评估其经济发展是否健康、产业结构是否合理、劳动生产率怎么样和经济发展潜力怎么样等。从社会转型方面看，主要是评估其社会分配是否公平、消费是否适度、人民生活水平是不是越来越高、社会保障水平怎么样和福利保险制度是否完善等。从资源转型方面看，重点是评估其资源利用是否合理、资源可持续发展是否得到保障和矿山环境治理完成情况等。从生态转型方面看，重点是评估其环境污染治理力度、生态环境是否稳定、城乡人居环境改善情况和环境污染治理成效等。

3. 资源型城市转型测度和评估中反映出来的问题

综合各方面测评和比较的结果看，总体上，东中部城市转型成效相对较好，西部地区次之，东北地区城市转型成效相对较差；煤炭类、石油类城市转型成效较好，有色金属类城市转型次之，而森工类城市转型成效较差；各城市转型成效的差异与其外部经济环境、内部历史矛盾的积累深度以及发展基础有较大关系。^①当然,由于资源枯竭型城市转型工作不是短时间内就可以完全完成的,国外的同类城市经历了几十年的时间进行转型才基本达到目标,所以我们对资源枯竭型城市转型成效的评估,区别于针对城市发展最终目标的可持续发展能力评估,主要的测度指标体系更多地体现转型过程中对资源依赖的转变意义,如宏观经济及财政状况综合指标、三次产业转型综合实力指标、接替产业竞争力优势指标、创新要素创新资源集聚指标、就业结构变动速度指标,以及脱贫、就业及社会保障水平指标和矿区土地整治及废物再利用能力指标等。在具体的计算中通过将全国平均水平数值与各城市数值混合起来进行去量纲化处理,然后得到资源枯竭型城市转型成效的综合测度值。同时,把这种测度更多地与转型路径和模式的对比相结合,从而使测度和评估更有实际借鉴价值。

对资源型城市转型成效的测度和评估要继续深入,要把国家和地方层面的评估与第三方评估结合起来,坚持实事求是,客观分析,反映实际情况。要加强调查研究,广泛听取各方面的意见。[②]要突出重点,紧扣发展目标和战略任务,突出转型主题,体现转型特色。坚持用数据和事实说话,确保评估工作的科学性。要特别重视田野和乡村调查的成果及运用,将深度的调查研究与理论

---

① 余建辉、张文忠、王岱、李倩:《资源枯竭型城市转型成效测度研究》,《资源科学》2013年第9期。
② 国家发展改革委办公厅:《关于开展第二批资源枯竭城市转型评估工作的通知》(发改办东北〔2011〕349号),http://www.ndrc.gov.cn/zcfb/zcfbtz/201103/t20110309_399009.html,2011年2月18日。

研究紧密结合，深入资源枯竭型城市现场，访谈老矿工、老职工、老居民等，通过对资源枯竭型城市转型的实践调查，将统计数据和调研数据相结合，进而总结转型的主要影响因素，提出能够准确测度转型过程的评测体系，以达到对问题严重程度不同、转型路径各异的众多资源枯竭型城市进行有效评测的目的。①

三、资源枯竭型城市转型进入一个新的历史阶段

我国资源型城市转型历时十多年，已经进入一个新的历史阶段。随着经济发展进入新常态，要紧紧围绕促进资源开发和城市发展相协调，积极适应经济新常态，做好应对经济较长时间低位运行的准备。资源枯竭型城市要统一认识、强化领导，做好打长期战的思想准备，尽早转型、彻底转型。更加注重谋划创新引领，提高转型的质量和效益。集中力量搭建支撑平台，创造条件发展新技术、新产业、新模式、新业态等"四新"经济，培育创新型领军企业，加快培育经济发展新动能。②

1. 我国资源枯竭型城市转型效果的基本情况

对于资源枯竭型城市转型效果的评估，正式开始是2010年，当时国家发改委下发了《关于开展首批资源枯竭型城市转型评估工作的通知》，主要目的是客观评价转型工作取得的成效，综合分

---

① 余建辉、张文忠、王岱、李倩：《资源枯竭型城市转型成效测度研究》，《资源科学》2013年第9期。
② 发改委：《加快推进资源枯竭城市转型》，中国发展网，http://www.chinadevel-opment.com.cn/fgw/2017/08/1172129.shtml，2017年8月31日。

析存在的问题及原因。紧接着，2011年又开展了第二批资源枯竭型城市转型效果评估（见表1-2）。相比第一批，这次的评估内容更加细化，指向更加明确，问题的针对性更强。评估重点聚焦以下五个方面。

一是对反映转型成效的主要指标进行分析评价。重点对采掘业及原材料加工业比例、经济增长率、财政收入增长率、失业率、最低生活保障人数比例、环境治理率等进行分析，包括历史纵向比较和全省横向比较。

二是对转型重点任务实施情况进行分析评价。重点对《关于促进资源型城市可持续发展的若干意见》确定的培育壮大接续替代产业、着力解决就业等社会问题、加强环境整治和生态保护、加强资源勘查和矿业权管理、建立健全资源型城市可持续发展长效机制、加大政策支持力度等重点任务实施情况进行总结评价，包括为完成任务采取的政策措施、建设的重大工程、取得的成效、存在的问题及原因等。

三是对转型过程中形成的经验、模式进行总结。梳理归纳具有自身特色的资源枯竭型城市转型经验，并从解决资源枯竭型城市转型问题这一世界性难题出发，总结提炼可供借鉴的转型经验或模式。

四是对转型促进经济发展方式转变情况进行分析。分析总结资源枯竭型城市转型在促进经济发展方式转变方面进行的探索，及其对全省乃至全国转变经济发展方式的启示与借鉴。

五是分析提出转型面临的主要问题和进一步推动转型工作的

表1-2 第二批资源枯竭型城市转型成效基本情况对比

城市	GDP（亿元）	财政收入（亿元）	固投总额（亿元）	工业增加值同比增长率（%）	城镇居民人均收入（元）	农村居民人均收入（元）	主要资源类型	转型主战略
铜仁市万山区	48.20	8.32	74.30	12.10	27690.00	8490.00	汞矿	产业原地转型和城市异地转型
甘肃省玉门市	133.60	8.08	119.10	1.20	29758.00	15625.00	石油	强工兴市，转型发展
湖北省潜江市	671.86	65.84	539.53	6.60	29284.00	16397.00	石油	一区两带三极
河南省灵宝市	526.10	21.80	429.00	9.10	27836.60	15052.90	黄金	四大一高
广西壮族自治区合山市	33.01	2.52	18.81	-11.70	30175.00	11055.00	煤炭	工业转型升级，打造工业旅游城市，优化农业产业布局
湖南省耒阳市	473.15	22.17	411.93	3.20	31946.00	18841.00	煤炭	以工业为主导，优先发展第三产业，积极推进经济转型
湖南省冷水江市	301.60	11.10	236.30	5.90	31729.00	21184.00	锑矿	一转三化

（续表）

城市	GDP（亿元）	财政收入（亿元）	固投总额（亿元）	工业增加值同比增长率（%）	城镇居民人均收入（元）	农村居民人均收入（元）	主要资源类型	转型主战略
辽宁省北票市	116.10	5.48	45.00	8.00	缺失	12173.00	煤炭	工业主导、项目支撑、外向牵动
吉林省舒兰市	201.70	3.95	154.40	2.00	21722.00	13164.00	煤炭	农业做优、工业做特、服务业做足、城乡做美、民生做实
四川省华蓥市	147.18	7.37	219.57	7.70	30709.00	14604.00	煤炭	产业转型战略、民生为本战略、森林华蓥战略、开放合作战略
吉林省九台市	480.00	15.80	345.00	-11.30	23050.00	13750.00	煤炭	工业主导、项目拉动、产城融合、转型升级
湖南省资兴市	362.51	23.07	361.14	7.00	31658.00	18408.00	煤炭	产业主导、全面发展
湖北省钟祥市	缺失	缺失	缺失	缺失	缺失	缺失	磷矿	缺失

（续表）

城市	GDP（亿元）	财政收入（亿元）	固投总额（亿元）	工业增加值同比增长率（%）	城镇居民人均收入（元）	农村居民人均收入（元）	主要资源类型	转型主战略
山西省孝义市	438.95	52.27	114.14	6.10	32575.00	16027.00	煤炭	推进新型工业化、特色城镇化、农业产业化,市域生态化的"四化"进程
黑龙江省五大连池市（森工）	93.10	2.70	40.30	缺失	24000.00	13700.00	森林	建设"矿泉旅游名城""休闲养生之都"
内蒙古自治区阿尔山市（森工）	18.30	1.10	51.98	缺失	26148.00	缺失	森林	夯实基础、培育产业、改善民生、加快转型
吉林省敦化市（森工）	181.41	17.40	137.48	4.90	24671.00	13510.00	林木产业	生态优先、项目突破、产业跃升、开放带动、创新引领

注：数据来源于2017年相关城市公开资料。

政策建议。侧重分析经济、社会、生态环境、体制机制等方面存在的主要问题和挑战，根据转型进展情况及国内外发展环境的新变化，提出进一步推动资源型城市转型和可持续发展的政策建议。

从这次评估的总体情况看，我国资源枯竭型城市可持续发展工作取得了阶段性成果，政策体系和工作机制不断完善。中央财政累计下达资源枯竭型城市财政转移支付资金303亿元，其中第二批资源枯竭型城市约170亿元。中央预算内投资专项累计支持资源枯竭型城市吸纳就业、资源综合利用和发展接续替代产业项目272个。矿山地质环境治理重点工程累计安排资金68.4亿元。多个省（区、市）出台了配套政策措施、安排了专项资金。初步建立起国家有关部门共同推动、省级人民政府负总责、资源枯竭型城市为主体，上下联动、协调配合的工作机制。第二批资源枯竭型城市转型工作成效显著，城市经济恢复较快增长。2007~2010年，第二批32个资源枯竭型城市地区生产总值年均增长13.4%，高于全国平均水平3.7个百分点。产业结构逐步优化，资源型产业"一业独大"的局面正在改变，人民生活逐步改善。其中累计完成沉陷区搬迁、棚户区改造1655万平方米；生态环境恢复治理扎实推进，累计完成矿山环境治理面积5.3万公顷。从转型效果评估结果分析，第二批32个资源枯竭型城市分为三类。第一类是历史遗留问题得到较好解决、可持续发展能力较强的城市，主要代表有山西省孝义市。第二类是历史遗留问题初步解决、初具可持续发展能力的城市。这类城市的历史遗留问题和矛盾得到初步解决，产业结构有所优化,经济转型的新增长点逐步形成,但由于历史欠账较多,资源枯竭型城市转型仍然面临诸多问题。第三类是历史遗留问题依然较多、可持续发展能力很弱的城市。这类城市多为地处偏远的工矿区和林区,地区生活条件差、历史遗留问题多、经济社会发展滞后,转型任务艰巨。

经过将近八年的持续推进,到2018年底,全国69个资源枯竭型城市已累计获得中央财政转移支付资金近1600亿元。针对独立工矿区和采煤沉陷区的发展困难,中央预算内投资支持力度逐年增大,2013年起至今累计安排中央预算内投资约170亿元[1],支持独立工矿区改造搬迁和采煤沉陷区综合治理,中央财政也相继将独立工矿区和采煤沉陷区纳入了专项转移支付范围,对改善矿区生产条件和群众基本生活条件起到了重要的推动作用。[2]

总体来看,这十年来,资源枯竭型城市充分发挥中央财政转移支付资金和中央预算内投资的"撬动作用",加快推进民生领域转型攻坚,财政民生投入不断加大。内蒙古阿尔山、山东淄博淄川区、安徽淮北等地,民生领域和社会事业领域支出占财政总支出的80%以上,人民群众特别是生活困难群体的生活质量持续改善,城乡人居环境发生根本性变化,棚户区改造、社会保障、教育卫生、公共基础设施建设等方面制约转型发展的历史遗留问题

---

[1] 国家发改委:《资源枯竭城市转型已取得阶段性成果》,新华网,http://www.xinhuanet.com/2018-12/13/c_1123849905.htm,2018年12月13日。
[2] 郭丁源:《为了总书记的嘱托:加快资源枯竭城市绿色发展》,《中国经济导报》2018年12月19日,第2版。

已经初步得到解决。同时,资源枯竭型城市污水处理、一般工业固体废物综合利用能力不断提升,空气质量不断优化,节能减排工作有序推进,矿山治理工作不断深入。历史遗留的矿山环境治理率平均提高了20个百分点,威胁群众生命安全的重大地质灾害隐患得到有效控制,生态环境再现绿水青山。[①]

另外,数据还显示,资源枯竭型城市地区生产总值年均增速由转型前远低于全国平均水平发展到转型后高于全国平均水平1.4个百分点,十多年来,地方公共财政收入翻了近两番,其中中央转移支付对地方的支持占到20%以上。地区经济发展对资源的依赖程度不断降低,主导资源的产值占工业总产值比重比十年前下降了一半,产业结构由"一业独大"转向"多元支撑"。[②]

2. 推动资源枯竭型城市转型发展的新要求

推动资源枯竭型城市转型发展是一项长期、复杂的系统工程,按照国家发改委的最新要求,各地接下来还应充分利用各种有利条件,大力培育经济发展新动能、拓展新空间、厚植新优势,做好充足的思想准备、政策储备、风险防备,加快推进资源枯竭型城市转型。一是要高度重视转型工作,增强责任感和使命感。转型发展的前提条件是思想转型,一定要克服"等靠要"思想,主动作为,勇于担当,做到"四个明确",即转型目标明确、自我定位明确、发展思路明确、保障措施明确。二是要积极适应经济新

---

① 郭丁源:《为了总书记的嘱托:加快资源枯竭城市绿色发展》,《中国经济导报》2018年12月19日,第2版。
② 同上。

常态，做好应对经济较长时间低位运行的准备。当前正处于新旧动力转换期，资源枯竭型城市要统一认识、强化领导，做好打长期战的思想准备，尽早转型、彻底转型。三是要注重谋划创新引领，提高转型的质量和效益。集中力量搭建好支撑平台，创造条件发展新技术、新产业、新模式、新业态等"四新"经济，培育创新型领军企业，为转型发展增添新动力。四是要调整结构促进转型，加快培育经济发展新动能。转型发展的核心问题是产业转型，单一结构、单一模式支撑不了一个城市的发展，要实现转型发展必须要打造若干特色优势明显、技术水平先进、具有较强竞争力的接续替代产业集群。五是要聚焦特殊困难地区，着力推进转型发展。独立工矿区、采煤沉陷区的转型发展是实现资源型城市可持续发展的关键一环，任务艰巨。[1]地方政府要用好用足国家政策，充分发挥地方特色，加快推动困难地区转型发展。

3. 新一轮资源枯竭型城市转型四大新任务

2018年12月12日至13日，国家发展改革委在江苏省徐州市贾汪区组织召开全国资源枯竭型城市转型发展暨采煤沉陷区综合治理经验交流现场会。[2]会议围绕新时代推动资源型地区经济转型发展工作，深刻阐释了新时代推进资源型地区转型发展的重大意义，

---

[1] 程晖：《资源枯竭城市转型加强年度绩效考核》，《中国经济导报》2017年9月8日。
[2] 国家发改委：《国家发展改革委组织召开全国资源枯竭城市转型发展暨采煤沉陷区综合治理经验交流现场会》，http://www.ndrc.gov.cn/gzdt/201812/t20181214_922683.html，2018年12月14日。

深入学习领会了习近平总书记系列重要讲话精神，充分肯定了近年转型工作实践中取得的突出成绩，全面分析了新情况新问题，对下一步工作任务和有关工作要求进行了总体部署。

这次会议强调，推进资源型地区经济转型发展是践行以人民为中心的发展思想、决胜全面建成小康社会的必然要求，是实现高质量发展、建设现代化经济体系的必然要求，是加快推动生态文明建设、建设美丽中国的必然要求。当前，转型工作站在了新的历史起点上，必须坚持以改善民生为中心、以绿色发展为遵循、以多元产业为支撑、以长效机制为保障、以统筹规划为引领，准确把握新的历史方位和矛盾变化，以改革创新的精神做好各项工作，全面推动转型发展工作迈上新台阶。

按照这次会议的最新部署，当前和今后一个时期，资源型地区要以习近平新时代中国特色社会主义思想为指导，全面贯彻党的十九大和十九届二中、三中全会精神，坚持稳中求进工作总基调，坚持新发展理念，坚持以人民为中心，落实高质量发展要求，推动转型发展内生动力不断增强，生态环境恢复取得重要进展，基本建立接续替代产业多元化发展格局，形成各具特色的转型模式和经验，走上生产发展、生活富裕、生态良好的文明发展道路。

今后要重点抓好以下几方面工作[①]：一是加强分类指导，力求精准施策。遵循因地制宜、分类指导的原则，明确各类地区的发

---

① 李宏伟：《全面推动资源型地区经济转型发展迈上新台阶》，《中国改革报》2018年12月14日。

展方向和重点任务,通过针对性政策措施引导和支持不同类型资源型地区实现特色发展。积极探索各具特色的发展模式,总结经验并加大宣传推广力度。二是调整结构促进转型,加快推动高质量发展。加快推动资源型地区产业结构升级,构建多元化产业体系。一方面要促进传统动能改造提升,另一方面要培育壮大新动能。同时,注重优化营商环境,增强可持续发展活力。三是聚焦特殊困难地区,着力解决重点难点问题。独立工矿区、采煤沉陷区的转型发展任务艰巨,今后要集中力量、突出重点,以改善矿区发展条件、保障群众基本生活为核心,集中力量突破制约转型发展的瓶颈。四是强化市场作用,充分发挥政策性、开发性等融资渠道的积极作用。研究建立资源型地区转型发展金融合作机制,积极探索通过金融合作助推转型的新模式、新路径。五是完善制度建设,建立健全可持续发展长效机制。进一步建立健全开发秩序约束机制、资源型产品价格形成机制、资源开发补偿机制、利益分配共享机制以及接续替代产业扶持机制等。

第三节 看万山红遍:万山转型问题的典型性

"纵有万山,翻越万山,不言失败,永不服输"是汞都人的意志。万山经济社会的发展因汞矿的兴衰而起伏,经历了资源枯竭型城市所走过的建设、繁荣、衰退和转型历程,与城市成长、衰退的一般性发展规律相比,有其自身的特殊性。而"资源枯竭型城市转型,就是要跳出常规思维"。万山区的领导干部,在长期的探索中，逐渐形成"创新观念突破发展瓶颈，打破常规激发转型活力，无中生有走出绿色新路"的共识。以2013年5月4日习近平总书记对万山加快推动转型可持续发展的重要批示为标志，万山抓住机遇，牢记嘱托，感恩奋进，勇于担当，以产业原地转型、城市异地转型为主战略，开启了全面转型可持续发展的新篇章，奋力开启了资源枯竭型城市转型发展的伟大征程。

一、脱贫脱困是万山转型的首要任务

转型给万山带来的阵痛，不仅仅体现在经济发展上，更重要的是体现在民生上。据资料介绍，2000年，万山地区生产总值仅1.13亿元，财政收入667万元，农民人均收入仅为1150元，万山陷入前所未有的困境之中。为解决民生问题，2003年初，万山特区成立了以副县级领导为组长、各个职能部门相互配合的10个社区工作组，分赴矿区10个社区指导工作，深入矿区居民家中，宣传党的方针政策和法律法规，开展帮扶济困工作。

把解决民生问题作为转型发展的首要任务。一是帮助下岗人员实现就业和再就业。2003~2005年，为矿区1146名下岗失业人员办理《再就业优惠证》；安置"零就业"和"4050"人员200多人。二是把居民纳入"新农合"参保范围。2006年，经万山特区党委、特区政府争取和省政府批准，万山居民被纳入"新农合"参保范围，开创了将中国城镇居民纳入农村医保的先例。三是加大对困难群体的救助力度。把符合条件的居民全部纳入城市低保范围，低保覆盖面从2001年的900余人增至2004年的4100多人，占矿区失业和无业居民的38%。四是解决矿区住房难问题。投入巨资对居民原有住房进行维修和对水电网线进行改造，对矿区采空区搬迁户实行了房差10%的优惠政策。2005年以后，矿区居民陆续搬入新居。五是注重基础、环卫和娱乐设施建设。六是完善社会保障。着力关心离退休职工等身心健康和生活。从2004年起，在铜仁地区住院起付线上调的情况下，矿区退休职工住院"门槛费"从300元降至200元。对1342人因工伤、职业病支付住院费550万元。为780名下岗失业人员接续办理养老保险。为高龄老人免费体检，为退休职工进行工伤职业病复查。一系列措施使矿区居民得到实惠，万山逐渐进入稳定时期。

虽然中国有69个资源枯竭型城市，但也许没有一个像万山这样特殊。在万山，脱贫攻坚和转型可持续发展紧紧地结合在一起，紧紧地交织在一起，紧紧地联系在一起，脱贫中孕育着转型，转型中包含着脱贫，脱贫的过程就是转型的实现过程，转型的推进就是脱贫的攻坚。在中国，也没有一个地方的转型能像万山这样，把习近平总书记最为关注的目光、最为牵挂的情节集于一身。

确保到2020年打赢脱贫攻坚战，与全国一起迈入全面小康，是习近平总书记对铜仁、对万山的殷殷嘱托。2014年以来，万山区坚持以习近平新时代中国特色社会主义思想为引领，深入贯彻党的十八大、十九大精神，全力落实中央、省、市关于脱贫攻坚系列战略部署，严格按照"一达标、两不愁、三保障"和"七个不能退"的工作要求，精准发力、精准施策，凝聚形成"全党抓脱贫、突出抓产业,全区抓包扶、重点抓项目"的脱贫攻坚强大共识,全力打响基础设施建设、产业扶贫、易地扶贫搬迁、教育医疗住房"三保障"四场硬仗。精准贯彻落实铜仁市委提出的"76554"工作法①和打赢脱贫攻坚战"七个极"的工作总要求,依据"三真三因三定"原则②,创建了"一户一袋""民心党建+'三社'融合促'三变'+春晖社"等特色品牌。全区顺利通过了数次省级督查考评、市级考核检查和第三方预评估,特别是在2018年2月4日至11日全省2017年脱贫成效考核和16个拟退出县的预评估工作判定中,万山区成绩优异,在15个考核评价为"好"的区县中排在首位,并达到省级减贫摘帽县退出标准。2018年9月26日,贵州省人民政府新闻办公室召开的新闻发布会正式宣布,包括万山区在内的贵州14个贫困县(区)脱贫摘帽,经国家第三方评估组评估验收,顺利出列。

在这场贫困攻坚战中,万山更是近乎拿出肉搏的勇气,确保

---

① "76554"工作法:7个"补",一是查漏补缺,二是亡羊补牢,三是取长补短,四是勤能补拙,五是合力补位,六是将功补过,七是激励补偿;6个"不",一是自强不自卑,二是期待不等待,三是依靠不依赖,四是包干不包办,五是苦干不苦熬,六是借力不省力;5个"看",一是看家里摆的,二是看身上穿的,三是看柜里放的,四是看床上铺的,五是看锅里煮的;5个"一致",一是"客观有的"与村情民情一致,二是"系统录的"与贫困实际一致,三是"袋里装的"与主要指标一致,四是"墙上挂的"与帮扶措施一致,五是"嘴上说的"与脱贫成效一致;4个"好",一是党的政策好,二是人居环境好,三是社会风气好,四是干群关系好。

② "三真三因三定"原则:"三真"即"真情实意、真金白银、真抓实干";"三因"即因地制宜、因势利导、因户施策;"三定"即定点包干、定责问效、定期脱贫。

零漏评、零错退。全区抽调300名帮扶干部、选派360名第一书记或驻村干部深入脱贫攻坚第一线,让最精干的力量沉入基层、战在一线,成为群众心中最信得过、最靠得住的"亲人"。制定脱贫攻坚作战图,实行倒排工期、挂图作战。动态管理贫困情况,实行脱贫销号、返贫重录、政策到户、脱贫到人。尤其是围绕产业脱贫,设立产业化扶贫专项基金,支持贫困村发展电子商务、乡村旅游、劳务经济,带动了农业农村的整体转型。在这个过程中,还探索出"622"入股分红产业发展模式、"党组织+"、"电商+"、"旅游+"和"扶贫微工厂"等扶贫模式,并复制推广到更多地区。2019年4月12日,贵州省委副书记、省长、省委全面深化改革委员会副主任谌贻琴对《万山区兴建"扶贫微工厂"实现搬迁困难户就业与顾家双赢》的经验做法做出批示:万山区"小区建工厂""农民变工人"的做法值得肯定。要深化拓展推广这样的好经验,让易地搬迁群众搬得出、稳得住、能致富。

在这场史无前例的脱贫攻坚战中,万山人民斗志坚定。全区20多万干部群众汇聚成一股无坚不摧的强大力量,以"贫困不除,愧对历史;群众不富,寝食难安;小康不达,誓不罢休"的坚定意志,回应历史呼唤和群众期待。大家讲政治、讲奉献,不谈条件、不计得失、戮力同心、苦战实战,自愿牺牲所有休息和照顾老人孩子的时间,不论高温酷暑、天寒地冻,夜以继日、全力以赴扑到脱贫攻坚一线,头顶星辰、肩挑日月、脚踏泥泞,行进在山川河谷之间,奔忙在田园土地之上,穿梭在贫困群众之中,有的带着嗷嗷待哺的小孩,有的身怀六甲,有的带病坚守,彰显了坚定的政治担当和对父老乡亲的深情厚谊。

　　脱贫与转型互为依托、互相推进，是万山转型最为突出的一个特征。正是这场脱贫攻坚战，让万山的转型比以往更迅速，也更彻底。在这场攻坚战中，万山特别突出农业产业的发展。把产业发展作为持续稳定增加农民收入的主要手段，深入实施"一村一品、一村一特"工程，进一步壮大村级集体经济，确保村级集体经济组织覆盖率100%。通过开展"千企帮千村"活动，强化区内龙头企业监管。同时，通过扶贫搬迁，也将城市异地转型战略推向深入。万山区在2019年的政府工作报告中自豪地宣布："易地搬迁筑起脱贫'安居梦'，全面建成2017年度旺家花园、城南驿、观山雅居安置点，完成思南、石阡、印江3个县3524户15241人、区内1165户4970人搬迁任务，妥善解决就医、就学、就业等后续保障问题，实现了搬出大山、住上新房、过上好日子的目标；建成了2018年度旺家花园、西南商贸城、微企园、龙生安置点主体工程。'安得广厦千万间，大庇天下寒士俱欢颜'，一千两百多年前仁人志士的美好愿望得以实现。"

二、政策叠加优势是万山转型最大的支撑

1. 把中央关怀转化为政策叠加优势

　　2013年，接到习近平总书记对万山做出的重要批示后，贵州省委、省政府和20多个省直部门陆续制定出台政策措施，支持万山转型发展，为万山争取项目资金赢得了更大空间。五年来，国家财政转移支付累计投入了48亿元，为万山转型可持续发展提供

了强有力的支撑。万山区充分利用各级机关单位的支持政策，合理分配叠加政策的财政红利，把48亿元财政转移支付资金投入民生保障、基础设施建设和经济社会发展，取得了很大成效。万山发展得越来越好，群众的生活水平越来越高，归根究底就是政府叠加政策的利好和基层贯彻落实的效优。

中央政策的关怀。2007年，国务院制定出台《国务院关于促进资源型城市可持续发展的若干意见》，提出要加大对资源型城市尤其是资源枯竭型城市可持续发展的支持力度。2009年，国家发改委、国土资源局和财政部共同印发《国家发改委国土资源局财政部关于印发第二批资源枯竭型城市名单的通知》（发改东北〔2009〕227号），将万山区列入第二批资源枯竭型城市，万山也成为贵州省唯一享受国家资源枯竭型城市转型发展倾斜政策的城市。《通知》要求，抓紧制定、完善转型规划，提出转型和可持续发展工作的具体方案，进一步明确转型思路和发展重点，用好中央财政性转移支付资金。

2013年，国务院印发《关于印发全国资源型城市可持续发展规划（2013—2020年）的通知》（国发〔2013〕45号），并将《全国资源型城市可持续发展规划（2013—2020年）》印发至各省、自治区、直辖市人民政府。《规划》指出，要加快废弃矿坑、沉陷区等地质灾害隐患综合治理，加大政策支持力度，逐步增强可持续发展能力；要构建多元化产业体系，培育壮大优势替代产业，积极发展吸纳就业能力强的产业，大力发展特色服务业，合理引导产业集聚发展。

省级政策的厚爱。2013年，中共贵州省委、贵州省人民政府印发《关于支持万山资源枯竭型城市转型发展的意见》（黔党发〔2013〕10号）。《意见》从六个方面提出了明确的支持政策：一是财税政策；二是金融政策；三是土地政策；四是产业政策；五是民生和社会保障支持政策；六是支持矿产资源勘察和加强矿业权管理。

2013年，贵州省经济和信息化委员会印发《关于支持万山区工业经济提速转型发展的意见》（黔经信办〔2013〕71号）。《意见》明确了万山区工业经济提速转型发展的四大重点：一是支持做强传统优势产业、发展特色新兴项目和扶持中小企业等重点产业发展；二是支持重点项目建设，加大资金扶持力度，充分释放存量产能，鼓励做大增量产能；三是支持万山转型工业园区和"智慧园区"建设；四是加快发展工业循环经济和支持大宗工业固体废物综合利用。

此外，在省委、省政府的领导下，当时的贵州省林业厅印发了《关于研究支持万山资源枯竭型城市转型发展林业有关工作的会议纪要》（黔林专议〔2013〕4号），贵州省农业委员会印发了《关于支持万山资源枯竭型城市转型发展的实施意见》（黔农委发〔2013〕179号），贵州省商务局印发了《关于支持万山转型发展的意见》（黔商发〔2013〕371号），贵州省住房和城乡建设厅印发了《关于进一步支持万山资源枯竭型城市转型发展的函》（黔建计函〔2015〕40号）等文件。初步统计，共计20多个省直部门出台了政策文件，为万山的转型可持续发展提供了全方位保障。

市级政策的重视。2009年3月16日,当时的铜仁地区行政公署召开专员办公会议,决定成立万山资源枯竭型城市转型规划领导小组,并拟出万山特区资源枯竭型城市转型规划编制提纲,报地委审定后上报省政府。8月14日,地区行政公署召开专题会议,开展"资源枯竭型城市贵州万山特区经济转型规划研究"。会议提出,万山特区实施异地转型,要与地区撤地建市工作有机结合起来,并请编制单位认真对比全国其他资源枯竭型城市经济转型的好政策,归纳总结一套自己的政策体系,高标准、高起点和高要求地进一步修改和完善"规划研究"。11月6日,中共铜仁地委召开会议,会议决定,成立万山特区资源枯竭型城市转型规划实施领导小组,主要负责万山转型工作的组织领导、统筹协调和督促检查工作。

2010年,贵州省铜仁地区行政公署印发《关于成立万山特区资源枯竭型城市转型工业发展领导小组的通知》,加强对万山特区资源枯竭型城市转型工业发展工作的领导,加快万山工业发展。2013年,《铜仁市贯彻落实<中共贵州省委贵州省人民政府关于支持万山资源枯竭型城市转型发展的意见>的实施方案》出台。《方案》指出,要积极争取财税政策、金融政策、土地政策、产业发展政策和民生社会发展支持政策。

万山转型的过程,就是壮士断腕、凤凰涅槃的过程。在这个过程中,资源掣肘、人力资本结构、产业现存结构及调整方向、资本配置水平、技术创新能力、对外经济开放度等因素成为制约资源型城市产业转型成效的主要短板因素。但这些短板,通过政策的叠加优势都得到了有效弥补，破解了制约万山转型发展的诸多障碍，激发了万山转型发展的新活力和新动力。这就是"无中生有"，置之死地而后生。正是政策叠加效应、制度迭代创新推动了万山产业结构调整实现成功跨越，促进了城市内外部经济流通，通过拓宽招商引资渠道、营造良好的投资环境，加强了城市对人才、项目、产业及技术的吸引力，促进了产业结构的优化升级。在这一点上，万山的转型可持续发展确实是一个标杆。

2. 跳出万山看万山，超越"转行"谋"转型"

实现资源枯竭型城市的转型发展，需要选择合适的实现路径。万山在转型发展过程中，充分发挥各项政策的扶持作用，通过工业、农业、旅游业及新兴产业的提升与培育，壮大接续替代产业，走出了工业强区、农业创新、旅游崛起的生动转型实践，有力推进了万山的"产业原地转型、城市异地转型"。

2009年以来，万山充分利用其资源枯竭型城市政策优势、老工业基地的工业基础与后发地区保存完好的自然生态等比较优势，转变发展方式，调整产业结构，推进工业增长方式从粗放型向集约型转变、从资源开采型向深加工型转变。突出万山产业特色，延长产业链条，助推产业转型升级，并引进和培育了锂电、清洁能源汽车等一批新兴产业，形成了新的经济增长点，有效促进了万山区产业结构优化调整和转型升级。"2002年汞矿关闭以后，依托原有的人才优势、技术优势，本地的企业老板慢慢就组建了一些汞化工企业。"万山区工业和商务局副局长段仕龙在调研访谈中如是说。万山围绕汞化工、新材料、钾矿资源和循环经济，以万山镇老工业基地为中心，发挥靠近高速和高等级公路的区位优势，规划30平方公里"转型工业园区"，着力培育新的支柱产业，打造"汞化工循环基地、新型材料生产加工基地、钾化工产业基地、固体废物综合利用循环经济示范基地"四个基地。同时，万山充分发挥园区效应，坚持资源引进战略，2016年引进投资20亿元集新能源汽车研发、制造与销售于一体的万仁新能源电动汽车项目；投资3亿元，建成占地4万平方米的朱砂工艺品产业园，58家朱砂工艺品企业入驻园区；先后引进湖北宜化、银泰铝业、隆鑫新材料、东奇电气等一批有实力的企业入驻园区。2014年5月14日，央广网在对万山转型发展的报道中指出，2013年万山工业企业由2008年的34家增加到104家，2000万元规模以上企业达到42家，工业总产值达43.3亿元。工业转型升级有力推动了万山崛起。

转型中的万山，不仅注重工业的再崛起，也强调农业的创新发展，以农业转型推进农村转型，以农业创新推进农村发展。正如万山区大坪乡地慢村致富带头人杨通权所说："农业产业怎么转型？就是不要只靠原来的农耕方式，那已经落后了，现在政府也在进行产业结构调整，要种经济价值高的农作物，所以这就是农村产业的转型方向。"2015年5月，万山从山东寿光引进了九丰农业公司，按照"园区景区化、农旅一体化"的思路，投资5亿元打造九丰农业博览园，成为国家4A级景区和全省引领型园区，带动周边50余家农家乐兴起。同时，万山区建立特色农产品质量安全追溯体系，加强产地认定和产品认证，打造高质量的武陵菜都。

目前，区内无公害农产品产地认定面积达16万亩，绿色食品2个、有机农产品9个、农产品地理标志保护产品1个。构建"园区+N"农村产业融合发展模式，开展"智慧农业园区"建设及田园综合体试点创建工作，依托"贵州绿色农产品推介管理平台"，打造农产品销售公共服务平台，推动万货出山、出国。全区省级农业园区7个，田园综合体试点2个。此外，万山区依托3个省级农业园区，发展食用菌、刺葡萄、蜜枣等特色产业。

转型蝶变中的万山，正进入历史上发展最好的时期。但这也对万山下一步的发展提出新的挑战，那就是在基本完成转型初期的任务后，下一步的转型战略如何高位谋划，如何跳出万山看万山，超越"转行"谋"转型"。处理好"转型"与"转行"、"腾笼换鸟"与"化鸟为凤"的关系，要防止"模式化"和"简单化"，防止把"转型"等同于"转行"，防止只重视"腾笼换鸟"而忽略"化鸟为凤"，这是万山推动产业结构优化升级中必须进一步思考的问题。

万山汞矿历史厚重，利用传统工业文化和工业遗址，万山以丹砂文化为旅游品牌，着力完善周边服务配套设施，大力发展旅游业。但粗放式的旅游开发不能成就朱砂的现在，更不能代表万山的未来。朱砂是"即将消失的红宝石"，朱砂文化是值得做好的一篇大文章，需要更浸入式的体验，需要更触及心灵的震撼。朱砂原石虽然可以用货币衡量价值，但从文化价值上来说，是一种无价之宝。简单的原石交易，实际却是一种文化的损失和品质的流失。怎样赋予它更深、更多的文化内涵，让它有更好的承载、更好的内在传承才是更重要的。

历史上的万山，先有产业后有城市，不是按照城市的一般规律来建设发展的，缺乏城市规划的基础和传统。在转型发展过程中，特别是近五年，万山建设发展速度很快，某种意义上来说也是一种超常规现象。在这种背景下，规划的重要性进一步凸显。尤其是在城市异地转型方面，基于城市承载力、城市功能转移、城市环境改善的考虑，万山要进一步以新城建设推动城市空间调整，以老城保护为重点实施城市更新。要改造完善基础设施，加强老城的保护利用，更加凸显城市的历史感，使老城和新城实现功能互补、相互呼应。同时，在产业原地转型、城市异地转型的基础上，加快从人口融入、公共服务、绿色发展三个层面推动社会全面转型，实现更高质量、更有效率、更加公平、更可持续的发展，这是万山进一步转型的方向和要求，也是万山确立可持续发展目标及政策创新的根本着眼点。"更高质量"是指不一味地追求速度，而是更加注重质量和效益。从"万山速度"走向"万山质量"是实现可持续发展的必由之路。"更有效率"就是以新发展理念引领发展方式转变，彻底告别粗放型生产方式，把全面创新作为推动转型发展的驱动力，形成高效的城市要素运行体系。"更加公平"的核心是共享，体现在城乡融合、各类社会群体统筹发展、公共服务均等方面，这对于万山而言尤为重要。"更可持续"既是目标，也是过程，万山还要在形成有利于节约资源、保护生态的空间格局、产业结构、生产方式和生活方式上下功夫。

三、绿水青山是万山转型的底线

中国经济正进入新常态。新常态最突出的一个特征，就是经济发展正从求"速"向求"质"转变，既要金山银山，也要绿水青山。百姓也开始从"盼温饱"发展到"盼环保"，从"求生存"升级为"求生态"，这种转变是一种理念的转变、一种思想的转变、一种价值的转变。在生态发展的主旋律下，许多地区的转型纷纷奏起"生态"协奏曲，迎来了城市转型发展的"新生"，如浙江的安吉、福建的长汀。贵州拥有世界上最典型的喀斯特地貌，习近平总书记曾指出，贵州是一个"经济洼地"，也是一个"生态脆弱区"，要守住发展的底线，必须保持一个较快的发展速度，即"加速发展"，简而言之"赶"；要守住生态的底线，必须转变发展方式，保住绿水青山，即"加快转型"，简而言之"转"。在国家、省、市关心下，万山人民自加压力、改革创新、奋力追赶，使得转型发展形势迅猛，多项经济指标都实现了翻番，人民群众生活质量明显改善。把生态建设作为转型发展的关键环节，万山因地制宜、先行先试、勇于探索，走出了一条环境改善与经济发展互动共赢的特色化资源枯竭型城市生态转型之路。

按照中央和省市的要求，万山区深入贯彻落实习近平生态文明思想，牢固树立"绿水青山就是金山银山"理念，把污染防治工作放在重要位置，以"发现问题不放过、整改不彻底不放过、群众不满意不放过"的铁的要求，蓝天碧水净土一个都不能少的雄心壮志，坚决打赢污染防治攻坚战，用生态建设实践诠释了资源枯竭型城市生态转型发展的新样本。

1."绿水青山"与"金山银山"

2005年8月15日,习近平同志在浙江湖州安吉余村考察时,首次提出了"绿水青山就是金山银山"的重要理论。余村地处天目山北麓,因境内天目山余脉余岭及余村坞而得名。全村区域面积有4.86平方公里,毛竹山有6000多亩,农田面积只有580亩,是个山多地少的小山村。正因人均农田数少,曾经的余村通过开山炸石,村集体经济殷实,但开山对于村里生态环境破坏严重,村里整天粉尘蔽日。2005年,习近平同志在余村首次提出"两山理论",余村人开始认识到,这种破坏生态环境的开山采石不是长久之计,当年,余村彻底与开山采石告别,走向一条以休闲旅游为主的美丽乡村之路。曾经卖石头的小山村,如今开始卖起了风景。

"呵护环境就是发展生产力,绿水青山就是金山银山,安吉县走出了一条科学发展的道路。""不要迷恋过去的发展模式,下决心关停矿山是明智之举。"2005年8月24日,习近平同志在《浙江日报》发表的《绿水青山也是金山银山》一文中再次提出,如果能够把"生态环境优势转化为生态农业、生态工业、生态旅游等生态经济的优势,那么绿水青山也就变成了金山银山"。2015年3月24日,习近平总书记主持召开中央政治局会议,通过了《关于加快推进生态文明建设的意见》,正式把牢固树立"绿水青山就是金山银山"的理念写进了中央文件。"两座山"的科学理论在浙江生根发芽,并蔓延至全国,成为中央的战略决策。

浙江在"八八战略"的指引下,从"绿色浙江""生态浙江"到"美丽浙江",生态文明建设理念十余年一脉相承,生态省建设方略十余年坚持不懈，促使全省环境质量稳中求好，生态环境指数持续位居全国前列，为建设美丽浙江奠定了坚实的基础。浙江的实践对于资源型城市的转型意义重大。对于万山这样的地区来说，转型发展是资源枯竭型城市的第一要务，但良好的生态环境是最普惠的民生福祉，更是城市高质量发展的基本要求，资源枯竭型城市转型发展中必须牢牢守住生态环境这一底线和红线。万山的转型必须以绿色发展为制高点，念好"山字经"、做好"水文章"、打好"生态牌"，树立绿水青山就是金山银山的理念，把握好发展与保护的辩证关系，率先建成绿色发展先行示范区，走出一条百姓富生态美融合共生、共同发展的新路。

我们看到，围绕"腾笼换鸟"，万山积极抢抓大数据发展机遇，积极培育新兴产业。成立亿创科技有限公司，高标准建设万山区电商生态城，重点打造网商园、孵化园、服务园三大板块，建立了全省首个大数据人才培训与应用综合基地，引进了中拓电子商务、华商街等18家企业和申通、中通等7家知名物流快递企业；与阿里巴巴签约，引进淘宝大学人才服务商河马电商学院。万山实现了"农村淘宝"服务站乡镇（街道）全覆盖，建设完成"农村淘宝"服务站69家，全面打通"山货出黔"渠道，让更多农产品走出大山，实现了百姓富、生态美有机统一，交出了一份绿水青山就是金山银山的答卷。

2. 守住"发展"与"生态"两条底线

2015年6月，习近平总书记视察贵州，要求贵州省守住发展和生态两条底线，正确处理生态环境保护和发展的关系，像保护眼睛一样保护生态环境，像对待生命一样对待生态环境。

贵州，为什么要保护绿水青山？"因为绿水青山是贵州走向世界的珍贵名片。"国家林草局保护司司长杨超说。[①]2018年，梵净山以其丰富的生物多样性特征申遗成功，是贵州依靠绿水青山走向世界的典型范例，也是贵州守住"发展"与"生态"两条底线的一个缩影。早在1978年，贵州就建立了梵净山自然保护区，40年来，贵州致力保护的不仅仅是梵净山，还要守护每一座青山每一条绿水。2015年7月，贵州省委工作会议明确提出，要适应把握经济发展新常态，坚定走向生态文明新时代，进一步处理好发展和生态环境保护的关系，守住经济增长、人民收入增长、贫困人口脱贫、社会安全四条发展底线，守住山青、天蓝、水清、地洁四条生态底线，绝不走"先污染后治理"的老路，绝不走"守着绿水青山苦熬"的穷路，绝不走"以牺牲生态环境为代价换取一时一地经济增长"的歪路，坚定不移走百姓富、生态美两者有机统一的新路。[②] 因此，万山的转型发展，不能畏缩不前、原地踏步，要守住发展的底线，也要守住生态的底线。

3. 蓝天碧水净土一个都不能少

万山的转型，本质上是一场生态的转型。万山地处云贵高原

---

① 方春英：《守好发展和生态两条底线》，《贵州日报》2018年11月11日，第001版。
② 陈敏尔：《紧密团结在以习近平同志为核心的党中央周围决胜脱贫攻坚同步全面小康奋力开创百姓富生态美的多彩贵州新未来》，《贵州日报》2017年4月25日。

向湘西丘陵过渡的陡山绝壁地带,境内山峦起伏,地形切割破碎,可利用土地资源十分短缺。20世纪90年代后,贵州汞矿基本上处于停产状态,亏损逐年增加,万山特区陷入了前所未有的困境。由于长期对矿产资源进行掠夺式、粗放式的开采和利用,不重视环境的综合治理与保护,资源枯竭型城市的生态环境十分恶劣,如水土污染和流失严重,采矿剥离物和废弃物乱堆乱弃,地表塌陷等。恶劣的环境严重地影响了人们的基本生存条件,一些地方因采矿形成的地面塌陷甚至直接危及人民群众生命财产安全。

资料显示,贵州汞矿自1950年建成投产至2001年的50多年间,采矿区面积达100平方千米,大小洞口200多个,地下采矿坑道纵横交错,长达970千米;排放含汞烟尘废气207亿立方米,废水5192万吨,废渣624万立方米,通过"三废"排放进入自然界的金属汞达到350余吨,其对环境所造成的汞污染的严重性是可想而知的。[①] 特别是境内炼汞炉渣和坑道废石堆积如山,且点多面广,自然堆弃于境内河流源头的沟谷间,在12.5平方公里的万山城区范围内,矿渣堆积体积达20万立方米以上的就有8处。每遇大雨或暴雨,加之近500米的落差使得大量的含汞废水、炉渣、废石进入河道,污染水源,导致河床平均抬高1~1.5米。此外,河水经常泛滥,向下游的敖寨、下溪和黄道3个侗族乡总长28千米的河道流域和靠河的瓦屋、六龙山乡和漾头镇流域倾泻,导致下游约30千米

---

① 石光辉、李烨:《从"贵州汞矿"现象看资源枯竭型国有企业产业转型困境》,《经营管理者》2011年第23期。

沿河农田、耕地受到污染或不同程度的破坏，从而失去耕作功能。遗留的大水溪尾矿库和冲脚一、二号尾矿库等6座尾矿库，安全隐患较大，综合治理难度大。

2007年以来，万山大力治理汞污染等历史遗留问题，在生态修复和环境整治上，一方面采取积极措施应对历史遗留问题，另一方面采取切实有效措施防止新污染产生，其实施的治理工程主要针对矿石和矿渣堆积带来的破坏，尤其是采用修建和配套实施挡墙、截洪沟、排水管、渗淋废水处理、土地复垦、绿化等措施，防止废石矿渣带来水土污染、挤占河道、淹没农田等问题。2007~2014年，万山投入资金共计3.2亿余元，实施矿山环境治理工程。2011年，万山引入湖北宜化、新疆天业、新疆中泰等共14家涉汞企业，积极规范汞化工产业发展，基本实现了涉汞企业"三废"零排放，其中有近10家已被环保部、国家发改委、工信部、卫生部列为全国含汞废物集中利用处置示范区。

2014年，万山政府按照国家标准，对张家湾精细化工园区规划建设4.6平方千米的全国汞化工循环经济示范区进行升级改造，严格配套建设环保设施，主动接受国家、省、市环保部门的监管。针对贵州汞矿关闭破产前因汞带来的重金属污染，万山区编制了《贵州铜仁典型区域土壤污染综合治理项目实施方案》，重点对下溪、敖寨侗族乡沿河两岸和万山镇境内的7780亩污染耕地进行修复；"环保十二件实事""三年行动计划""两年攻坚行动"稳步推进；全面推行河长制工作机制，实现河道、水库等各类水域监管全覆盖，集中饮用水达国家Ⅱ类标准、地表水水质达国家Ⅲ类标准，城区集中式饮用水水源地水质达标率100%。

　　绿色化不仅表现为生态系统的自然本性，而且体现在人的精神世界，即把绿色的理念、价值观，内化为人的绿色素养，外化为人的绿色行为。"绿色化"是一种社会价值取向，要把生态文明纳入社会主义核心价值体系，把生态意识上升为全民意识、主流意识，倡导生态道德、生态伦理和生态行为，提倡生态良心、生态正义和生态义务，形成人人、事事、时时崇尚生态文明的社会新风尚，为生态文明建设奠定坚实的社会基础和群众基础。当前，万山各村村容村貌整洁清爽，环境优美，生态宜居在这里得到了深刻实践。用犀牛井社区主任李云华的话说，"万山转型最明显的变化是街道变美了，人们生活的环境变美了。"正是在这种宜人的环境下，人们对生活有了更美的畅想，从而更加积极、更愿意为优美环境的维护贡献力量。

　　生态文明的发展方向，以包容性开放为带动，实现资本与高新产业的绿色融合，是实现产业转型升级的重要选择，是欠发达地区实现后发赶超、洼地崛起的重要途径。这里特别值得一提的是，随着汞矿关闭，万山区积极探索"含汞废弃物的资源综合利用"和"新型催化剂精细化工"产业发展，实现了汞产业从以汞矿石提炼"原生汞"，到以含汞废料提炼"再生汞"的转型，汞循环经济产业发展取得了突破。同时，汞化工企业还持续加大产品研发和技术创新力度，通过大力研发钒触媒、铜触媒无汞触媒等新型催化剂替代产品，推动汞化工产业转型升级，力争在"十三五"期间将万山打造成全国闻名的新型催化剂精细化工循环经济示范产业园区。

近年来，万山着力推进工业增长方式从粗放型向集约型转变，从资源开采型向深加工型转变，逐步向绿色生态产业过渡。全区大力推进工业节能降耗，逐步推广资源综合利用技术和清洁生产，加大了传统产业能量系统优化、余热余压利用、节能环保升级改造力度，增强了传统产业承载和集散能力。同时，全区鼓励企业根据市场需求情况及时改进生产技术、设备和产品，积极研发新工艺、新设备、新产品，加强供给侧的技术改造和产品创新，提高企业的市场竞争力和占有率。另外，全区还重点实施了铁合金和汞化工企业的技术改造与产业升级，帮助企业改进了生产技术工艺和设备，有效促进了企业废旧资源的综合利用和节能降耗。

第二章

脱困、脱贫与转型发展

"困"和"贫"是后发地区的基本特征，也是转型首先要面对和解决的问题。因困生贫，因贫而困，是阻碍后发地区发展的症结，只有首先解决困和贫的问题，转型才有实现的可能和基础。万山转型发展的主线就是脱困与脱贫。2001年贵州汞矿依法破产关闭时，万山地区生产总值只有1.29亿元，财政总收入980万元，到了2018年，万山地区生产总值已经达到50.57亿元，财政总收入8.97亿元。简单的数据对比，蝶变效应跃然眼前。而蝶变的背后，则是万山在产业原地转型和城市异地转型战略主导下，从脱困到脱贫的转型实践与探索。

第一节 转型共识与转型效能

共识和效能是转型发展过程链上必不可少的两个核心因素。凝聚共识是转型发展的基础和前提，只有思想统一了，行动才能一致，转型才有启动的条件和基础，并且存在理论上转型成功的可能。转型效能衡量着转型发展的质量，只有以效能为导向改善工作作风和提高执行力，转型发展才有可能实现既定目标。万山转型发展能够成功，一方面在于凝聚了转型发展的共识和力量；另一方面则是确保了转型战略能够高效率、高质量的落地实施。

一、理念，从思想转变到作风转变

把思想转变放在转型发展的首要位置。思想是时代之先声。社会的每一次进步，经济的每一次腾飞，都离不开思想转型的推动和促进。不论是深圳还是浦东，这两个极具代表性城市崛起的重要原因，都得益于一个关键词"思想解放"。对于资源枯竭型城市来说更是如此，资源红利在推动城市快速发展的同时，也带来了思想的固化和僵化，唯有打破思想的桎梏，破除因循守旧、墨守成规、按部就班的老习惯、老套路，让思想跳出窠臼，让行动摆脱束缚，才能摆脱资源性依赖，才能试出转型发展的新路子。

从转型的第一天开始，万山就深刻认识到，不管产业转型还是城市转型，首先必须是领导干部观念的转型。只有以观念的转变促进产业的转型、城市的转型，万山才能实现习近平总书记提出的"加大工作力度""加快推动转型可持续发展"的要求。尤其是对于贵州、对于万山这样的西部欠发达地区来说，转变观念、解放思想，是转型发展的第一要务。通过三年多的集中攻坚，万山区锻炼了一支以第一书记和扶贫工作队为主体的干部队伍。这批干部普遍年轻有为，用他们最火热的青春见证了脱贫攻坚这场大决战的全过程，不但在工作上取得了进步，更在思想上得到了升华。这样一批人，投身于万山的转型可持续发展中，尤其是农村产业振兴中，将产生不可估量的巨大能量。用好这批干部，为其创造更大的干事创业的平台和舞台，逐步提升广大干部的获得感和成就感，对万山转型发展具有战略意义。

万山在转型发展的过程中，始终坚持问题导向，积极推动思想大解放、观念大转变,持续深入开展转观念、转作风、抓落实"两转一抓"系列主题活动,坚持"走出去""引进来"的发展战略,由主要领导带队,先后赴潍坊、大连、苏州等经济发达地区考察"取经",学习先进城市发展的创新理念和典型经验,拓宽全区人民超常规、大跨越发展的思路和视野。同时,邀请一批知名专家学者来万山讲课交流,拓展万山干部队伍的认识和思维。万山区委书记田玉军认为,万山能够转型成功,首先就是转变观念,创新理念,跳出万山看万山,站在贵州甚至全国的角度看万山,把外面最先进的理念、最先进的产业"引进来",通过外部力量倒逼万山去改革、去转型。

"沧海横流方显砥柱,万山磅礴必有主峰。"在习近平新时代中国特色社会主义思想指引下,万山各级干部从转变观念做起,通过企业脱困和农村脱贫攻坚,锻炼了一大批走在前列、干在实处的领导干部队伍。而通过覆盖整个城乡地区的新时代市民、农民讲习所,更是把习近平新时代中国特色社会主义思想落实到千家万户,让各级干部真正学懂、弄通、做实。截至2018年底,万山区共开展800余场次讲习活动,宣讲十九大精神、习近平新时代中国特色社会主义思想,以及"精准扶贫"和农科技术。万山区共有110个固定讲习所,区、乡、村固定讲习员508人,受众达28万余人次。对于一个只有27万人的区来说,累计28万人次的学习,足以表明这场学习之广泛和深入,实现了市委所要求的,让习近平新时代中国特色社会主义思想成为燎原之势,红遍万山!

以作风转变保障转型发展顺利推进。作风关系人心向背、关系事业兴衰、关系发展成败。转型发展不仅需要有新思想、新理念，更需要有高素质的团队将思想理念落实下去，而要实现这一点，关键就是作风的转变。习近平总书记指出，作风建设永远在路上。如果前热后冷、前紧后松，就会功亏一篑。各级领导干部都要树立和发扬好的作风，既严以修身、严以用权、严以律己，又谋事要实、创业要实、做人要实。要发扬钉钉子精神，保持力度、保持韧劲，善始善终、善作善成，不断取得作风建设新成效。[1]在推进转型发展的过程中，为解决干部中存在的"慵、懒、散""不作为、慢作为、乱作为"等问题，万山区委于2015年10月8日印发了《加强和改进全区机关工作的实施意见》，并召开全区机关作风建设大会，对全区广大党员干部作风提出了新的目标要求。通过专题培训、经验交流大会、交心谈心工作等，从思想这个"总开关"上下功夫，逐步引导全区广大党员干部转变观念和作风，增强服务意识，主动围绕全区发展任务履职尽责。

万山区委书记田玉军认为，"观念和作风问题已经成为我区转型发展最突出的瓶颈之一，必须要彻底扭转过来。"万山区以"三严三实"为标尺，在全区开展"转观念，转作风，抓落实"主题活动，通过"六个一"系列活动，着力解决因循守旧、作风不实、落实不力等问题，大力营造开拓进取、真抓实干、立说立行、干就干好的创业氛围。发扬"立说立行、马上就办"的工作作风，

---

[1] 杨宝国:《论共产主义理想的当代自觉、自信与践行》，《马克思主义文化研究》2018年第2期。

把精力向工作上聚焦、向任务上聚焦、向落实上聚焦；鼓励各级领导干部带头树立"躺着想事、坐着议事、站着做事"的公仆新风，以表率作用带动全区形成了你追我赶、大干快上的干事创业氛围。

二、速度，从决策力到执行力

管理学大师西蒙有一句名言："管理就是决策。"领导者需要在不同的发展阶段做出不同的决策，这个决策就是领导力的体现。决策力反映领导力。"执行力"的概念源于美国人保罗·托马斯和大卫·伯恩于2003年合著的《执行力》一书，但是在我国古代就有"令行禁止"的说法，孔子在《论语》中就曾提出："言必行，行必果。"这个"行"就可以理解为执行力。在汞矿尚未枯竭之时，万山曾寻求转型发展的新路径，但是因为决策失误、执行不力等问题走了许多弯路，导致万山直到资源枯竭也未找到替代发展产业，从而陷入发展困境。决策力和执行力关乎着万山转型发展的速度和成败，缺一不可。

科学决策引领万山转型起航。2009年，万山被列入国家第二批资源枯竭型城市名单，因"汞"而兴、因"汞"而衰的万山，与全国乃至国际上的资源枯竭型城市一样，在转型之初都在寻求解决怎么转、往哪转、谁来主导、怎么执行等问题。万山区委副书记、区长张吉刚介绍，万山的转型路径和全国其他60多个资源枯竭型城市是不一样的。其他资源枯竭型城市中城和矿区是在一起的，资源枯竭了但是城市在，城市对经济的拉动作用是很大的，比如辽宁阜新、山东枣庄，城市体量很大，经济实力也很强。但万山区就是一个矿区，可以说没有"城市"，就是一个小镇。所以万山的转型发展路径也是有别于其他资源枯竭型城市的。万山通过系统的内部研究和讨论，并征求专家学者、广大群众的意见建议，集思广益，形成科学的发展决策。一是确定了"产业原地转型、城市异地转型"的发展战略。由于区位条件差、自然环境恶劣、土地资源有限以及水资源缺乏等问题，在国家发改委专家组的建议下，万山确定了"产业原地转型、城市异地转型"发展战略，形成了万山转型发展的主基调和主旋律，掀起了万山快速转型发展的序幕。二是明确"工业强区、农业惠民、旅游兴业"的发展思路。自从推动转型发展以来，万山虽然在工业、农业、旅游等方面取得一定的发展成绩，但最大的短板就是缺乏龙头企业带动。万山区委、区政府通过深入调研和综合分析，确定了"工业强区、农业惠民、旅游兴业"的发展思路，明确在工、农、旅、城四大产业领域中各重点引进和打造一家龙头企业，以龙头带动产业发展，实现引进一个龙头项目带动一个领域、激活一条产业链的目标。三是谋划"四圈两带一网"产业布局和谢桥新区"一体双翼"城市发展格局。万山区结合自身产业发展现状，谋划了"四圈两带"产业布局，力争通过3年的努力，逐步形成谢桥新区城市经济圈、茶店片区"车轮经济"圈、丹砂湖片区生态经济圈、经济开发区工业经济圈，以及高楼坪、下溪、敖寨、黄道农旅产业观光带，大坪、鱼塘农牧花卉产业带。在万山区第二次党代会上，增加了构建南北融合、东西延伸的万山全域旅游"一张网"，形成"四圈两带一网"产业布局的目标。从万山发展实践来看，变废为宝把朱砂古镇打造成为全国闻名的优质旅游小镇，错位发展引进万山彩虹海，"无中生有"打造九丰农业博览园，迎难而上建设万仁新能源汽车，顺势而为引进"百盛商业广场""居然之家""北京九宜城"等，这些成功案例都证明了科学决策的重要性。

高效执行提升万山转型能效。三分决策，七分执行。执行是连接目标和结果的关键环节。再美好的蓝图，如果得不到高效执行，仍是一纸空文。万山转型发展之所以能够成功，关键就在于高效的执行力让科学的决策落地生根。一是整合区委督查室、区政府督查室、区绩效办的人员和职能，成立区委区政府督查局，针对全区重点工作、重大项目、重点工程进行跟踪督查和干部作风突击检查，采取实地督查、信息督报方式，实行"一事一督、台账管理、跟踪督查"，对落实不力的限期整改，对整改效果不明显的进行全区通报，形成强有力的震慑。督查资源高度集中后，构建起上下关联、左右相通、覆盖全区、运转高效的"大督查"工作体系[①]，确保每项重点工作、重大项目有人管、有人盯、有人促、有人干。二是创新推行"贴标·亮牌"干部管理制度，构建干部动态监管长效机制，成立领导小组和办公室，出台《干部贴标·亮牌管理实施意见》，为39种"机关病"划定"高压线"，其中单位党政主要负责人"贴黄标·亮黄牌"的有7种情形，"贴红标·亮红牌"的有9种情形，实行干部管理"一把手"责任制，针对本单位干部出现的作风问题，"一把手"承担连带责任。三是将

---

① 邵景良:《"大督查"强健执行力》，《秘书工作》2012年第9期。

"贴标·亮牌"机制与干部选拔任用挂钩，对被贴标·亮牌干部，进行为期3个月的待岗学习、适岗锻炼，作风转变的给予摘牌，仍无明显改进则对其职务职级进行留级降职、降级降职、免职、辞退或解聘等组织处理。同时，将日常督查与年终目标考核挂钩，坚决杜绝"干与不干一个样，干多干少一个样"。四是建立健全奖惩激励机制，对各乡（镇、街道）及部门进行量化管理，并坚持半年一观摩，激励全区干部形成肯干事、干实事、干大事的工作态度。高效的执行力为万山速度的诞生提供了保障，43天完成万山国家矿山公园主大门建设，70天完成欢乐世界项目269户、1440余亩征地拆迁工作，30天完成客运南站106户拆迁工作，100天完成张家湾468户居民搬迁安置工作……高效执行带来的效果立竿见影。

三、实干，从招商引资到招才引智

招商引资，一般是引进一个项目、一家企业、一条生产线；而招商引才，则是引进一个系统、一个体系、一个平台、一批人才。对于处于转型发展中的城市来说，将招商引资和招才引智结合起来，对于优化城市产业结构、强化城市功能、激发城市活力大有裨益，有助于实现城市的可持续发展。近年来，万山一手抓招商引资，一手抓招才引智，不仅引进了一批重点项目和重点企业，而且吸引了一批优秀人才来到万山，夯实了万山转型发展的基础，积蓄了未来持续发展的力量。

招商引资是推动万山转型发展的直接动力。万山区委书记田玉军在经济工作会议上表示,"招商引资是推动发展最直接、最有效方式,要通过大招商、招大商来做大做优增量,盘活提升存量,增创发展新优势。"万山区按照"工业强区、农业惠民、旅游兴业"的发展思路,牢固树立"全党抓经济、全民抓招商、全区抓融资、全力抓作风"的发展意识,紧紧围绕"产业大招商和营商环境大优化"两大战役,积极探索"4+N+5"产业招商新模式[①],为项目快速落地和企业生产营运提供了优越条件,取得了显著成效。一是把招商引资作为"一号工程""一把手工程"来抓,全力推进"引强入县、引大入县"攻坚战略,以招商引资的大突破推动经济大发展、大跨越。为做好招商引资工作,万山成立了以区委书记任组长的招商引资工作领导小组,组建以区委书记和区长为队长的两个招商引资工作队。建立招商引资任务县级领导包靠制度,将任务细化分解至四大班子主要领导、区委常委、副区长及各乡镇(街道)、部门,形成"人人头上有目标,个个肩上有压力"的工作格局。相继制定了《万山区关于编制收集招商引资重点推介项目工作的通知》《万山区2015年招商引资目标任务分解方案》《万山区2015年招商引资述职评议通报制度》。二是做好"无中生有"和"有中生新"两篇文章,突出招大项目、"朝阳"项目,把大企业、大财团作为招商引资的重点对象。重点瞄准央企、上市公司和行业100强、中国500强乃至世界500强企业,筛选编制招商引

---

① "4+N+5":"4",即"四大班子"领导带头外出招商;"N",即N个部门共同配合协作服务;"5",即持续推进"一个项目、一名领导、一个部门、一套班子、一抓到底"的项目工作机制。

资项目90个，重点包装策划了五大新兴产业、大健康产业、旅游、高效农业等30个项目，增强招商引资的针对性。同时，坚持环保优先和科学甄别原则，建立招商引资项目评估、论证制度，避免出现项目层次偏低、附加值不高、综合竞争力弱和抗风险能力差等问题，对严重污染的项目实行一票否决制。三是以改善"软环境"为重点，成立区投资软环境建设领导小组，设立客商服务投诉中心，相继出台了相应规范性文件，落实了一系列吸引外资、鼓励与扶持个体和民营经济发展的政策，加大了对重点企业项目管理和发展的政策扶持力度。同时，进一步建立健全服务承诺制、责任追究制、一次会审制、企业代办制、一次性告知制、限时办结制等制度，积极推行一站式办理、上门服务、预约服务、自助服务、委托代办等服务，着力打造服务"高地"、引资"洼地"和兴业"福地"，最大限度地方便企业办事。

近年来，万山区秉承领导带动、部门联动、机制推动、内外互动的理念，积极构建招商引资的良好格局，同时大力实施行政审批改革，提高审批效率和力度，简化企业办事流程、强化金融体系保障以及提升代办服务能力，大幅度改善了全区营商环境。据统计，2016年万山全区招商引资共签订项目合同55个，到位资金132.4亿元，全区招商引资和营商环境指数在全省18个主城区方阵中排名均为第17位。2017年，万山区营商环境指数在全省88个县（区、市、特区）中排名第9位，较2016年上升36位；在18个主城区方阵中排名第4位，较2016年上升13位，全年引进项目66个、签约168亿元，实现到位资金153.2亿元。2018年4月，在新华社半月谈杂志社主办的"2018中国区域协调发展与精准扶贫成果报告会"上,万山区获评"2018年中国区域营商环境榜——十佳最具绿色(旅游)投资价值城市"荣誉称号。这是继中国最佳投资环境城市、中国最美特色旅游小城、中国最佳品质旅游目的地、国家级电子商务进农村综合示范县、全国生态文明城市与景区、国家循环经济示范市核心区后获得的第7块国字号名片。2019年1月26日,全省投资促进工作会议发布了2018年全省营商环境测评结果,万山区营商环境在88个区县中位居第一,较2017年上升了八位。①

人才是助力万山可持续发展的关键因素。近年来,万山区高度重视人才工作,坚持用战略眼光看待人才工作,树立人才工作就是经济工作、抓人才就是抓经济抓发展的理念,使人才真正成为科学发展、跨越发展的第一推动力。②万山区紧紧围绕"两个转型""四化同步",深入实施"人才强区"战略,牢牢把握激活现有人才、吸引外来人才、培养未来人才三个核心环节,坚持"缺什么、引什么"和"服务发展、以用为本、突出重点、特事特办",不断优化人才队伍结构,提高人才素质,努力为人才创造良好的发展环境,夯实队伍,发挥人才效应,为万山实现转型跨越、后发赶超蓄积更多、更强的力量。

树立"不求所有、但求所用"的人才观念,利用多种渠道和

---

① 区融媒体中心:《万山区营商环境居2018年全省首位》,http://www.wsxw.gov.cn/2019/0403/yaowen37094.html,2019年4月3日。
② 李鸿忠:《树立科学人才理念推进人才强省建设》,《党建》2012年第3期。

形式，多方引才引智，不断提高人才引进的质量。按照"管宏观、管政策、管协调、管服务"的总体要求，坚持引、育、用、管并重，不断完善人才管理、培育机制，全面推进人才队伍建设。通过开展专场招聘（引进）活动、参加大型招聘会以及事业单位公开招考和定向培养等形式，重点引进高层次、急缺紧缺人才。按照"请进来，走出去"的原则，加大对党政人才、经营管理人才、专业技术人才、农村实用人才等人才队伍的培训力度，不断提高他们的政策理论水平和专业技术本领，发挥他们在区域经济发展中的主导作用。

从2008年至2017年，万山相继出台了《万山特区人才引进办法》《铜仁市万山区2012年机关事业单位引进人才工作实施方案》《铜仁市万山区区管专家和兴万人才评选管理实施办法》《铜仁市万山区"百千万"和"六个一批"人才引进实施方案》《铜仁市万山区中长期人才发展规划纲要（2013—2020年）》等数十个关于引进人才的配套文件。万山区委书记田玉军表示，"我们发展的关键问题首先是找人，人会带来项目，项目有了，资金也就会过来；而且引进1个人才，能激活一个园区，带活一项产业。"

在"互联网+"推动电子商务快速升温的背景下，万山抢抓国家"大众创业·万众创新"政策机遇，采取"100万年薪+提成"的方式，按照不设编制、不定级别的模式，面向全国引进了电子商务产业"领军人物"作为电商产业园区管委会主任，并投入200万元用于电商园区管委会班子团队运营，园区通过创业孵化园、义乌商城、铜仁购O2O商城的建设，打造了万山电商生态城，园区的建设吸引了大批企业管理人才、科技人才来万山创业就业，培育了大批电商人才，为万山区经济社会的发展提供了必要的人才支持。事实证明，引进一个人才激活了一个园区，带活了一个产业。万山电商生态城不仅每年创收上亿元，而且培育了数千名电商人才，孵化了上百家电商企业，带动4500余人创业就业。

第二节 从脱困到脱贫的转型实践

"困"和"贫"的产生有很多复杂的历史和社会因素，也是各种经济和非经济因素共同作用的产物，它不仅是人口问题、经济问题、政治问题和社会问题，更是一个转型发展问题。[1] 与以往经济学界更多从制度和文化层面研究贫困问题相比，从转型发展方面研究贫困问题，更有助于跳出贫困看贫困，立足转型解贫困，在更高层面把脱困、脱贫与转型可持续发展统一起来。

研究万山的脱贫路径，对于资源枯竭型城市，特别是西部后发地区的资源枯竭型城市脱贫具有较强的参考价值和现实意义。这不仅是全国最贫困地区探索精准扶贫的需要，也是探索资源枯竭型城市可持续发展的需要。[2] 近年来，万山区牢记习近平总书记嘱托，始终把脱贫攻坚作为最重要的政治责任和政治任务，全面

---

[1] 廖桂蓉:《转型期中国城市农民工贫困原因探析》,《改革与战略》2008年第12期。

[2] 田世广:《加大贫困地区资源枯竭型城市帮扶力度》,《贵州日报》2017年2月8日,第005版。

落实党中央、国务院、省、市关于精准扶贫和精准脱贫的一系列方略,聚焦"五个一批",突出"六个精准",紧盯产业扶贫、基础设施建设、易地扶贫搬迁、教育医疗住房"三保障"四场硬仗,牢固树立"全党抓脱贫、突出抓产业,全区抓帮扶、重点抓项目"的思路,在中央和省、市各部门大力支持下,举全区之力,集全民之智,创新实践、全力攻坚,走出了一条百姓富生态美融合共生、共同发展的脱贫新路。

一、"输血"脱困与"造血"脱贫

2012年12月,在河北省阜平县考察扶贫开发工作时,习近平总书记指出,贫困地区发展要靠"内生动力",如果凭空救济出一个新村,简单改变村容村貌,内在活力不行,劳动力不能回流,没有经济上的持续来源,这个地方下一步发展还是有问题。[①]一个地方必须有产业,有劳动力,内外结合才能发展。扶贫不仅仅是送钱送物、钱帮钱带,更要坚持输血和造血相结合,重在培育自我发展能力。在转型发展的过程中,万山区将国家、省市层面的政策支持和自身的拼搏努力相结合,通过"输血投入"及时解决了一系列民生难题,通过产业扶贫提高了贫困群众自我发展、自我成长的能力,从根源上解决了贫困问题。

政策红利助推基础设施建设和民生问题的解决。2015年,中

---

① 陈永堂:《切实加快贫困地区全面建成小康社会步伐》,《理论与当代》2014年第3期。

央办公厅调研室与国家发改委东北振兴司领导对万山转型工作进行了专题调研，国家资源枯竭型城市转移支付有望延续至2020年，2008年至2019年，共获转移支付资金17.09亿元。省发改委批准万山经开区为100个省级现代服务业集聚区之一，是铜仁市获得的第一个综合型生产性服务业集聚区。

万山立足资源和政策优势，化政策为项目，化项目为资金，超前谋划和精心包装项目，把上级的支持政策转化为具体的项目资金支撑，2011~2016年累计争取上级项目1500余个，资金66.7亿元，推动了全区交通、水利、医疗、卫生、学校、民生保障等基础设施建设，极大地缓解了区财政压力，为推动"两个转型"发挥了积极的作用。

此外，针对矿区居民的遗留问题和特殊困难，万山区及时投入941万余元提高原贵州汞矿退休人员的养老金标准、抚恤金标准及托管人员的基本生活费等；组织矿区居民参加基本养老保险和城镇医疗保险，参保率达82%、67%；投入970万元改造矿区社区的水、电、路等基础设施，有效缓解了矿区群众就业难、就医难、住房难等问题。

培育内生动力帮助群众摆脱贫穷。授人以鱼，不如授人以渔。近年来，万山区加大产业扶贫力度，集中发力，聚力攻坚，推动产业扶贫到村到户到人，变"输血"为"造血"，提高贫困户自身的造血能力，形成了"户户有增收项目、人人有脱贫门路"的产业脱贫"万山路径"。一是创新探索"九丰农业＋贫困村"模式。依托年产6.6万吨优质蔬菜的九丰农业博览园，在每个贫困村至少建了一个标准化大棚基地,大力推广"九丰农业+贫困村"模式,按照"721"分红模式,即农户占70%,合作社占20%,村集体经济占10%,打造"一乡一业""一村一品"。目前已建成标准化大棚蔬菜面积达2万亩,覆盖全区10个乡镇(街道)37个村,带动3000多户贫困户增收致富,户均增收3000元,实现了万山现代农业从"一无所有"到"遍地开花",形成了"乡乡有大棚基地、村村有集体经济、户户有增收途径"的格局。[①]二是创新产业子基金惠农机制。一方面,打破扶贫资金使用的惯性思维,建立龙头企业跨区域结对帮扶边远贫困村机制,从市级脱贫攻坚扶持资金中安排1.8亿元作为贫困户股金,注入朱砂古镇、彩虹海等6家龙头企业。每年按照入股资金的8%提取投资收益,其中4%用于入股企业的贫困户分红,带动了4500名自身无力脱贫的山区贫困群众建立了稳定的利益联结机制。另一方面,以项目为载体,把产业基金下放到乡、村,在每个村建立合作社,培育壮大村集体经济产业。目前,全区累计成立专业合作社517家,建成高山葡萄、蜜枣、香柚、油茶种植基地近5万亩,中华蜂、生猪、水产养殖等特色主导养殖产业带动效应明显,带动全区近6000人稳定增收,村集体经济收入均在3万元以上。三是创新探索"一户+"脱贫模式。以村为单位,推行"一户一亩菜园""一户一万菌棒"工程,由村支"两委"主抓,实行集中流转土地、集中技术指导、集中经营管理、集中组织销售,为每个贫困户建立一亩以上生态菜园

---

① 郭刚:《推动产业扶贫实现产业富民》,《当代贵州》2018年第17期。

或一万棒食用菌，为1898户群众建成菜园2000多亩、菌棒800多万棒，拓宽了脱贫增收渠道。四是创新产业利益联结机制。在全区所有村成立村级合作社，由村"两委"领办专业合作社发展村集体经济，整合村集体经济发展资金、扶贫项目资金、帮扶资金等，量化折算作为全村建档立卡贫困户入股股份，并将年利润的60%用于贫困户分红，20%用于村级集体经济积累，20%用于"经理团队"工资奖励，形成了村集体资产增值保值、贫困户受益和"经理团队"正向激励的利益分配方式。其中，敖寨乡中华山村"622"模式获得了省、市领导的高度关注，被列为全省改革优秀案例，其典型经验在《人民日报》头版进行报道。

二、练好内功和借助外力

外因是变化的条件，内因是变化的根据，外因通过内因而起作用。打赢脱贫攻坚战，必须充分调动贫困地区干部群众的积极性、主动性，引导贫困群众树立主体意识，发扬自力更生精神，激发改变贫困面貌的干劲和决心，变"要我脱贫"为"我要脱贫"，靠自己的努力改变命运。正如习近平总书记在中央扶贫开发工作会议上所指出的，脱贫致富终究要靠贫困群众用自己的辛勤劳动来实现。[①] 万山在推动脱贫攻坚的过程中，既注重练好内功，激发脱贫攻坚的内生动力，又注重发挥对口帮扶单位的外力支撑作用，

---

① 衡阳扶贫开发办公室：《突出扶贫扶志激活内生动力》，《衡阳通讯》2019年第4期。

引进项目、资源、人才以及先进的发展理念，凝聚脱贫攻坚的最大合力。

精准发力、精准实策，提高内生发展动力。2014年以来，万山严格按照"一达标、两不愁、三保障"和"七个不能退"的工作要求，凝聚形成"全党抓脱贫、突出抓产业，全区抓帮扶、重点抓项目"的脱贫攻坚强大共识，全力打响基础设施建设、产业扶贫、易地扶贫搬迁、教育医疗住房"三保障"四场硬仗。全区顺利通过了数次省级督查考评、市级考核检查和第三方预评估，特别是在2018年2月4日至11日全省2017年脱贫成效考核和16个拟退出县的预评估工作判定中，万山区成绩优异，在15个考核评价为"好"的区县中排在首位，并达到省级减贫摘帽县退出标准。2018年9月21日，贵州省人民政府印发《关于桐梓等14个县（区）退出贫困县的通告》，万山通过国家第三方机构评估检查，综合贫困发生率为1.19%，错退率为0，漏评率为0，群众认可度为96.37%，正式获批退出贫困县。

强化脱贫攻坚的组织力量，凝聚脱贫攻坚的最大合力。一是建立领导包靠责任制，由区委、区人大、区政府、区政协主要负责同志及区委常委分别包靠一个乡镇（街道），负责包靠乡镇脱贫攻坚总协调、总调度、总负责，包靠领导与乡镇（街道）同工作、同担责。二是在产业、交通、教育、医疗、旅游、技能培训等领域成立工作专班，由党委、政府主要领导或分管领导任组长，相关责任单位为成员，统一调度，齐抓共管，确保有序推进。三是充实基层脱贫攻坚工作队伍，从区直各部门抽调300名讲政治、讲奉献、工作能力强的优秀干部奔赴乡镇（街道）脱贫攻坚阵地，与乡镇干部同工作、同考核，在乡镇评先选优，时间为一年半，分组包片负责提升群众认可度。四是全区所有县级领导全部沉入一线，督促指导各乡镇（街道）、村（社区）落实好脱贫攻坚系列工作；各包靠领导每周围绕脱贫攻坚在乡镇（街道）办公三天以上。五是实施"千企帮千村"精准扶贫行动，动员全区25家民营企业结对帮扶贫困村、贫困户，实施帮扶项目60个，直接投入资金3000万元，带动贫困群众5000多人增收。六是充分发挥群团组织、社会组织的作用，在全区成立了89个春晖社，礼聘春晖使者988人，募集春晖基金，不定期走访看望贫困户。

做好数据的核查、识别和公开工作，确保脱贫攻坚工作"一目了然"。一是做好贫困人口动态管理工作。紧紧围绕精准扶贫"一达标两不愁三保障"核心指标，结合贫困人口动态管理要求，按照精准识别、精准退出的标准和程序，对建档立卡信息进行再次核查，统计好整户新识别、家庭成员自然增加、家庭成员自然减少、整户清退、2017年脱贫户回退五类人员名单，及时录入，彻底解决漏评、错退、错评等问题。二是严格按照"组内最穷、村级统筹、乡镇把关、群众公认"要求，召开群众会、评议会，做到与户主见面、与户口簿见面，保证精准识别。三是推动贫困户基本信息卡、帮扶政策明白卡、帮扶工作记录卡、贫困户收益卡"四卡合一"，把家庭信息、享受政策帮扶措施、家庭年收益全部记录在一张卡上，统一标识、统一位置张贴，实现了信息公开化、精准化。

充分发挥帮扶干部的引领带动作用。一是建立"5321"干部帮扶机制,对全区所有建档立卡贫困户均明确了帮扶干部。二是全区"5321"帮扶干部充分运用自身资源帮助贫困户发展产业,每户至少发展1个产业,激活贫困户发展内生动力。三是选派300余名干部组成驻村工作队全力开展驻村帮扶工作,驻村干部每月到村开展工作20天以上,进村入户了解群众所需,因地制宜、因户施策、实事求是为村里谋发展,为群众谋福利。四是针对全区2014年以来的建档立卡贫困户生产生活状况,深入开展调查摸底,为其购买必用的基本生活用品,切实解决好贫困户生活用品配备问题,以看得见、摸得着的实惠促进认可度提升。

全力扶志扶智,从根源上破解贫困问题。坚持正向引导。首创了《督查问政》《脱贫攻坚进行时》电视栏目,在全区树立"勤劳致富、脱贫光荣"导向,激发贫困群众自力更生意识。注重典型示范。在全区推广脱贫攻坚漫画墙、村规民约文化墙,在每个村开展最美卫生户、最美儿媳、最美公婆等评选活动,选出来"脱贫攻坚群英谱"人物224名。突出政策宣传。组织2000多名帮扶干部深入村组,开展党的政策好、人居环境好、社会风气好、干群关系好"四个好"的宣传活动,利用新时代农民讲习所宣传、宣讲5000余场次,张贴政策明白卡5万余份,发放宣传手册6万余份。①

---

① 邓明鹏:《万山:"六个聚焦"打赢脱贫攻坚战》,《铜仁日报》2018年12月27日,第10版。

出台脱贫攻坚系列配套政策，为打赢脱贫攻坚战奠定基础。一是出台了《2017年整区脱贫摘帽工作实施方案》总方案及《万山区2017年脱贫攻坚农村公路"组组通"大决战实施方案》《万山区教育扶贫工程实施方案》《万山区脱贫攻坚宣传工作方案》《万山区创新农产品产销对接机制提高产业扶贫精准度和实效性实施方案》《万山区贫困县退出县级领导干部包靠乡镇（街道）工作方案》《万山区2017年林业生态补偿脱贫实施方案》《万山区多彩贵州"广电云"户户用工程全覆盖实施方案》《万山区农村贫困劳动力培训实施方案》《万山区脱贫攻坚"四改一化一维"改善贫困户生活环境工作实施方案》《万山区电商扶贫专项行动工作方案》《万山区2017年医疗脱贫攻坚实施方案》《万山区产业发展助推脱贫攻坚奖补扶持实施方案（试行）》《万山区旅游扶贫工作实施方案》《万山区易地扶贫搬迁生计保障和后续发展工作实施方案》等系列子方案，给予有力保障和全面指导，确保整县退出具有针对性、有效性和可操作性。二是制定出台了《铜仁市万山区干事创业容错纠错实施细则》《万山区干部执行力问责办法（试行）》《关于做好脱贫攻坚一线干部关怀激励实施细则》等系列文件，确保脱贫攻坚一线干部安心安身安业，让有为者有位，提升脱贫攻坚干部战斗力。三是资金保障有力。从2016年开始，区财政每年年初预算安排精准扶贫资金2000万元，产业发展资金500万元，村集体经济发展资金300万元，保障村级产业发展，增强自身"造血"功能，全面消除"空壳村"。

从2013年以来，万山区充分发挥苏州高新区的对口帮扶作用，积极深化双方在产业转移、旅游、医疗教育、农业发展等方面的协作，推动帮扶向深度和广度发展，形成了"优势互补、长期合作、聚焦扶贫、实现共赢"的东西部协作发展新格局。

建立健全扶贫协作定期互访会商制度。健全工作组织机构，成立由党政主要领导任组长的万山区东西部扶贫协作工作领导小组，在区扶贫办设立万山区东西部对口协作办公室，成立万山区东西部扶贫协作工作专班。2017年9月，苏州市高新区与万山区签订了《苏州高新区、万山区对口帮扶框架协议（2016—2020年）》，为"十三五"合作确定了目标，其中计划在"十三五"时期，援助1500万元用于万山区妇幼保健院建设。高新区各相关单位也陆续组织到万山区开展对接交流活动，进一步深化各领域帮扶协作。

全面深化万山区和苏州高新区乡镇、部门、村（社区）结对模式与形式，推进乡镇、贫困村、贫困户三级层面全结对。苏州高新区与万山区的10个乡镇（街道）完成结对双向全覆盖，并结对14个村（社区）（涵盖了万山区7个未脱贫的贫困村）和未脱贫的644户贫困户，实现了所有乡镇（街道）、未脱贫贫困村、未脱贫贫困户三级层面全覆盖。每年镇级帮扶资金不少于10万元、村级帮扶资金不少于5万元、贫困户每户不少于1000元。结对形式有乡镇（街道）与乡镇（街道）、村（社区）与村（社区）、国企与乡镇（街道）、国企与村（社区）、部门与村（社区）、部门与贫困户等多种形式。

苏州高新区紧紧围绕对口帮扶地区经济社会和民生事业发展这一中心，坚持以项目扶持为抓手，以推进当地经济发展和脱贫致富为目标,将对口帮扶工作与推动经济健康发展有机结合。苏州高新区每年组织区内企业到万山进行项目考察,鼓励有投资意向的企业向万山转移;引导在苏州有优势、在铜仁有资源的苏商、台商和外商到万山投资兴业,支持和帮助万山每年在高新区举办1次招商引资推介会。同时,帮助万山区做好到苏州的招商引资推介、"铜仁生态美·梵净天下灵"旅游推介、"万货出山"产品展销等工作,通过介绍一批产业、引进一批产业、转移一批产业的方式,实现帮扶效益的最大化。

三、讲习所、春晖社与第一书记

1. 讲习所:让感恩文化传承和发展

最早的讲习所,是大革命时期国共两党合作创办的培养农民运动骨干的农民运动讲习所。[1]从大革命时期农民运动的历史当中走来的讲习所,在当前仍具有重要的借鉴意义。习近平总书记在参加党的十九大贵州省代表团讨论时,充分肯定了贵州省毕节市把支部建在生产小组上、发展脱贫攻坚讲习所的做法,强调新时代的农民讲习所是一个创新。[2]万山区联系经济社会发展实际,充分运用新时代农民(市民)讲习所,通过发挥阵地、媒体、宣传作用,联系实际、拓宽平台、创新讲习形式,为全区广大干部群

---

[1] 王玉:《新中国成立初期干部教育问题研究(1949-1956)》,吉林大学硕士学位论文,2017。

[2] 黔西南州委改革办:《新时代新气象新作为——贵州发展2018(二)》,《贵州日报》2019年3月27日,第006版。

众蓄能"充电",激发了基层干部和贫困群众内生动力。

加强阵地建设,实现"新时代农民(市民)讲习所"全区覆盖。根据贵州省委的统一部署,万山区按照有场地、有机构、有师资、有制度、有标识、有资料的"六有标准",建立覆盖全区各乡镇(街道)、村(社区)的"新时代农民(市民)讲习所",通过讲习所宣讲解读有关国家发展的各种大政方针。讲习所举办的活动不仅包括十九大会议精神、习近平新时代中国特色社会主义思想和脱贫政策的宣传,还把干部教育、基层党组织党员干部培训、区直部门开展的业务知识培训、农村实用技能培训、社科理论宣讲等纳入区级讲习所,使学员深入学习党的路线方针、政策及实用技能等知识。此外,万山区还先后建成了朱砂古镇、九丰农业、万仁新能源汽车、敖寨两河口村大棚蔬菜产业基地、万山邮政公司等农民讲习所,就地就近开展产业工人、务工农民技术培训和党的政策宣传,提高工人、务工农民的专业素质和政策知晓率,提升工作效率。

注重队伍建设,创新宣讲的形式和实效。根据"六讲六干"要求,万山区组建了讲思想、讲感恩、讲政策、讲技术、讲道德、媒体宣传共六支专业化队伍,并通过集中讲习、分类讲习、流动讲习、媒体讲习以及动漫宣传讲习,提高了宣讲的针对性和多样性,不同的群体可以通过不同的平台载体获得知识。一是县级领导干部带头进行集中讲习,深入帮扶村开展党的十九大精神和习近平总书记在贵州代表团重要讲话精神宣讲,使党的十九大精神走进千家万户,凝聚发展的共识与合力。二是根据受众的不同开展分类讲习。老人、小孩、妇女，讲习内容主要围绕惠民政策、学生安全、妇幼保健等宣传宣讲；在企业主要围绕业务技能、职业道德等宣传宣讲；在产业基地主要围绕食用菌培植技术、蔬菜病虫害防治、农业实用技术等宣传宣讲；在机关单位主要围绕党的路线方针政策和中央、省市、区重大决策部署等宣讲。三是通过邀请讲习员走进各乡镇（街道），召开院坝会等流动的形式，宣讲党的脱贫攻坚政策。四是充分发挥报纸、杂志、电视等传统媒体和互联网、微信微博等新兴媒体作用，宣传脱贫攻坚政策、先进事迹。五是通过漫画宣传中国梦、脱贫攻坚、乡风文明、交通消防安全等，潜移默化引导群众，增强他们的发展信心。

此外，为深入推进感恩文化的传承和发展，使广大干部群众常怀感恩之心、常立感恩之德、常行感恩之举，万山区借助新时代农民讲习所积极开展"六个一"脱贫攻坚感恩教育宣传活动（见表2-1），凝聚广大干部群众在最后冲刺阶段的脱贫攻坚"正能量"。通过"六个一"感恩教育活动，激发了广大干部群众的内生动力，促进了思想观念的改变，为脱贫攻坚、产业结构调整营造良好氛围。

2. 春晖社："三社"融合促"三变"

"春晖社"是"春晖行动"的衍生，能够更好地动员和组织更多企业家、爱心人士和社会力量投身到脱贫攻坚战场上，充分发挥"亲情、乡情、友情"的情感纽带作用，激发赤子情怀，感召游子返乡，共同促进家乡经济文化发展，促进社会和谐进步。2004年，共青团贵州省委根据唐代诗人孟郊《游子吟》中"报得

表2-1 "六个一"脱贫攻坚感恩教育宣传活动

活动名称	活动内容
观看一部脱贫攻坚宣传片	让广大群众进一步了解万山脱贫攻坚取得的成果,感受脱贫攻坚助推同步小康的变化,坚定脱贫攻坚的意志和决心,变"要我脱贫"为"我要脱贫"
开展一次脱贫攻坚报告会	由万山区帮扶干部、下派干部、第一书记和驻村干部,围绕乡村振兴战略、农业结构调整、产业发展、党建扶贫等方面的具体情况,通过"新时代农民(市民)讲习所""院坝会"等载体形式开展一次脱贫攻坚报告会活动,让全区转型发展成果面对面地呈现在居民群众眼前
讲好一场脱贫攻坚故事会	由万山区各乡镇(街道)、各村脱贫攻坚工作组负责组织精准脱贫户、致富带头人,开展脱贫攻坚故事宣讲活动,让居民群众用身边人、身边事回顾家乡变化,讲述"恩"从何来,增强脱贫内生动力
播放一场红色革命题材的电影	以"传承红色革命精神·做新时代致富带头人"为主题,在万山区新时代农民(市民)讲习所、文化活动广场等区域播放一场红色革命题材的电影,让群众受到革命精神的熏陶,鼓足干劲,凝聚共识,决战决胜脱贫攻坚
放映一部正能量纪录片	把新中国取得的历史性发展、先进性改革、蒸蒸日上的生活风貌娓娓道来,让每一位老百姓切实感受到祖国的进步与腾飞、繁荣与昌盛
评选一批脱贫攻坚励志人物	深入发掘党的十八大以来脱贫攻坚战场上涌现的先进典型100名,并围绕全区脱贫攻坚,同步小康奋斗目标,通过培育、选树和宣传"万山脱贫攻坚群英谱"先进典型,教育引导广大干部群众"学典型、见行动、做贡献",示范带动全区广大干部群众见贤思齐,凝聚正能量,决战脱贫攻坚

三春晖"意境,发起了旨在"弘扬中华文明,反哺故土亲人"的春晖行动。2017年4月8日,贵州共青团投身脱贫攻坚推进大会在铜仁召开,中共铜仁市委书记陈昌旭在大会上正式提出:要深刻认识共青团投身脱贫攻坚必须不断完善体制机制,积极探索春晖社与供销合作社、农民专业合作社、股金服务社"四社合一"的联动机制,不断创新工作思路、组织体系和工作机制,为铜仁市奋力创建"一区五地"做出更大贡献。[①] 共青团铜仁市委以此为契机,积极探索"春晖社"试点工作。

试点先行激发乡村活力。2017年5月16日,为落实"民心党建+'三社'融合促'三变'+春晖社"农村综合改革试点工作,高楼坪乡夜郎村"春晖社"正式挂牌成立,标志着万山区首个"春晖社"的成立。作为试点先行乡,高楼坪乡以春晖社为载体,积极引导和支持春晖使者参与到产业发展、精准扶贫以及乡村治理当中,推动了高楼坪乡的转型发展。一是完善春晖社管理制度,加强"春晖社"规范化建设,聘请乡友人士、返乡创业农民工、致富带头人、种养大户、毕业大学生等133人为春晖使者,定期召开"春晖社"会议,广聚贤能,共商家乡建设"大计"。二是发挥"春晖使者"作用,使贤能人士参与到家乡的产业发展中,全力打造"春晖产业"项目。成立农业专业合作社,以村"两委"为领头羊,带动春晖使者、种养大户、致富能手等参与到村级发展产业项目

[①] 周复宗、费爱心、张祥、戴祥润、张青松:《基于铜仁探索"春晖社"+"三社融合"联动机制》,《法制与社会》2018年第26期。

中来。三是召集春晖使者、致富带头人、种养大户参与到群众院坝会、田坎会、故事会、家庭会中来，了解村里贫困户的基本情况，制定不同的帮扶措施，村"两委"与春晖使者为贫困户送去所需的物资等，用自己的实际行动传递温暖，构建起良好的干群关系。四是由各村根据实际情况制定村规民约，发挥春晖使者的模范带头作用，引导群众自觉遵守村规民约，形成人人参与"乡村治理"的浓烈氛围，树立起良好的乡风文明。

"六个一"措施推进春晖社全面建设。万山采取"六个一"的工作措施，全面推进了春晖社建设，凝聚了乡情、亲情，为万山经济社会发展献计献策献力。一是建设一支队伍。每个春晖社成员由本地籍贯或曾经在本地工作过，热心公益事业，认同春晖行动理念，自愿参与扶贫帮困，有较强的组织协调能力和积极正面的影响力，能在项目实施工作中发挥示范引领作用，有一定时间和精力参与"春晖社"管理工作的人担任。二是建好一个阵地。注重资源整合、因地制宜，充分整合利用各村（社区）内现有场地，明确"春晖社"活动阵地。及时按统一标准将"春晖社"制度上墙，规范信息档案管理。合理设置宣传画、宣传标语，营造"感恩、反哺"的春晖行动氛围。三是健全一套制度。明确"春晖社"、春晖使者工作职责，建立健全"春晖基金"管理与使用制度等一系列"春晖社"运转机制。四是建立一个信息库。认真收集统计在外大学生、在外务工人员、农村青年致富带头人、离退休老干部、老同志及曾经在本地工作过的贤达人士等乡友信息，建立春晖人才数据库。五是设立一个项目库。以各村（社区）为单位，从教育、医疗卫生、畜牧养殖、乡镇（街道）和村（社区）基础设施建设、农林种植、生态旅游、招商引资等方面，列出当前农村发展急需的项目，吸引在外乡友从资金上、技术上、观念上支持家乡，改变家乡的面貌。六是搭建一个平台。充分运用 QQ、微信等新媒体搭建"春晖社"成员联系平台。区级成立了"春晖社"总交流平台，负责与全区各"春晖社"社长、副社长进行沟通交流，传达中央、省、市、区各类方针政策。乡镇（街道）建立了乡级"春晖社"交流平台，负责与各乡镇（街道）"春晖社"成员进行沟通交流，实现了良性互动。

目前，万山区共成立了89个春晖社，礼聘春晖使者988人。除了资金帮扶，春晖使者还形成反哺家乡的赤子之心，努力为家乡发展出力献策，带来最丰富的资源与最可靠的帮助。

3. 第一书记：带领群众脱贫致富的战斗堡垒

在2015年11月召开的中央扶贫开发工作会议上，习近平总书记强调，要根据贫困村的实际需求精准选配第一书记，真正把基层党组织建设成为带领群众脱贫致富的坚强战斗堡垒。抓党建促脱贫攻坚，离不开第一书记这支先锋队。2015年4月，中组部、中农办、国务院扶贫办联合发布《关于做好选派机关优秀干部到村任第一书记工作的通知》，从全国层面部署推动选派第一书记工作。2017年4月，中组部召开基层党建工作重点任务推进会，强调要进一步把第一书记这支队伍选派好、管理好、使用好。在此背景下，一大批优秀干部积极响应中央号召，怀着激情和责任，奔赴脱贫攻坚战场，为乡亲们的幸福和村子的脱贫致富孜孜不倦地奋斗着。2011年1月,贵州省开展了"四帮四促"活动,以"处长下基层""二万干部下基层""省直部门挂帮联系县"为主要载体,组织机关干部分批到贵州所有行政村,帮助群众解决困难、服务群众。①"第一书记"们深入基层、走村入户,摸清了各自所驻村的村情、民情,找准了帮扶工作的切入点和突破口;同时,充分发挥各自的部门资源优势和社会资源优势,科学制定帮扶计划和帮扶措施,提高了帮扶工作的针对性和实效性。万山区以村为单位,以实现"村级增收、农民致富、基层稳定"为目标,从全区选派360名干部到37个贫困村和58个非贫困村(社区)担任驻村第一书记(驻村干部),实行"一村一策",助力村级集体经济发展。

科学选派,让"第一书记"干有所专。以需求为导向,按照"人岗相适、注重特长、人尽其才"的原则,结合部门职能职责和选派干部自身特长、个人意愿等因素,注重选派那些政治素质好、创新意识强、热爱群众工作、有较强的组织协调和处理复杂问题能力的40岁以下党员干部担任"第一书记"。对于班子不团结、工作缺乏动力的,就选派人事、民政等部门党员干部担任村支部"第一书记";对矛盾纠纷多的村子选派政法、司法、信访等部门的同志任"第一书记";对经济发展滞后的村子就选派农业、水利、交通等部门的同志任职,真正实现按需派人、因人选村、对口下派。

精准培训,让"第一书记"做有所依。采取专家讲座、观看

---

① 杨云:《脱贫攻坚看贵州:"第一书记"激活乡村一池春水》,http://www.chinanews.com/sh/2017/03-01/8162516.shtml,2017年3月1日。

专题片、工作研讨、互动交流等方式，按需选师，因需施教，制定"订单式"培训方案。针对基层组织软弱涣散、村干部整体文化水平较低的村，邀请区内外党建理论专家，围绕党的理论、党建业务、基层组织建设、杨再炼工作法、"三严三实"专题活动、如何提高组织工作满意度等方面进行培训；针对有产业发展的村，邀请农畜牧技术专家，围绕农业产业发展、贵州省"四在农家·美丽乡村"、村级集体经济、农业专业合作社、村级财务管理与项目资金使用等方面进行培训；针对贫困村，邀请区民政、卫生计生等有关专家，围绕党的惠民利民政策、深化农村改革与产业发展、农村信访工作等方面进行培训。

管理到位，让"第一书记"行有所规。采取区级抓整体、乡镇重管理、村级评比的"区抓乡管村评"模式，将"第一书记"工作纳入各级各部门年度党建工作考核和单位目标绩效管理考核内容，建立区委、派出单位和所驻乡镇多重管理机制。制定下发《关于做好选派机关优秀干部到村任职第一书记工作的通知》，对"第一书记"的组织关系、工资待遇、日常管理、工作制度纪律、考核奖惩等进行详细规定，要求"第一书记"每月驻村时间不少于20天，工作中记好民情日记，做好察民情、听民意、帮民困等情况记录，定期汇总、定期上报。成立"第一书记"工作督查组，建立督查台账，采取随机检查、听取汇报、现场督导、群众调查等形式，对"第一书记"到岗履职、为民办实事等情况进行督导检查，对发现的问题进行通报并限期整改，切实推进"第一书记"工作规范化、制度化。

手段多元,让"第一书记"有的放矢。一是发挥"第一书记"作用,采取上党课、帮扶谈心、开办村干部培训班、农村实用人才培训和以会代训等方式,进一步提高村干部文化素质、履职能力和服务意识。采取"请进来教+走出去学"模式,引导村干部转变思想,树立"什么赚钱种什么、什么赚钱养什么"的观念,增强产业结构调整的积极性。二是厘清村集体、农户私有田地和矿产、山场林地等资源,摸清村发展大户、有意创业青年、技术人员等信息,做到心中有数和心中有底。三是因地制宜地制定帮扶举措,对地理位置偏僻、资源条件较差的村,采取"异地造血、筑巢引凤"的方式,发展壮大村级集体经济;对地理位置和资源条件较好的村,采取"盘活土地、开发资源"的方式,发展壮大村级集体经济;对处在中间层次的村庄,采取"政策扶持、结对帮扶"的方式,发展壮大村级集体经济。四是积极利用政策资源和相关单位的帮扶,加强协调对接,争取在项目上、资金上、技术上得到扶持。

健全保障,让"第一书记"奋有所盼。积极提供合理的政治、经济待遇,使"第一书记"生活有保障、干好有希望,激发干事创业活力。采取日常考核、半年考核、民主评议和年终考核等相结合的方式,制定具体考核细则,科学设定考核内容,细化考核指标,把考核结果作为评选先进、提拔任用、评聘职称、晋升职级的重要依据,对任职期间表现优秀的在同等条件下优先提拔任用。积极为"第一书记"购买人身意外伤害保险,每人每天补助食宿费30元,每月报销2次从单位驻地到所驻村的往返公共交通费。同时，针对"第一书记"驻村帮扶力量薄弱、资金投入分散等难题，探索实施"抱团帮扶、定点帮扶、对口帮扶"方式，建立帮扶联动机制，整合扶贫开发、"一事一议"、"四在农家·美丽乡村"六项行动计划等惠农项目，重点支持示范村、困难村、产业村发展。

第三节 产业原地转型与城市异地转型

对于一个资源型城市来说，战略是转型成败的关键。在总结已有探索的基础上，经反复论证，2010年12月，在万山特区第十次党代会上，确立了"产业原地转型、城市异地转型"（简称"两个转型"）的转型发展思路。万山区委副书记、区长张吉刚说："'两个转型'让万山走出低谷、蓄势待发。'两个转型'战略提出后，万山呈现出产业发展生机勃勃，城市建设日新月异的良好局面。"

通过"产业原地转型"，万山实现了由资源型汞业向技术型汞化工的转变，由单一的矿山开采向资源综合开发利用的转变，由传统农业向现代农业的转变，由高能耗、高污染向新型材料加工的转变，由重化工"一业独撑"向轻重工业协调发展的转变以及由分散发展向园区集群发展的转变。通过"城市异地转型"，万山实现了由边缘化向中心城市融合发展的转变，由孤立发展的万山镇向谢桥、茶店连片"产城一体"发展的转变，由城乡二元分割向城乡统筹发展的转变，由倚重一、二产业向三次产业协调发展的转变，由工矿城市向注重人居环境、建设现代园林新城的转变，由产业发展、城市建设、遗产保护争夺空间向科学规划、协同发展的转变。

一、"九丰农业+"创新大棚模式

1. 从田到棚,龙头带动稳基础

2014年,贵州省委、省政府做出"遵循山地经济规律,发展现代高效农业"的决策,把现代山地高效农业作为"五大新兴产业"之一。万山抓住机遇,围绕"农业惠民"的发展方向,以高效生态、特色精品为主攻方向,转变农业发展方式,加快现代农业转型升级。

2015年,在"工业强区、农业惠民、旅游兴业"的发展思路指引下,由万山区委、区政府招商引资的九丰农业博览园扎根高楼坪乡,项目总投资5.5亿元,占地2000亩,从2015年5月1日开工到2016年6月18日全面开园,已成为全省和周边省市休闲观光农业的龙头品牌。仅3年时间,万山九丰农业博览园已经成为九丰农业公司在西部地区辐射最广、规模最大、档次最高的农旅融合示范园区,解决当地300多人就业问题,带动3600多人脱贫致富。

基于九丰农业的技术、管理和市场优势,2017年,万山区在全区积极推广"九丰农业+"大棚蔬菜技术培训和产业发展模式,目前万山已在全区10个乡镇(街道)57个村进行大棚推广,建成标准化大棚蔬菜基地64个,建设规模达1.5万余亩,推广食用菌5000万棒,发展精品水果5万亩,形成了"乡乡有园区、村村有产业、贫困户户户有利益联结"的产业发展新格局。[①]

2. 技术下乡，服务夯实强保障

在"九丰农业+"推广中，万山区积极构建产前技术引进、培训，产中技术指导、服务，产后推广的一条龙服务。以年薪20万元从九丰农业公司聘请了9名业务精湛的大棚蔬菜种植技术人员担任各乡镇（街道）科技副乡长（主任），采取"1+N"技术服务模式，由一名科技副乡长（主任）培育当地大棚种植技术人才，指导各乡镇大棚蔬菜生产，带动多个农户参与，确保蔬菜生长期各个环节严格按照技术要求作业，让当地群众吃下"定心丸"，全力推广大棚蔬菜种植技术。创新"九丰农业+试点大棚基地+农户"的大棚蔬菜技术培训服务，在九丰农业博览园建成大棚蔬菜技术培训基地，将10个乡镇（街道）的大棚蔬菜试点示范基地，作为大棚蔬菜技术现场教学点，定期对各乡镇技术专干、农户进行专业技术培训，采取1个示范大棚培育2名以上技术专干，带动参与大棚蔬菜种植农户学技术的"1+2+N"基层大棚蔬菜技术推广模式，打造了大棚蔬菜管理、种植的本土专业技术队伍，让农民既做产业工人又做农技员。由区农业部门技术骨干和九丰农业技术专家组成专家组，制定统一的技术规范操作流程，定期或不定期对各乡镇（街道）大棚蔬菜种植基地进行巡回或蹲点现场指导，确保蔬菜生长期的各个环节严格按照技术要求作业。建立专家包

[①] 刘怡珉：《从一枝独秀到花开遍地，九丰农业让万山农业生机勃发》，《铜仁日报》2018年11月24日，第01版。

片和"24小时"问题处理机制,开通技术服务QQ群、微信群,专家组、技术人员和管理人员在群里分享交流种植技术、种植心得等经验,针对蔬菜生产过程中出现的问题,第一时间帮助解决技术难题,缩短了农业技术服务与生产一线的距离;构建蔬菜销售服务机制,建立"区内直供、区外铺网和公司兜底"的大棚蔬菜销售网络。①

3.创新模式,助推脱贫增创收

一是创新"党组织+"机制。将乡镇(街道)党(工)委、各村(社区)党支部作为推广大棚蔬菜技术的主力,整合资金投入道路、供水、供电、机耕道等基础设施建设,出台政策对贫困户竹架大棚、钢架大棚、标准化钢架大棚每平方米分别补助5元、10元、30元。统筹龙头企业、专业合作社、蔬菜经理人和家庭农场等力量参与,聚集了资金、土地、劳务等资源要素。同时,以村为单位,推行"一户一亩菜园"工程,实行"流转土地、技术指导、经营管理、市场销售"的四个统一,为每户贫困户建立一亩以上生态菜园,推动传统农业向规模化、产业化升级。②

二是构建"公司+基地+农户"互惠共赢带动模式。鼓励合作社(公司)、产业大户、家庭农场主等致富带头人,与村级党组织和农户建立三方合作机制,投资建立大棚蔬菜产业基地,签订

---

① 万山区基金办、铜仁市财政局:《铜仁市万山区探索推广"九丰农业+"模式带动贫困户脱贫》,http://cs.gog.cn/system/2017/12/15/016290847.shtml,2018年11月24日。

② 同上。

合作协议，带动贫困户入股产业基地参与分红，逐步推动农业市场化运作、合作化经营、专业化管理、科技化支撑的"四化融合"，即由企业免费提供蔬菜种苗和种植、管理技术，由农户自主生产，公司统一回收销售。

三是发展旅游带动模式。按照"园区景区化、农旅一体化"，推动九丰农业博览园与朱砂古镇、夜郎谷风景区、黄家寨乡村旅游形成黄金旅游线路，带动周边农户实现旅游增收。

二、朱砂古镇推动文旅融合

文旅融合是开启诗和远方的一把钥匙，也是后发地区发挥独特资源优势实现绿色发展的必由之路。近年来，万山区积极探索资源枯竭型城市绿色转型路径，围绕打造朱砂古镇景区，通过政府引导与企业主导并重、景区打造与配套建设并重、文化挖掘与品牌树立并重，围绕朱砂文化对原废弃的贵州汞矿遗址和文物进行修缮性开发利用，让矿区从一片废墟变成旅游景区，成为带动整个万山区旅游发展的龙头。

政府引导与企业主导并重。按照"政府引导、企业主导、社会参与"的思路，推进朱砂古镇景区的科学规划、快速建设和市场运营。2015年7月，签约引进江西吉阳集团投资开发朱砂古镇景区。政府组织召开朱砂古镇规划研讨会，投资企业与区旅游、环保、规划等相关部门参与，确定全国首个矿山休闲怀旧小镇的景区定位，实行旅游开发和遗址保护、短期发展和长远规划同步推进。按照国家5A级景区标准，完成朱砂古镇景区和周边配套投资

20亿元分三期建成的中长期发展规划编制。目前，已完成一、二期项目投资，建成了地下矿洞、万亩红枫林、玻璃栈道、高空索道、风情一条街、朱砂大观园和影视基地等热门景点。同时，对矿工宿舍、矿业学校、人民公社食堂、供销社、大礼堂等760栋矿区建筑遗址进行了挂牌建档保护，实施"修旧如旧"式修缮，确保朱砂古镇的可持续发展。[①]

坚持以政府聚力推进景区项目前期开发建设，整合区矿山公园管理局、旅游局等部门资源，解决朱砂古镇景区原先的职能交叉、建设交叉、管理交叉问题。成立由区委常委任主任、投资企业和文化旅游相关的区各部门作为成员单位的管理委员会。实行景区建设领导、规划、管理、协调的"四个统一"，统筹人力、物力、财力调配，保障朱砂古镇景区开发的快速推进。

实行所有权和经营权分离，推动朱砂古镇景区投资、开发和运营的市场化。由江西吉阳集团组建旅游开发公司，负责朱砂古镇景区运营管理团队、景区服务团队的打造，承担开发旅游产品、整合营销策略、培育景区文化、开发特色景点等工作。充分发挥企业在专业性人才、先进管理经验和市场营销渠道等方面的优势，保障朱砂古镇开发的市场化导向。

景区打造与配套建设并重。按照"城市即旅游"理念，推进朱砂古镇景区与其周边地区的协同发展。按照"把景点扩成景区，

[①] 孙俊逸：《万山三个"并重着力"打造朱砂旅游品牌》，《铜仁日报》2017年12月7日，第11版。

把景区连成线路"的发展思路,将景区所在地万山镇和邻近的高楼坪乡作为旅游观光带进行整体打造,投资1.2亿元对主要干道进行提级改造和沿线绿化、亮化、美化,对居民房屋进行民俗风貌改造;配套打造黄家寨、大树林等乡村旅游点,构建朱砂古镇——九丰农业博览园旅游观光带。丰富文化游、农业科普游、乡村游等旅游选择,增强景区的可玩性。

优化旅游配套环境,投资建成高速公路出口至朱砂古镇景区快速观光大道,打通景区至铜仁高铁南站、铜仁火车站、铜仁凤凰机场等重要交通节点,形成"一小时"旅游交通圈。规范周边高速、快速干道的旅游景区标志、交通指示牌。完善旅游地图,开通景区无线局域网,实现智能导游、电子讲解、在线预订、信息推送等功能全覆盖。建成游客服务中心、景区派出所、生态停车场、旅游星级公厕等配套设施。

通过改善居住条件、创业就业扶持等方式,推动全城居民参与朱砂古镇景区的共建、共享。积极带动核心景区所在地万山镇三角岩社区、土坪社区的发展,采取"就地安置+易地搬迁"的方式,根据居民意愿,对就地安置的进行集中连片房屋维修改造,对易地搬迁的居民实行统一安置住房,推动了原住民居住条件的明显改善。同时,对居民开展餐饮服务、酒店服务、导游服务等进行技能培训,优先招聘其从事导游、安保、服务员等工作。在景区内外划定餐饮、小商品经营区域,优先满足景区周边居民的经营需求。出台政策鼓励居民发展农家乐。其中,对贫困户新开办农家乐并正常经营一年以上,验收合格后给予

1万元的创业扶持；获得贵州省星级称号的农家乐最高给予一次性奖补5万元。截至目前，全区共发展农家乐、特色餐饮等接待点220家。

文化挖掘与品牌树立并重。将朱砂文化作为朱砂古镇景区的"魂"，积极挖掘文化旅游资源"亮点"，提升地方文化品位。

以"红色"为主题概念，在朱砂古镇景区建设"那个年代"一条街，原景再现中华人民共和国成立初期至20世纪60年代的历史标语、历史故事，设置历史人物雕塑，将爱国主义作为朱砂文化的重要内涵。在实施过程中，准确定位项目，精心设计布局，全面丰富业态，同时把矿洞、微电影主会场与"那个年代"一条街连为一体进行打造，全息还原"那个年代"，进一步提升景区的参与性、趣味性和商业性，逐渐成为能够吸引来人、留得下客、可以消费的特色景点。同时，建成朱砂大观园、朱砂工艺品体验中心，集中展示万山朱砂的收藏价值。建成万山汞矿工业遗产博物馆，向游客解读朱砂开采加工工艺的演变和历史贡献，凸显万山独有朱砂文化内涵的鲜明地域特色，实现朱砂文化与朱砂古镇景区的深度融合，极大提升朱砂古镇的美誉度。

以"节会"为媒，构建万山朱砂文化宣传展示平台，成功举办中国万山首届朱砂文化产业研讨会，邀请全国各地的专家学者、企业家等朱砂文化领域专家学者齐聚朱砂古镇。并相继承办2017年特色文化产业与脱贫攻坚（贵州）高峰论坛、2017华语微电影暨首届"我的乡愁"主题微电影展、中国万山首届资源枯竭型城市发展高峰论坛，以及朱砂工艺品展销、主题摄影展等系列活动，全面提升朱砂古镇的影响力。

将朱砂古镇与万山城市形象合二为一，创建"千年丹都·朱砂古镇"文化旅游品牌，邀请知名文化专家和民间艺术家，创作大型歌舞情景剧《丹砂恋》和鼟锣艺术表演，在多彩贵州文化艺术节等国内艺术节展演，提升"文化颜值"。制作万山城市形象宣传片，在CCTV-1黄金时段、旅游卫视等国内主流媒体投放。邀请CCTV发现之旅频道、CCTV《美丽乡村快乐行》和旅游卫视《文明中华行》等走进朱砂古镇。在上海、武汉、昆明、苏州等地开展文化旅游产品推介会，构建了电视、网络、展销等多渠道、多形式的旅游宣传媒介，迅速提升朱砂古镇的知名度。①

三、农村电商重塑产业形态

近几年，"互联网+"成为社会热议的词，并上升为国家战略，"电子商务"与"精准扶贫"的融合已成为新时期扶贫攻坚的一种趋势。万山紧抓电子商务与农村发展融合的新机遇，紧扣全省大数据战略行动，以农村电商为突破口，紧紧围绕"黔货出山"目标，大力推进电商扶贫，实现了村级电商服务网点和规模化农业产业基地全覆盖。

1."机制+政策"添动力

一是机制创新。成立区电子商务发展工作领导小组，整合区

---

① 孙俊逸:《万山三个"并重着力"打造朱砂旅游品牌》，《铜仁日报》2017年12月7日，第11版。

工业和商务局、区供销社所承担的电子商务职能,在全省率先挂牌成立了电子商务产业发展促进局,在9个乡镇(街道)分别设置电商服务点,根据电子商务发展需求,招聘电商专职人员,构建起"县乡两级联动基地(企业)"的农村电商服务格局。二是政策发力。制定34条电子商务发展优惠扶持政策,加大对农村草根电商创业扶持力度,每个新开业的"农村淘宝"服务站获2400元物资扶持和12个月2400元的资金补助。三是奖励助力。每年安排不少于1000万元的电商发展专项资金,用于扶持"农村淘宝"等农村电子商务服务站(点)建设,以及对从事电商的先进示范个人和企业给予扶持奖励。[①]

2."平台+能人"破瓶颈

万山区在推动农村电商发展过程中,实行"平台+能人"带动机制,逐步壮大电商专业人才队伍。一是引进电商领军团队自建平台。成立万山区亿创电子商务经营管理有限责任公司,打造网商园、孵化园、服务园三大板块,搭建电商生态服务体系。区财政每年投入300万元用于电商人才团队建设。目前,电商生态城已引进28家企业,入驻率达100%,工作日开门办公率达100%。二是引进成熟平台培育本土电商精英。与阿里签订农村电商合作战略协议,为农户建立商品代购产品代销平台,只需"一个铺面、一台电脑、一根网线",农村青年在家就可以"触网"创业。万山镇"农村淘宝"服务中心负责人华茜开设"黔乡百味"网店,对

---

① 王新伟:《农民致富搭上电商快车》,《经济日报》2016年4月12日,第010版。

本地农产品进行包装销售，成为本地电商"领头羊"。打造"现代学徒制"新型项目孵化模式，网店数量发展到100家，电商企业达24家。三是多元合作建立电商人才孵化器。积极构建集电商项目、仓储物流、中介代理策划、第三方电商服务机构于一体的电商服务体系，试点建设万山镇电商服务中心、电商生态城和电商业务培训中心等平台，定期邀请专家开办专题培训班。打造当地特色电商专业培训模式，当好从业者的"加油站"。[①]

3."服务+特色"树品牌

一是塑造农村淘宝"达人"。在"农村淘宝"延伸服务上做探索，增加线下体验、物流中转站和人员培训等服务，让农户放心网购，帮助本地青年从电商"菜鸟"迅速成长为"达人"。二是打造地方"商标"。坚持产品特色化、品牌化发展，依托高楼坪乡、鱼塘乡建成4个省级高效农业示范园区，建成了总投资5亿元、年生产优质蔬菜3000万公斤和蔬菜种苗1000万株的九丰山地高效农业综合体，各乡镇均建成1000亩以上的标准蔬菜大棚、1万亩以上香柚基地，区内企业注册了"味万山""刘姐红薯片""跑山牛肉"等品牌商标。三是创新产业发展模式。按照"电商+朱砂工艺品+文化旅游"模式，依托独具特色的"朱砂文化"培育发展朱砂工艺品，建立朱砂工艺品产业园，在朱砂古镇游客服务中心建成了朱砂工艺品O2O体验店，朱砂工艺品远销全国各地。[②]

[①] 王新伟：《农民致富搭上电商快车》，《经济日报》2016年4月12日，第010版。
[②] 同上。

通过发展农村电商，推动了农产品从"线下"走到"线上"，拓宽了农产品的销售渠道，提升了乡村土特产品牌的影响力，实现了农产品真正"走出去"。催生了一批配套产业的兴起，提供更多就业机会，吸引外出务工人员返乡，实现了人力资源从"外出"到"回流"的转变，为农村发展注入新鲜血液。利用大数据对市场进行分析研判，逐步建立以消费需求为导向的生产经营体系，指导农民合理安排生产、调整品种和销售时机，推动农业从"生产什么卖什么"向"市场需要什么生产什么"转变。2017年，万山区实现电子商务交易额4.05亿元，其中农特产品上行销售额达到8558万元，同比增长了472.93%。2018年1月到10月，电子商务交易额达到4.5亿元，其中农特产品销售额达到1.2亿元，在贵州省城区方阵中，增速全省第一[①]。先后被评为"省级电子商务进农村综合示范县""贵州省十佳电子商务示范基地""省级农商联动示范县""省级创业孵化基地""省级众创空间"，多次在全国性众创空间电商项目组创业大赛中获奖，得到了《人民日报》、《经济日报》、新华社、新华网、人民网、新浪、网易等主流媒体推介报道。

四、谢桥新城提升城市品质

2009年3月，国务院将万山特区列入全国第二批资源枯竭型城

---

① 曾永佳：《万山：顺势而为电商产业发展驶入"快车道"》，http://www.wsxw.gov.cn/2018/1205/quwei34329.html，2018年12月5日。

市，支持万山在铜仁市谢桥片区实现异地转型。2011年2月28日，谢桥街道办事处（大坳村除外）正式划归万山特区管辖。2012年，铜仁市撤地设市后，谢桥新区被规划为万山区新城区，作为万山区异地转型的承接地。2015年，万山区政府由万山镇搬至谢桥新区，标志着万山区的城市异地转型跨入了一个新阶段。谢桥新区的功能定位是万山区的政治文化与商业的中心，依托铜大高速和木杉河，以发展特色商业、商务办公、文化体育休闲为主导功能，塑造美好生产生活环境，彰显山水特色，打造具有活力的综合性城市片区。根据空间形态和自身条件，规划形成"两心、一轴、多组团"的空间结构（见表2-2）。

近年来，万山区按照"精细管理、精品建设"要求，不断创新发展思维，高起点、高标准规划城市建设，努力在塑造城市特色、完善城市功能、提高城市品位上下功夫，全力打造宜居宜业

表2-2 "两心、一轴、多组团"的空间结构

功能结构	内容
两心	依托万山区行政办公形成的行政办公中心和梵净山大道、莲花大道交会处的商业服务中心
一轴	依托木杉河良好的景观形成的城市活力轴
多组团	①以特色商业市场服务为主的产业单元；②以行政办公、休闲商业服务与生态游憩功能为主的综合组团；③以商务办公、休闲商业服务、体育健身、文化服务与生态宜居功能为主的综合组团；④以休闲商业、生态宜居功能为主的居住功能组团；⑤以旅游服务为主的旅游服务组团

宜游的现代化城市，城市面貌焕然一新，市民生活品质大幅提升。

明确规划引领作用，万山区陆续编制了《谢桥北部片区控制性详细规划》《谢桥南部片区控制性详细规划》《谢桥新区高速公路出口片区控制性详细规划》《谢桥核心区控制性详细规划》等多个城市发展规划，用于具体指导新区建设。

完善城市配套服务，新建了万山区人民医院、铜仁市第八中学、仁山学校、木杉河湿地公园、汽车南站等城市配套基础设施。累计投资88亿元加强城市基础设施建设，建成12条城市主次干道，形成了"四纵四横"城市路网。总投资7.2亿元，实施了谢桥新区木杉河湿地公园景观工程，建成了铜仁第一个音乐喷泉；投资3亿元建设仁山文化主题公园；开工建设总投资2亿元的客运南站，对国际风筝放飞基地进行提质改造，成功举办了两次国际风筝赛事；建成了朱砂大酒店、悬崖酒店、万山红大酒店等一批酒店。

不断加强城市交通建设，2015年，万山区投资约1.2亿元，对全长5.2公里的万山红大道进行提级改造，在大道两侧各打造30米宽绿化生态长廊，铺装双向4米宽人行道，安装路灯346座，建设绿化带37万余平方米。经过绿化、亮化、美化的万山红大道成为万山第一条真正意义上的景观大道，既能满足重点区域发展的交通需求，又能满足提升城市景观体系、打造居民休闲空间的人文需求。梵净山大道二期、莲花大道、楚溪大道、北一号、北二号、朝阳路等城市道路建设已全部完成，谢桥新区"四纵四横"路网基本形成，城市路网结构得到进一步完善，形成方便快捷、功能明确的城市交通体系。有效破解了万山落后闭塞小城区面貌的僵局，打通了与周边区、市、县城的政治、经济、文化沟通之门，提升了经济开发区和城市载体功能。

除此之外，万山区通过加强保障性住房、棚户区、市政基础设施等方面的建设改造和城市综合体的打造，极大地改善了万山区的城乡基础设施和人居环境。对谢桥新区的房屋实施平改坡、立面改造、灯光亮化工程，对老城区沿街房屋进行立面风貌改造，重点打造了仁山文化主题公园、电商生态城、西南商贸城、"大众创业·万众创新"产业园等项目，建设太平洋百货商业广场、浙商大厦、铜仁汽车南站等项目，不断完善城市功能。

同时，万山区还在城市精细化管理上下功夫，加大对城市管理的人员、设备和经费的投入，不断创新城市管理工作方法，把城市管理工作责任落实到岗到人，以定路段、定人员、定责任的"三定"管理模式，确保有人抓、有人管、出成效，逐步形成了齐抓共管的良好工作格局。通过加强对市政基础设施的管护，对城市主次干道和背街小巷的清扫保洁，加大对乱搭乱建、违法建设等难点问题的整治力度，城市环境变得整洁有序，城市面貌焕然一新，形成了山青、水绿、景美、人和的城市新形象。

五、未来丹都引领城乡一体

2018年11月14日，经铜仁市人民政府批复同意，万山区新增设立丹都街道。丹都街道区域总面积41.68平方千米，辖6个易地扶贫搬迁小区，迁入人口1万人以上的小区有2个，搬迁后丹都街道常住人口将达6.1万人。2019年1月2日，万山区丹都街道正式举行揭牌仪式。万山区委副书记、区长张吉刚在讲话中指出，丹都街道成立，为城市扩容提质拓展了空间，为城市转型注入了新动力，也必将成为推动城市大开发、大建设、大发展的新引擎。丹都街道设立的意义，不仅仅在于行政区划的调整与优化，更重要的价值在于担负着城乡融合发展的桥头堡和试验田的特殊功能定位。

城乡的一体化发展有助于打破城乡边界，但边界打破之后亟须重塑新的文化和秩序。对于万山来说，转型永远没有终点。未来很长的一段时间，万山依然要面对转型带来的一系列问题，特别是要继续开展跨区域易地扶贫搬迁后续服务和保障工作，围绕"学有所教、劳有所得、病有所医、老有所养、住有所居、弱有所扶"，切实做好教育、医疗、就业和政策保障服务，为搬迁群众提供更优质、更温暖的公共产品，让群众搬得出、稳得住、有保障、能致富。丹都街道作为万山比较典型的易地扶贫搬迁聚集区，共有易地搬迁9739户42147人，占全区搬迁人数的84.3%，占全市搬迁人数的14.2%，占全省搬迁人数的2.24%。如何有效解决村民转为居民后的各种诉求，如何重塑由熟人社会转变为陌生人社会后的社区文化和社区秩序，必须思考和探索一种新的治理服务体系。丹都街道设立后，通过优化街道社区组织架构，选优配强安置地党组和工作机构专职人员，鼓励支持搬迁群众中的优秀党员担任社区干部，开展"三会一课""两学一做"教育活动，社区建设取得了显著成效。特别是丹都街道探索创新了"12345"工作法[①],系统解决了"群众搬来后怎么办""怎么高效有序推进易地搬迁安置点的各项工作""就学就业就医如何统筹"等问题。但是要重塑社区文化和秩序,还需要在居民参与上下功夫。未来丹都街道可以探索实施"参与式协商"民主自治模式,建立居民自治管理流程、议事规则和民主程序,引导居民群众有序参与社区建设,让居民群众在参与中相互了解、相互融合,逐步构建社区生活共同体,形成"社区是我家,建设发展靠大家"的良好氛围;同时,还要坚持以社区居民需求为导向,发挥新兴技术和社会组织作用,逐步建立更加精准化、专业化和便民化的社区服务体系,有效解决居民群众在就业、养老、文化娱乐等方面的问题。

城乡融合发展和一体化发展是万山发展的新引擎,而丹都街道作为城乡交织比较典型的代表,其城市化进程,就是一个城乡资源再配置、城乡利益再平衡、城乡协同发展机制再优化的过程,本质就是城乡一体化发展模式不断探索创新的过程。在未来的发展过程中,丹都街道要以打造"城镇化的乡村、乡村式的城镇"为目标,推进城市公共服务向农村覆盖、城市基础设施向农村延伸、城市现代文明向农村辐射,推动城乡资源共享、优势互补、相互促进,形成"你中有我、我中有你"的空间形态。要依托地域优势和资源优势,做好做活城市商贸产业,做优做强文旅产业,

---

① "12345"工作法:建好一个新时代文明实践中心,打造两个党建品牌,保障三个生活必需,推动"四共"治理,发挥"五个党建+"。

积极推动以观光、休闲体验为主的旅游休闲经济和"周末经济"发展,聚集人气,拉动市场,树立品牌,努力为万山的可持续发展提供新动能。

第三章

重构与重生：
转型规律再认识

第一节 从转型到后转型的三大跨越

中华人民共和国成立以来特别是改革开放40年来，中国城市经历了波澜壮阔的发展变迁，成为全世界发展的绝对主角。时至今日，我国城市化率达到59.58%，经济发展进入新常态，中国特色的新型城镇化也进入了新阶段。其非常重要的一个趋势就是由过去的"从农村到城市"转变为"从城市到农村"，即城乡二元共生、双向流动。从万山区的转型发展来说，在推动"产业原地转型、城市异地转型"的基础上，下一步的发展重点与发展空间都在乡村。着力推进城乡一体，着力发现挖掘乡村价值，既是中国特色新型城镇化实现高质量发展的发力点，也是万山推动转型可持续跨越发展的必经之路。

一、土地流转：从分散经营到规模经营

土地制度作为国家的重要制度，必须符合实际国情，服从服务于经济社会科学发展与可持续发展的总体需要。中华人民共和国成立以来，我国农村土地制度经历了三次大的变迁，形成了三种不同的农地制度，即1953年前的农村土地私有制、1953~1978年集体土地所有制条件下的农业合作社和人民公社制度、1978年

之后集体土地所有制条件下的家庭联产承包责任制。因此，农村土地流转出现了政策（法律）上的"允许—不允许—再允许"三个大的阶段。①从实际流转状态看，又表现为自由流转、禁止流转、地下流转、自发流转、规范流转等五个流转阶段。从1978年实行家庭联产承包经营责任制以来，农村土地的流转就一直存在，只不过由于一些制度的限制，改革开放初期是在农户极小范围内的私下流转。后来，随着乡镇企业的发展、农民工的出现，以及相关制度的调整，农户土地承包经营权开始自发流转。

2008年后，中共十七届三中全会提出要规范农村土地管理制度，健全土地流转市场，并且允许农民按照依法自愿有偿原则以多种形式流转土地承包经营权。《中华人民共和国农村土地承包法》《中华人民共和国物权法》等法律的颁布实施，明确了土地承包经营权是承包土地农户的一种财产权利，可以依法流转。中共十八届三中全会又进一步明确了土地承包经营权的稳定关系和长久不变原则，并赋予农民对承包土地享有占有权、使用权、收益权、流转权及承包经营权抵押和担保权能，同时也鼓励承包经营权向家庭农场等规模经营主体流转。

1978年开始在农村实行的家庭联产承包经营责任制，实现了农民和土地的紧密联系，激发了农民的生产热情。然而经过几十年的发展，以家庭承包经营为主的农业生产关系还是建立在改革开放初期生产力发展水平的基础上，并没有相应地调整。家庭联

---

① 屈学书：《我国家庭农场发展问题研究》，山西财经大学硕士学位论文，2014。

产承包责任制在继续发挥家庭经营优势的同时,也暴露出较多的缺陷。在家庭联产承包责任制的条件下,土地均分使得每个农户家庭生产的规模较小,土地细碎化严重;由于土地分割形成的田垄、地界带来了很多耕地的浪费;一家一户小而全的传统农业生产模式带有明显小农经济的经营性质,农民的务农收入增长缓慢,科技农业、机械农业等现代化生产方式在小规模土地上无法得到充分应用。因此,为了适应生产力的发展,早日实现农业现代化,必须改变传统的农业生产方式,建立新型的农业生产关系,[①]正如高楼坪乡党委副书记杨再位告诉调研组的:"农村种了几十年地,还是只能依靠土地糊口,满足温饱的基本要求,但是经济效益提不上去,农村根本谈不上发展,只有把小块土地集中起来,才能够实现'1+1>2'的效果。"

深化农村土地流转,将土地向专业大户、农民专业合作社、农业企业等各类新型经营主体集中,实行适度规模经营,是推进农业现代化发展的必然选择。许多经营主体流转土地都希望土地集中连片,以规模经营来降低成本,但土地流转集中成片难度大,影响了当前农业集约化、规模化发展。土地的约束,也严重制约了农村三次产业融合。截至2017年6月底,全国流转耕地面积4.97亿亩,流转率36.5%。[②]铜仁市相关公开数据显示,2017年全市农

---

① 屈学书:《我国家庭农场发展问题研究》,山西财经大学硕士学位论文,2014。
② 中华人民共和国农业农村部:《对十三届全国人大一次会议第6445号建议的答复》,http://www.moa.gov.cn/govpublic/NCJJTZ/201809/t20180903_6156727.htm,2018年9月3日。

村土地流转面积154万亩，只占全部承包地实测面积666.11万亩的23％左右，并且存在大量农户宁可撂荒也不流转的现象。

土地集中流转难度大，分析其原因，一是当年实施家庭联产承包责任制时，耕地是好坏搭配、平均分配，存在地块多、面积小、分布零散等问题，限制了土地集中连片流转，且土地流转大部分仍然流入农户，流入农民专业合作社、农业企业等各类新型经营主体的比例不高。截至2017年6月底，全国流转入农户的土地2.83亿亩，占56.8％，流转入农民专业合作社的占22.4％，流转入企业的占10.5％，流转入其他主体的占10.3％。二是一些土地流转中介操作行为不规范，服务质量和水平不高，加上土地流转市场不完善，难以提高零星、分散耕地的整合集中流转率。截至2017年6月底，全国签订土地流转合同5749.1万份，签订率为70.3％，仍有29.7％没有签订土地流转合同。三是由于农民受教育程度低，以及缺乏具有竞争力的劳动技能，进城经商或务工预期收入不稳定，存在较高的风险性，加上农村社会保障制度不健全，在这种背景下，大多数农民认为进城经商或务工失败，回乡种地仍然是自己的生活保障和生存退路，因此不愿意转出土地经营权。截至2017年6月底，全国流转出耕地的农户达到7434.3万户，占农户总数的27.7％。四是有不少农民认为土地承包经营权长期不变，加之一系列惠农政策，还存在对土地有较高增值的预期，加上农户普遍拥有耕地面积少，农业是弱质产业，土地流转收入不高，故不惜撂荒弃耕，也不愿把土地转出。截至2016年底，全国经营50亩规模以上的农户数为376.2万户，占总农户数的1.4％。其中，经营50~100亩规模的为252万户，占50亩以上农户数的67%；100~200亩为88万户，占50亩以上农户数的23.4%；200亩以上为37万户，占50亩以上农户数的9.8%。①

近几年，万山从农村土地集中经营入手，充分认识农村土地规模化经营价值，将农户分散经营的土地整合起来，成立各类农村合作社和家庭农场等新型农业经营主体，有力推动了农村产业结构调整，加速了农村城镇化进展，拓展了农民就业空间，增加了农民收入，这也成为以万山为代表的中西部欠发达地区推进脱贫攻坚过程中的重要选择。农地产权的日益清晰，可以进一步规范土地流转。截至2018年4月，万山全区确权涉及10个乡镇（街道）、85个行政村（社区）、972个村（居）民小组、17万人，完成调查承包方户数3.04万户，实测承包地块33.34万块，实测面积1.63万公顷，占应确权面积的100%，打印颁发土地承包经营权证书3.04万本。随之而来的是万山土地流转面积规模及新型农业经营主体双双增长迅速的新局面。高楼坪乡关庄村在坚持"自愿、有偿、依法"原则的基础上，鼓励群众围绕产业发展战略，充分利用土地资源，转变原始土地耕种方式，通过土地流转方式，将土地资源集中起来建设了800余亩苗木基地，原来荒置的土地资源再次成为农户增收的宝藏。在下溪乡瓦田村，人均农田面积只有0.29亩，仅靠这些少量的土地根本无法满足农村农户生产生活需

---

① 汪恭礼：《乡村振兴战略视角下的农村三次产业融合发展探析》，《河北大学学报》（哲学社会科学版）2018年第6期。

求。瓦田村通过土地流转，在山上建成2000多亩的葡萄棚，产业效益成倍增加。

党的十九大报告提出了"深化农村土地制度改革，完善承包地'三权'分置制度"。下一步，万山要加快推进土地集中连片流转和适度规模经营，有效解决转型发展用地难题，要按照"维护集体所有权、稳定家庭承包权、放活经营权"的思路，创新土地流转方式，促进土地连片集中流转，以便适度规模经营。[①]一是继续完成农村各类土地确权、登记和颁证等基础工作，建立农村土地产权归属清晰、流转顺畅、保护严格、权责明确的农村产权制度，赋予农民完整的耕地承包权、经营权和宅基地资格权及使用权，减少土地流转纠纷，为加快土地流转、建立土地流转市场奠定产权基础。二是落实党的十九大报告提出的"保持土地承包关系稳定并长久不变"精神，稳定家庭承包权，任何单位、个人和组织也不得限制或强迫其流转土地。[②]在尊重农户自主选择的前提下，加强农村基本土地制度的政策宣传与解读，稳定农民预期。三是稳定土地流转价格，坚持"市场化为主 + 政府底线补助"的路线，维护土地流转市场稳定。四是放活经营权，推进经营权的资本化、股份化和市场化，鼓励和引导农民对土地经营权采取转包转让、租赁互换、代耕代种、土地托管、股份合作等多种形式市场化自由流转，实现土地连片集中、农村三次产业融合经营主

---

① 汪恭礼：《乡村振兴战略视角下的农村三次产业融合发展探析》，《河北大学学报》（哲学社会科学版）2018年第6期。

② 同上。

体集中和规模经营。五是针对农产品增值链条设备购置、基础设施建设等投入大、回收成本时间长[①]，及项目久未见效或久未盈利等情况，出台相关补贴政策，鼓励根据规模经营的收益情况，适当延长土地流转年限，让农村产业融合主体放心经营，提高土地流转规模经营的积极性[②]。六是在积极贯彻上级规定的基础上，加强政策探索与创新，推进农村宅基地制度、土地征收制度改革和集体经营性建设用地入市改革试点，为未来大规模土地集中利用和规模经营奠定基础。

二、人力资源：从"打工潮"到"返乡潮"

伴随着中国城市化的进程，农村劳动力大规模向城市转移，其不仅表现在数量上，而且也体现在质量上，转移的结果是留在农村的劳动力呈现老龄化、受教育水平低等特点。农业普查结果显示，2016年全国初中文化程度的农业生产经营人员最多，占农业生产经营人员的比重为48.4%，高中或中专程度的比重为7.1%，大专及以上程度的比重为1.2%。分地区来看，东部地区受教育程度为初中及以上的农业生产经营人员比重为62.2%；东北和中部地区，分别为62.0%和61.6%；西部地区，初中及以上的比重仅为46.6%，分别比东部、中部和东北地区低15.6个、15.0个和15.4个百分点。衡量一国农业人力资本水平中一个被广泛运用的

---

① 汪恭礼：《乡村振兴战略视角下的农村三次产业融合发展探析》，《河北大学学报》(哲学社会科学版)2018年第6期。

② 同上。

指标是高中毕业生占劳动力总人口的比例，显然，7.1%是一个相当低的水平，发达国家都在90%以上，而土耳其、墨西哥、印尼等发展中国家的这一指数在30%以上。①

要推动人力资源与转型升级协同发展，关键是要通过推进人才振兴，解决人才供给不足和人才结构不适应问题。近年来出现的农民回流潮，在一定程度上缓解这一难题。在分析农村劳动力迁徙的问题时，推拉理论把影响迁徙的原因分为农村推力、农村拉力、城镇推力、城镇拉力，并且认为农村劳动力的迁移决策取决于"农村推力+城镇拉力=继续外出"与"农村拉力+城镇推力=回流或留在农村"这样两个封闭的循环圈。②在具体分析拉力与推力时，除了个人原因所带来的推拉力，农业政策也给农业发展带来了一个十分难得的机遇，因而回流到农村进行农业生产是一个十分重要的拉力，而城市政策的缺位所带来的生活保障缺失也推动了农民工返回农村。③农民工外出打工与返乡创业呈现的各个时期的高潮，与城乡制度的变迁、各地支持政策的变化有着紧密的关系，反映出不同时期城乡制度的演变过程以及在制度变迁下农民工返乡政策取向的变化。④

第一阶段，自20世纪90年代后期开始部分地区出现的返乡"创业热"。那些农村外出务工人员，经过数年在外打拼，返回原

---

① 任常青：《产业兴旺的基础、制约与制度性供给研究》，《学术界》2018年第7期。
② 任洲、刘爱军：《农民工回流问题研究综述》，《农村经济与科技》2015年第5期。
③ 同上。
④ 林斐：《加强农民工返乡创业的地方制度创新》，《中国国情国力》2016年第9期。

籍地创办各类企业,这种现象一直延续到2000年后,相比起当时农村人口向城市流动的规模,返乡创业人数规模虽小,但影响较大。[1]

第二阶段,2008年后农村地区涌现的返乡"创业潮"。2008年国际金融危机爆发后,出现农民工从大规模的"打工潮"转向集中返乡的"返乡潮"现象。国务院办公厅2008年发出《关于切实做好当前农民工工作的通知》中,要求地方在用地、收费、信息、工商登记和纳税服务等方面降低农民工返乡创业门槛。2010年中央一号文件第一次提到"完善促进创业带动就业的政策措施,将农民就地就近创业纳入政策扶持范围",农民返乡创业出现在国家文件中。[2]

第三阶段,2013年以后进入"全民创业"的重要时期,也是万山外出农民工返乡创业的集中期。[3]近几年,沿海发达地区加快经济结构的调整,劳动密集型产业、资源型产业向中西部地区转移,对返乡创业就业也是机遇,返乡创业涌现新一波高潮,为缓解当时就业的紧张关系贡献了巨大力量,同时对地方经济的贡献超出了打工经济。[4]2015年6月国务院办公厅出台了《关于支持农民工等人员返乡创业的意见》,这项举措不单单是解决就业问题,还有从城乡统筹全局发展角度的考虑。这一时期农村土地确权与

---

[1] 林斐:《加强农民工返乡创业的地方制度创新》,《中国国情国力》2016年第9期。
[2] 同上。
[3] 同上。
[4] 同上。

土地流转以及农村综合制度改革加快,政府创业政策频出,为返乡创业提供了空间,注入新的活力。[①]

从其他一些地区的情况看,支持和吸引外出务工人员返乡创业工作亮点纷呈、如火如荼,呈现把"老乡"当"老外"、以"老乡"引"老外"、让"老乡"融"老外"的"雁群效应"。[②]同时,伴随着返乡创业热潮的兴起,越来越多的返乡创业人员从曾经的"农民工"转变为勇立市场经济潮头的弄潮儿、致富一家带富一方的企业家,在拼搏与付出中演绎精彩的人生。这些外出务工人员返乡创业已由早期的零星分布、较小规模发展为产业集聚、量质齐升,创业模式呈现"主体的多元化、业态的多样性、途径的多形式"等特点。[③]具体主要表现为以下几个方面。

主体的多元化。 外出务工人员返乡创办的市场主体,涵盖个体经营、家族管理、合伙运营、法人公司、股份合作等多种类型,其中"家族制""合伙制""公司制"最为典型。[④]

业态的多样性。 返乡人员创业领域涵盖了三大产业,但其中较为突出的是种养业。由于投资相对较少,情况比较熟悉,农业仍然是返乡创业的主要领域,但超越了传统农业范畴,创业项目多是绿色农业、有机农业、生态农业、观赏农业、休闲农业等现

---

① 林斐:《加强农民工返乡创业的地方制度创新》,《中国国情国力》2016年第9期。
② 陈润儿:《推进乡村振兴的一支重要力量——关于外出务工人员返乡创业情况的调查》,《农村·农业·农民》(B版)2019年第5期。
③ 同上。
④ 同上。

代农业，既提高了创业效益，也产生了广泛的示范带动效应。[①]

途径的多形式。返乡创业形式多种多样，从驱动因素来看，可以归纳为五种类型，其中较为突出的是品牌带动型。不少地方利用当地已经形成的品牌优势做文章，发挥这些品牌的影响力、带动力，吸引外出务工人员回归创业。也有的打工者与原来工作的企业签订协议，利用企业品牌回乡创业，贴牌生产、销售。[②]

大量实践表明，返乡创业人员在实现自身梦想的同时，也架起了城乡互动的桥梁，不仅展现了从"走出去"到"雁归来"的华丽转身，更重要的是实现了"输出一人致富一家"打工效应向"一人创业致富一方"创业效应的转变，成为农村发展的带动者、城市文明的传播者、美丽乡村的推动者，为城乡融合开辟了新途径，为乡村振兴注入了新要素。[③]

对于万山来说，从解放初期到汞矿辉煌，朱砂给万山带来了前所未有的繁荣和富足，使万山成为全国各地"打工潮"的目的地，汇聚了除西藏以外其余30个省（区市）的工作人员。贵州汞矿实施政策性关闭以后，万山经济发展停滞不前，社会矛盾逐渐突出，万山群众为了营生，远离故土涌向城市，使万山从劳动聚集地突变成劳动输出地。但是，随着万山近几年产业转型和城乡建设的开展，越来越多的外出务工人员陆续返乡。万山区新增返

[①] 陈润儿：《推进乡村振兴的一支重要力量——关于外出务工人员返乡创业情况的调查》，《农村·农业·农民》(B版)2019年第5期。
[②] 同上。
[③] 同上。

乡创业就业人数，从2016年的3671人增加到2018年的4012人，总体来说，呈现逐年上升的趋势。①

与此同时，随着返乡创业主体的扩大以及新型业态的出现，不仅是农村进城务工经商人员，返乡创业青年"创客"也逐年增多，而且越来越多的大学生开始"逆流"返乡，利用科技创新、互联网思维与传统农业相结合，打造农业创业项目，创业的领域也由涉农涉工向第三产业拓展。②这股包括了科技人员、干部职工、城市市民等的回流力量不能小觑，甚至在某种意义上这股力量还更加"市场化"。万山区电商管委会主任陆晓文就是个典型的"外来客"，说起自己为什么要从江苏来到万山，他的理由是"城市正在兴起绿色消费，万山特有的绿水青山、有机生态食品、乡土文化，越来越被市场青睐，在这种新消费的带动下，我们看到了价值，看到了商机。"就像上一轮乡村要素向城市集聚，支撑了城镇化与工业化的互动一样，这种以市场机制为基础的城市人才、资本向乡村集聚，也将推动城镇化与农业现代化的互动。

从"打工潮"到"返乡潮"的转变，是万山区精准扶贫、精准脱贫成果的直接体现，也是万山区转型发展的重要标志。农民工返乡对农村综合发展有着深远的影响，其中返乡农民工所拥有的技术与资金对农村经济发展的贡献显而易见。③农民工回乡办厂是农村经济的一个重要增长点。农民工多年在外打工所吸纳的社

---

① 林斐：《加强农民工返乡创业的地方制度创新》，《中国国情国力》2016年第9期。
② 同上。
③ 任洲、刘爱军：《农民工回流问题研究综述》，《农村经济与科技》2015年第5期。

会经验和知识，以及所开阔的视野、带回的资金技术和市场信息及社会资源，可以为回乡创业奠定一个良好的基础，从而促进地方经济发展。同时，农民工的回流对农村现代农业的发展和农业产业经营都有着很强的带动作用。返乡农民工对农村社会文化的进步也有很强的促进作用，外出务工人员回乡创业，带回的不仅是资金、技术、项目、人才、信息和市场，而且给广大农村注入了新鲜活力和全新观念。同时，不少农民工在城市成为农民工经济精英，不少地方的农民工经济精英回乡时已经实现了从经济精英向政治管理者的转变。[①]

但是，影响外出务工农民工和城市人才向农村流动的障碍依然存在。要想持续吸引人才回流，实现土地、资本与人才等生产要素的完美结合，破除诸如政策措施稳定性、财税支持保障、资源要素匹配等制度障碍与约束，是万山区在后转型发展期要着重解决的问题。

一是建立统一协调的推进制度。可以设立区级返乡创业办公室，作为组织管理协调机构。基层建立返乡创业工作服务站，将村镇设立的返乡创业政策一并纳入对外服务平台，推进商事制度改革，推行"一站式"服务，实现公开化、透明化和规范化的管理，包括融资贷款服务、劳动培训和发放补贴等。允许村镇制定一些有助于地方产业发展的促进返乡创业的政策，从而推动要素双向

---

① 任洲、刘爱军：《农民工回流问题研究综述》，《农村经济与科技》2015年第5期。

流动，为促进乡村产业兴旺增添新动能。①

二是建立扶持创业的定向金融制度。农村创业可以享有城市小微企业创业的同等金融优惠政策待遇，建立地方小额贷款与返乡创业者定向贷款制度。探索在现行条件下，试点农村宅基地进入市场，向银行抵押进行贷款的新路。推广小企业联保小额贷款，有条件的地方，财政只提供担保贴息。促进部门间相互配合，发挥资金与资源的整合效力。鼓励创立返乡创业风险担保基金，制定适合创业者的保险政策，鼓励农民工通过保险的方式规避创业风险，不断开辟就业增收渠道，为助推生活富裕拓展新路子。

三是建立返乡创业协同推进制度。根据当地产业实际和农民工创业个性化特点，将农村宅基地制度改革、小城镇入户、新农村建设与返乡创业结合在一起，实现协同推进。允许城乡用地增减挂钩与吸纳就业人口相结合的地方制度改革试点推行扩大区域范围，促进区域内要素集聚发展。将各项与返乡创业有关的农业产业化、小额贷款、创业技能教育与培训等制度集合起来放在一个制度框架内。进一步推进输出地与输入地建立合作制度，将产业转移与返乡创业结合起来，共同推进返乡创业。②

三、基层政权：从村民自治到多元治理

我国农村基层社会治理经历了一个较长的发展进程，不同时

---

① 林斐：《加强农民工返乡创业的地方制度创新》，《中国国情国力》2016年第9期。
② 同上。

期都存在与经济社会发展相适应的诸多治理单元。[①]中华人民共和国成立初期,政权下乡,行政村得以建制;人民公社时期,人民公社实行统一领导,生产队及"政治、经济、行政"合而为一;改革开放以后,在大力对外开放发展经济的背景下,政府由全能型政府逐渐放权,地方乡镇政府逐渐放宽了对乡村发展的控制,实现了行政村、自然村(社区)赋权下的自治。

基层治理是政策落实的关键点,也是群众声音上传的重要渠道。万山作为少数民族聚居地存在一定的特殊性。一方面,万山区少数民族村落多以一姓家族为主,名义上的村民自治,但在一定意义上是家族自治。以高楼坪乡小湾村为例,整村吴姓家族占比80%以上,村民自治多以宗族治理形式存在。另一方面,万山区在汞矿企业发展时期,受外部先进思想影响较大,民主意识逐渐增强,村民自治得以逐渐实现。万山自1988年国务院颁布并施行《村民委员会组织法》以来,坚持"三个自我、四个民主"原则,以村支"两委"为村民自治的权力单位,持续推进科学化、民主化村民自治。万山区委组织部张一民告诉调研组:"万山区村支'两委'的主要功能就是把上面的政策落实下去,将群众的声音传达上来,同时让本村德行较好的人来统领整个村的民生问题和社会问题。"

随着发展需求的变化和村民组成结构、思维观念的更新,万

---

① 李增元:《农村基层治理单元的历史变迁及当代选择》,《华中师范大学学报》(人文社会科学版)2018年第2期。

山村民自治制度在实际中也出现了许多问题。一是农村基层组织能力弱化。调研组在高楼坪乡关庄村调研了解到，基层治理工作对村支"两委"的要求逐渐增加，除了要有德望处理村民事宜，还要会用电脑统计相关资料，写农村工作报告等，现在村支"两委"在村具体事务中的作用逐步弱化。二是群众参与农村事务热情不高。茶店街道横山村支书杨堂光介绍，第一书记和驻村工作队没下来的时候，基层治理的宣传工作很难做，村委会也没有什么专业宣传渠道，存在"没人管、管不到、管不好"的现象，他们来了之后，农村工作才逐渐顺利起来。

脱贫攻坚以来，政府将工作重点放在了农村经济发展和乡村人居环境治理等方面，这为乡村经济社会发展提供了重要的政策支撑。在资源枯竭型城市转型发展和脱贫攻坚的双重政策支持下，多股力量开始关注万山、进驻万山和发展万山，这为万山乡村发展注入了更多社会力量和人力资源，也为基层治理送来了学历资源、能力资源和经济资源，万山基层治理逐渐呈现多元化趋势。

一是脱贫攻坚引入的第一书记和驻村干部。万山区脱贫攻坚以来，第一书记和驻村干部纷纷投身万山各个村（社区）的建设发展中，在专业上予以指导，在发展上予以决策，在治理上予以帮助，有效推进了万山乡村治理科学化、专业化进程。官田村驻村干部蒲金宝告诉调研组："驻村以来我们完全是吃住在农村，办公在村委。以前有些村支'两委'连院坝会都组织不起来，我们去了之后，第一就是做好政策入户宣传工作，将村民们的积极性调动起来；第二就是推进村委会科学化管理，给村委会'充充电'；

第三就是挨家挨户走访，真正实地了解农村家庭的情况；第四就是专注于产业脱贫，将乡村治理和集体经济产业融合在一起，只有经济发展好了，科学化治理才会事半功倍。"

二是乡村发展吸引的入驻企业和返乡人员。万山乡村治理的逐步完善离不开企业和返乡创业就业人员的推动，经济的发展和先进观念的影响逐渐将村民从旧的思维模式中解放出来。高楼坪乡夜郎村返乡致富能人罗康金说："在农村治理上，产业发挥着重要作用。我们村就是产业发展了，村委会集体经济壮大了，完善了村里面的基础设施，老百姓看到了村委会的能力和作用，自然威望就树立起来了，治理也变得很容易。包括我们春晖社的参与和一些其他大型企业的入驻，都是起到了同样的作用。"

三是群众和群众代表主动融入乡村建设。乡村治理归根结底是人的治理，群众和群众代表是实现人的治理的主要参与者，他们的主动融入是推动乡村治理和乡村建设的中坚力量。高楼坪乡关庄村包村干部杨再位告诉调研组："群众的满意度是基层干部考核的重要指标，只有他们主动融入了基层治理，干部才能够把实实在在的想法落实下去，农村基层的治理才能够顺利开展。"

在多方力量的共同参与下，万山基层治理呈现与城市治理有所区别的独特之处。一方面，如十九大报告中所提出的，通过加强农村基层基础工作，健全自治、法治、德治相结合的乡村治理体系。法治是乡村社会治理的重要保障，健全的法制能够维护农村的安全，提高犯罪成本，并加强农村法制宣传，积极开展普法活动，有力地降低农村犯罪率。完善乡村治理体系，加强农村基层党组织、村民组织和农村集体经济组织的建设，发挥农村基层组织的功能，发展壮大村级集体经济实力，构建良好的乡村治理体系的组织基础和经济基础。另一方面，又立足传统乡村的"熟人社会"特性，在乡村治理体系的建设中，依靠农村中有声望、有德行、有才情的新型乡贤，建立德、法互补的乡村治理体系。这些新型乡贤生于农村、长于农村，贴近群众，与基层关系密切，发挥他们在乡村治理中的作用，有助于带动农村精神风貌的改变，有利于农村生产力的发展，有利于为乡民谋福祉。[1]

万山的实践证明，第一书记、驻村干部、新乡贤和农村群众等参与的基层多元化治理主体已经成为当前推动农村建设发展的重要力量。在多元化的治理体系中，农村的环境卫生、生活习惯、发展面貌等都发生了巨大的改变，农村开始朝着"产业兴旺、生态宜居、乡风文明、治理有效、生活富裕"的新要求迈进。[2]

多元化的基层治理体系对万山农村治理起着重要作用，一方面可以为万山农村引入政策、社会、人力和财力等资源，为万山农村注入了新的发展活力；另一方面可以更新基层治理理念，把农村治理推向更专业更科学化的管理方向。但是，要保证多方力量参与下的多元化治理体系持续发挥重要作用，既要做好多元化治理主体参与工作，又要把握主次会聚合力，万山区需要思考和安排部署好以下两个方面的工作。

---

[1] 姜德波、彭程：《城市化进程中的乡村衰落现象：成因及治理——"乡村振兴战略"实施视角的分析》，《南京审计大学学报》2018年第1期。

[2] 同上。

一是全面脱贫后驻村干部、第一书记的接续。2020年扶贫政策"即将到期",万山区已经脱贫出列,第一书记和驻村干部或被陆续召回,基层的治理模式将会朝着什么样的方向发展?能否将第一书记和驻村干部的引领作为一项制度进一步加以创新,构建多元主体协商共治的治理架构和治理模式?

二是多方参与下如何保持村民自治的积极性。目前农村存在的特殊性导致农村事务存在一定的复杂性,程式化的政府无法有效应对纷繁复杂的农村事务,村委会的自治功能不可或缺。在第一书记、驻村干部、入驻企业和返乡人员等多股力量的参与下,如何将多股分散力量聚合成合力,如何让村委会发挥重要作用,保持村民自治的积极性,这是接下来加强党的基层组织建设,构建多元化基层治理体系必须着手解决好的重点问题。

第二节 "转型之转型"的三个逻辑

努力实现更高质量、更有效率、更可持续的发展,是推进转型之转型的根本着眼点。"更高质量"是指不盲目地追求速度,而是更加注重质量和效益。从"万山速度"走向"万山质量"是实现可持续发展的必由之路。"更有效率"就是以新发展理念为引领,彻底告别粗放型生产方式,把全面创新作为推动转型发展的驱动力,形成高效的城市要素运行体系。"更可持续"既是目标,也是过程,万山还要在形成有利于节约资源与保护生态的空间格局、产业结构、生产方式和生活方式上下功夫。

一、历史逻辑：由资源替代产业到现代制造与服务

产业发展是资源枯竭型城市转型的重要抓手。从历史路径来看，多数资源枯竭型城市转型发展的基本思路主要是发展接续替代产业，通过发展壮大替代产业，改变原有单一的产业结构，形成多元化的产业结构，降低经济发展对资源的依赖程度，实现资源替代与产业转型，进而推进城市发展。具体来看：一是通过对传统产业进行升级改造，依托原有资源，延伸产业链条，推进资源深度加工，提高资源附加值，维持城市经济发展。二是立足自身条件，统筹考虑资源、人才、资本、文化等因素，选择和发展资源替代产业。三是彻底摆脱资源束缚，培育新兴产业，发展新动能，通过新兴产业来推进城市转型。以上三类转型路径既具有相对的独立性，同时在转型发展的时间上又具有连续性。在资源枯竭期，主要集中于传统产业的提升改造；在资源依赖型产业破产后，培育接续替代产业成为转型发展的主要内容；在城市摆脱因资源枯竭带来的矿竭城衰之难后，面对新的发展要求与挑战，以新产业激发新动能、创造新的经济增长点成为转型的新方向。

自贵州汞矿正式宣布政策性破产关闭以来，万山在转型发展的实践探索中，形成了脉络清晰的转型轨迹。2002年至2008年，面对矿竭城衰的艰难处境，万山在转型之路上进行了初步的探索，从改造提升传统产业到培育发展替代产业，从引进外地企业到扶植本地企业，万山围绕产业发展，沿着"强工兴区、优农稳区、旅游活区"和"招商引资带动、城镇经济带动、项目带动"的发展战略，突破了资源枯竭的困境。原铜仁市政协副主席、万山区

委书记汤志平曾说:"万山坚持两条腿走路,不仅要用好'汞都'矿产资源,还要继续探索新路子,通过转型寻求产业延伸。"[①] 对传统产业与替代产业采取两手抓的策略,使万山摆脱了矿竭城衰的厄运。

在汞矿破产关闭后,万山并没有因此而停止前进的脚步,面对这个被挖得"千疮百孔"的地方,如何让曾经的人才和技术发挥作用,如何让万山再次充满生机,万山在传统产业的升级改造中找到了方向。万山区工业和商务局副局长段仕龙对调研组谈道:"贵州汞矿关闭后,大家都在问资源枯竭了以后要怎么做?并且资源枯竭后,我们贵州汞矿原来的人才优势、技术优势就闲置了,面对这一情况,我们本地的一些老板就考虑怎么把这些人才和技术用起来,慢慢地开始组建起一些汞化工企业,从而开启了万山传统产业升级改造的征程。"在产业升级改造的浪潮中,原贵州汞矿的大批科研人员,迅速投身到民营经济主战场,以汞化工为主体的民营企业迅速崛起,早在1993年至1994年期间,先后成立了银河化工有限公司、万山特区矿产有限公司等。2002年至2003年的短短一年时间,红菱汞业公司、红晶公司、鸿发化工先后成立,由此,万山开始新的创业阶段,万山汞化工迅速占领全国同类产品70%以上的市场,万山从卖汞资源逐步向深加工过渡。

万山要坚持"两条腿"走路,在提升改造传统产业的同时,

---

① 周娴:《贵州万山"废墟之上"谋划产业转型》,http://www.chinanews.com/df/2014/05-13/6164098.shtml,2014年5月13日。

也要积极引进培育替代产业。在未列入资源枯竭型城市之前，万山的转型发展主要是自我探索。"为了更快摆脱困境，我们万山区在改造原有产业的同时，也开始了招商引资，2001年我们引进了第一家工业企业，是生产铁合金的。后来又通过以商招商的形式，引进了许多湖南的企业，基本上以高耗能企业为主。"在万山转型可持续发展大调研期间，万山区工业和商务局副局长段仕龙如是说。从2003年至2008年，万山成功引进恒兴、金盛铁合金、华泰铁合金（现斯普）、和泰茶业、盆架山锰业、鹏程矿业、科源、红星、兴隆锰业等一批铁合金电解锰骨干企业，初步形成了以铁合金、汞化工、锰加工、茶叶精深加工为主导的四大工业支柱。到2008年，万山规模以上工业产值由2000年的0.282亿元增加到9.5亿元，增长了3269%。

在传统产业与替代产业的有力推动下，万山发生了很大的变化。然而，这种转变仍有非常大的提升空间。万山区工业和商务局副局长段仕龙表示，"这些年我们万山在产业转型这一块，因为基础比较薄弱，近几年招商引资也以资源型为主，有资源人家才来，没有资源不来。后来列为资源枯竭型城市以后，有了国家、省市的政策支持，我们才有力推进了万山的转型发展，虽然取得了很好的成绩，但总体上我们的变化还是缓慢的。"作为国家曾经的大型矿业老基地，万山取得的成绩主要得益于各个层面的政策支持。如果失去了政策的支持，万山的转型能否达到同样的高度？如果继续以当前存在的相关替代产业为主，万山未来发展的动力是否充足？万山作为后发地区，在"先失一局"的前提下，如何如何实现弯道超车？这是万山转型之转型所面临的抉择难题。

进入新时代，随着大数据、互联网、智能制造以及现代服务等行业的迅猛发展，这些行业逐渐成为引领地区经济发展的新引擎，成为各个地区实现"弯道取直"发展的重要着力点。万山转型面临的社会条件与发展挑战已不同往日，站在新的转型路口，面对未来的发展形势和产业革命，结合万山自身优势与发展基础，智能制造与现代服务应当成为万山后发赶超的重要抓手，成为实现弯道超车的重要发动机。正如贵州铜仁吉阳旅游开发有限公司副总蔡呈君所说："未来万山的发展应该以新兴产业为主，像现代商贸服务、大数据、新能源等。作为旅游行业，我们主要做好康养、休闲服务这一块，通过发展现代服务来推动万山的旅游发展。"

万山抢抓新兴产业，下好未来发展的先手棋，需要从三方面着力：一要紧盯未来发展格局，推进产业调整，做好产业发展规划，以规划引领发展；二要继续推进政府角色转变，提高政务服务效率，营造产业发展的良好氛围；三要加大智能制造行业和现代服务行业的人才培养力度，引进高级人才，建立人才梯队，为两大行业发展做好人才储备。只有充分发挥现有装备制造业、商贸服务业的基础优势，引进培育更多智能制造和现代服务资源，打造智能制造和现代服务两大发力点，万山才能在未来的发展中获得更加持久的动力。

二、实践逻辑：从政府主导到企业主体

资源枯竭型城市的转型发展是分阶段进行的，在不同的阶段，

发展的基础条件、困难挑战、目标各不相同，与之对应各个阶段的转型推动主体也有所区别。结合万山转型实践分析，可以分为三个阶段来看，即转型探索期、转型发力期和后转型时期。

在转型探索期，由于存在产业结构单一、产业链条脆弱、环境污染严重、发展基础薄弱等困境，这一阶段如果单纯依靠市场机制的自发作用，各级政府不进行介入，绝大多数资源型城市要实现产业转型是非常困难的，由于资源枯竭型城市产业转型中的客观复杂性和结构性风险大、产业转型成本过高、产业转型市场失灵等因素的存在，这一阶段亟须政府发挥主导作用。

在转型发力期，资源枯竭型城市基本摆脱了资源的束缚，同时激活了地区市场，并使产业结构得以调整，这一时期转型已经取得了一定的成绩，有了推动发展的市场和产业基础。在这一阶段的转型发展中，政府不再像前一阶段一样"疲于奔命"，主导作用将有所衰减，取而代之的是服务职能的体现，为了改善营商环境，支持企业发展，政府开始扮演起"服务员"的角色。而企业在良好的发展环境下，也将发挥自身作用，为地区转型发展出力。

在后转型时期，转型发展已经取得了更大的成绩，市场作用更加突出，企业发展的活力更丰富、动力更充足，既实现了城市与产业的转型，也摆脱了贫困的束缚，这一现状决定了下一阶段推动转型主体的变化。后转型时期，政府作用将有别于企业作用，政府将转型到"服务员"这一角色上来，政府既要继续发挥引领作用，同时也要发挥协助服务的功能；而企业要依托市场主体，一方面突出市场的主体作用,另一方面释放企业的带动效应,通过政府、企业角色转变,激发经济单元活力,进而实现地区进入更高层级的转型发展之路。

与众多资源枯竭型城市的转型实践相似,万山的转型过程有着特殊的历史背景。一是资源的枯竭使万山丧失了发展的基础。万山区政府办主任袁郡在参加万山调研访谈时表示:"汞矿关闭以后,万山的经济社会发展变得非常困难,那个时候贵州汞矿的人发不起工资,万山特区的财税资源也没有了,因为维持发展的基础已经不在了。"失去了资源支撑,企业就失去了发展土壤。二是经济基础薄弱,不具备自主发展以摆脱矿竭城衰之难的实力,需要借助外力转型。三是地区条件落后,基础设施较差,缺乏发展的硬件基础。这些原因决定了万山的转型,必须是政府主导下的转型。失去了政府主导的推动,就失去了维持发展的重要支撑,从万山产业和城市的双转型路径中可见一斑。

产业转型方面,政府主导是万山进行产业转型的指挥棒。在转型探索期,利用万山历史悠久的工业基础,在创新传统汞行业的同时,重点培育接续替代产业。在转型发力期,万山区政府通过引进发展战略性新兴产业,有效促进了万山区产业结构优化调整和转型升级,先后引进发展了万仁汽车、东奇电气、梵净山农业、净山酒业、腾晖环保建材、新疆天业等企业,使工业产业从单一的资源和原材料加工产业转变为轻工制造、农产品加工、白酒酿造、新型建材、电子信息、装备制造和节能环保等多种产业齐头并进的发展局面。从2011年到2017年,万山GDP增长近五倍；规模企业数量从19家变为57家，规模企业增加值从3.74亿元增加到75.55亿元，有效推进了万山产业的快速转型发展。[①]

城市转型方面，为了促进城市转型，万山政府一方面将行政中心搬离老城，推进城市异地崛起；另一方面引进旅游公司，对老城进行改造，通过挖掘工业文化，发展旅游产业。在城市异地转型的过程中，万山区政府也面临不小的压力，正如万山区委常委、区委办主任杨义长所说，"当时搬下来的时候老百姓不是太支持，包括贵州汞矿和万山的居民，他说你把行政中心搬到谢桥去，那我们不是穷了，而是什么都没有了；什么都搬下去了，到时候项目资金也往下面倾斜，就不顾老城区的发展了。"如何化解老百姓的顾虑，推进城市转型，这考验着万山政府。面对新城老城谁是重点的问题，万山政府坚持两手抓，既抓新城建设，也抓老城改造，坚持两地协同发展。万山通过实施城市建设大会战，累计投资100多亿元，用于城市基础配套建设、教育、医疗、城市美化等方面；[②]2015年7月，通过引进江西上饶吉阳集团，先后投资20多亿元，对万山老城区进行部分改造，打造"朱砂古镇"景区。

企业是促进经济发展的主体，是城市发展的源泉，没有企业的发展就没有经济的提升。面对产业、城市以及社会的再转型，

[①] 杨聪：《打破常规激活力"无中生有"闯新路》，《贵州日报》2018年8月15日，第001版。
[②] 高菊、李英、杨聪：《千筝齐飞万山绿涌》，《贵州日报》2017年3月23日，第008版。

如何激发企业的发展潜力，如何让企业成为推动转型的主体，释放后转型时期的转型活力，这是万山面对未来需要思考的问题。党的十八届三中全会指出，经济体制改革是全面深化改革的重点，核心问题是处理好政府和市场的关系，使市场在资源配置中起决定性作用和更好地发挥政府作用。

一方面，要以政府功能为切入点，更好地发挥政府作用。在一定的历史阶段，我国采取了政府配置资源的方式，虽然随着经济体制改革的深入，政府配置资源的方式越来越淡化，但是，政府在市场资源配置中的作用依然不可或缺。当前经济转型过程中，在资源配置中政府功能的缺陷，主要体现在政府功能缺位、政府功能越位以及政府功能错位这"三位"上。要更好地发挥政府在资源配置中的作用，必须落实以下具体措施，一是实行负面清单管理，打碎阻止各类企业进入的"玻璃门"。二是解除过多的政府管制和繁复的行政审批手续，放活市场。淡化政府的前置审批功能，加强事后监管。要组建各类权威性、独立性、专业性的监管机构，通过事后监管维持市场秩序，实现政府追求的社会公平目标，以事后监管为主，完善行政审批制度改革。三是转变政府职能，矫正公共产品供给。特别是要建立政府权力清单制度，以此来限制和约束政府支配资源的不当权力，提高资源配置效率。四是推进财税制度改革，加强政府宏观调控的功能。近年来，各级政府出台了各种各样的财政补贴和税收优惠，这些政策导向确实激励了投资，但也在一定程度上影响了市场主体的判断与决策，有造成产能过剩、资源错配的可能。要将财税政策放置于宏观调控的大视角范围内，逐步清理和取消不合理的财税政策。[①]

另一方面，要重塑政府和企业的关系，特别是要处理好以下三组关系。第一是处理好"政府主导"与"企业主体"的关系，在现代市场经济条件下，政府需要主导经济社会的发展方向，集中精力解决"企业做不了、做不好"的事情，优化企业和企业家的成长环境，为企业做服务，让企业谋发展。第二是处理好"政府投劳"与"企业投资"的关系，企业是市场投资的主体，企业与企业是命运共生的关系，为一家企业做好服务，就会迎来更多企业青睐，在服务工作中，政府要多"投劳"，企业才会多"投资"，这样才会有更多企业来投资。第三是处理好"政府创建"与"企业创新"的关系，创新是驱动发展的重要源动力，在转型之转型中，政府要积极为企业搭建创新创业的平台，让企业有实施创新创造的机会。总之，资源总是稀缺的，但有效的政府可以促进"资源生成"。"资源生成"与"资源稀缺"是资源配置中的一对孪生儿。政府的作用就是促进资源的不断盘活和生成，激活沉睡的资源，进而通过市场来放大资源的价值，这是政府所能起到的不同于市场的作用。因此，要"把错装在政府身上的手换成市场的手"。同时，更好地发挥政府作用，就是要对区域资源进行最有效的激活和调动，包括对各种可经营性资源、非经营性资源以及准经营性资源等进行统筹规划、政策引导、扶持调节和有效的监督管理。

[①] 朱红涛：《如何更好发挥政府在资源配置中的作用》，《唯实》2014年第6期。

三、理论逻辑：从基础设施硬环境到体制机制软环境

从产业经济学角度来看，资源型城市转型的本质是地方的主导产业由传统资源的生产加工转移至其他产业，因而决定成功的关键就在于搭建起一个适于经济、社会、文化等多方面系统变革的大环境，使政府、企业、个人等主体有充分意愿和选择余地去从事新活动。主导一个地区发展的环境通常由两大类组成：一是硬件基础设施，指以城市基础设施和城市空间为载体的物质空间环境，包括能源供给、交通物流、信息通信、城市设施、环境卫生等；二是相对于城市物质与空间条件以外的软环境，如政策、文化、制度、法律、思想观念。德国鲁尔、日本九州、法国洛林等转型经验均表明，软硬环境对城市的产业转型和经济发展具有重要的引致作用。[①] 一方面，政府通过环境建设能够释放"乘数效应"，激发市场主体活力，带来数倍于投资的社会效益；另一方面，一个地区的软硬基础设施是否完善，也是决定当地经济是否可以长期持续稳定发展的重要基础。[②]

回看万山转型可持续发展之路，当地的"转向换道"也符合上述理论的适用范围。无论是转型探索期，还是2008年以来真正意义上的转型发力期，除了产业上的重要支撑作用外，万山基础设施的完善和精神面貌的转变都为当地发展提供了宝贵支撑。在

---

① 徐雨森、戴大双：《软硬环境在资源型城市经济发展中的地位》，《大连理工大学学报》（社会科学版）2003年第1期。

② 高文香、郭剑英：《新农村建设与农村消费扩大系统相互贡献评价指标体系的构建》，《安徽农业科学》2011年第9期。

万山的发展初期，资源大量开采导致环境问题出现，城市路、网、水、电等基础设施严重落后，加之产业单一和市场僵化，这些都限制了产业的发展，由于万山经济基础薄弱，这一时期环境建设的力度并不大，进而种下了无法解决的"城衰之痛"的病根。2008年以来，由于有了来自中央、地方各个层面的资金支持，万山硬环境建设的力度得以加大，城建实现跨越式推进，在这一时期，万山通过推进谢桥新城建设和万山老城改造，硬环境得到了极大改善，有力推进了转型发展，正如《贵州日报》所报道，"融入主城区发展，将行政中心由万山镇搬迁至谢桥新区，标志着万山城市异地转型发展掀开了新的篇章。"

首先，通过城市的异地转型，万山彻底告别了老旧的面貌。万山区住建局副局长刘先亮在参加万山调研座谈时说，"为了改变万山落后的城市面貌和基础设施，我们首先建设了谢桥新区的城市道路，完善了城市的路网结构。接着，我们加强保障性住房的建设，使城镇居民的人居环境发生了翻天覆地的变化。然后，我们加快城市品位的提升，新建26个大小公园和园林项目，有效提升了城市品位。"正是在市政设施、路网、公园等方面的加速建设，使万山基础设施硬环境得到了提升。其次，通过推进脱贫攻坚，万山乡村基础设施同样也得到大幅改善。官方数据显示，在道路方面，大力推进乡村道路提质改造，累计投入8.5亿元，率先在全省实现行政村100%通油（水泥）路，新建和硬化通组公路663公里，实现30户以上的952个村民组通硬化路；在饮水设施方面，累计投入12.53亿元，开工建设了小云南、丹砂湖、相思湖、中洞和下溪5座骨干水源工程,共建成人饮工程396处,新建蓄水池712个,铺设管道2630公里,保障了13万山区群众饮水安全;在网络通信设施方面,铺设光缆3300公里,发放机顶盒31400套,新增用户35598户。此外,通过招商引资工作,万山积极优化市场的资源调配功能,着手解决市场环境的营造问题。2015年,万山区党政机关计划搬进新城办公大楼——现万山区"大众创业•万众创新"产业园,临近搬迁之时,万山区委、区政府却决定把办公楼让给企业,党政机关搬进临时搭建的板房办公。万山区"让楼于企"的做法,就是为了留住企业,通过为企业发展营造良好环境,以换来更多发展机遇。万山区发改局重大项目办主任张宏林在参加万山调研座谈时表示,"如何让企业进得来、留得住、能发展、有效益,这是决定发展的关键,企业第一看重的是外部环境,第二就是服务的质量,这两个是需要我们政府来做的,做好了这些,剩下的就是企业的事情了,让企业成为主体,通过市场这个大环境的作用,发挥企业的优势来推进我们万山的转型。"

回看走过的复兴之路,万山转型成功并不是偶然的某次调整所造就的,而是根据时代趋势不断进行改革的结果。如果说通过上一阶段的传统硬件基础设施建设和营商环境改善,万山得以实现转型可持续发展的"换道"动作,那么面向时代发展前沿,当地的新型基础设施建设和现代市场经济体制建设依旧方兴未艾,万山的"超车"之路才刚刚开始。这要求万山着眼未来的发展,做好从基础设施硬环境到体制机制软环境的全面布局,为二次转型奠定坚实基础，以赢得下一轮的先发优势。

在硬环境建设方面，万山借鉴了众多业已转型成功和后发追赶地区的经验，重视投资的关键作用，从产业基础设施和生活基础设施两处着手，加大城市建设投入。工作重点涉及以下三个方面。一是继续完善连接城市外部、内部的交通物流体系，其中包括航空、水运、铁路公路枢纽等对外交通设施建设，从"缓解拥堵路、改造瓶颈路、打通断头路、连续跨区路"思路切入，着力提升互联互通能力，增强地方综合交通枢纽功能，促进黔、渝、湘交界都市圈协同发展。二是发展绿色经济，着力改善提升环境质量，不仅需要对采矿废弃区及其他生态环境脆弱地区生态进行改造，也要着力推动新能源、新农业、新文旅等绿色产业的发展，还要严守开发边界、加强本地原始生态区的物种多样性保护。三是加强人工智能、工业互联网、物联网等新型基础设施建设，其中既包括数据中心、5G基站、传感器等新型基础设施网络的建设，也涉及对传统基础设施的智能化升级改造，为新产业的快速发展创造空间。

在万山转型发力期，软环境建设明显落后于硬环境的问题也开始凸显。2018年8月21日国务院总理李克强在召开国务院西部地区开发领导小组会议时就强调，"西部地区要提高自我发展能力，必须进一步营造更具竞争力的'软环境'。"为此，万山开始意识到体制机制等软环境建设的重要性，万山通过营商环境的改善，为实现二次转型提供重要保障。首先，加快优化营商环境，出台更多鼓励、支持、引导民营经济发展的政策，通过实施税费减免优惠、放宽市场准入、推进混合所有制改革、促进营商环境法治化、加强产权保护等举措，全面建立统一规范、公平诚信、竞争有序的市场体系，切实增强企业参与市场建设的活力与信心。其次，重点加强文化环境和创新环境建设，除了重视教育、文化、体育等事业的发展，更注重凝练城市精神，提升市民村民的整体素质，使创新创业精神代替"等、靠、要"思想。最后，更加重视产业和人才的引进工作，进一步制定规范、保护和激励创新主体的科技、知识产权保护的政策法规，转变政府部门的作风和观念，提升公共服务的水平与质量，真正实现"引进来""留下来""尽其才"。

第三节 后转型价值链的三个重构

纵观万山的产业发展历程，以资源要素为观察维度，大致经历三个发展阶段。第一个阶段是以汞矿资源为核心要素。第二个阶段是在谋求转型发展的过程中，以引入资源，特别是以引入资金、项目、人才为重要抓手推动产业更新。如果说第一个阶段的开掘资源已经成为历史，第二个阶段的引入资源已经基本实现，那么第三个阶段的产业发展就应该进入资源优化配置的更高层级。归根结底，一切转型都是价值链的重构。地区之间的竞争，实际上是产业价值链和价值共创网络之间的竞争。因此，对价值链进行设计、构建，以及随着环境条件的变化进行重构和创新，就成为万山在后转型时期将要面对的重大战略问题。

一、新能源：多层次产业体系

在新的发展要求与形势下，坚持什么样的发展理念？选择什么样的支柱产业？构建什么样的产业体系？关系着万山能否抢抓发展机遇，实现后发赶超，进而推动经济社会高质量发展。新能源作为一种新兴产业，是衡量一个国家和地区高新技术发展水平的重要依据，也是新一轮国际竞争的战略制高点。因此，发达国家和地区都把发展新能源作为顺应科技潮流、推进产业结构调整的重要举措。[①] 资源枯竭型城市的转型发展，最终目的是改变单一粗放式资源利用模式的束缚，通过对产业价值链进行重构，为经济注入新的发展动力，实现绿色可持续发展。在万山转型发展中，新能源产业在万山落地生根，并且已经具备稳步发展的基础；在后转型时期，围绕新能源产业链条多点突破，构建多层次产业体系，打造万山绿色发展的主要推动力，既是万山实现产业价值链重构的关键因素，也是万山实现可持续发展的战略抉择。

1. 聚焦新能源汽车，助推产业链上中下游联动发展

万山为了打破对传统汞资源的过度依赖，2015年开始重点在新兴产业上下功夫，2016年4月在万山经济开发区投入生产的万仁新能源汽车是万山推进新型工业化的重要一步，翻开了万山转型发展的崭新一页。万仁新能源汽车是一家具备新能源汽车整车及三电系统的研发、生产、销售及服务能力的新能源汽车公司，

---

① 施小燕：《我国新能源行业上市公司资本结构与企业绩效现状分析》，《现代经济信息》2013年第16期。

总投资达20亿元，现已全部建成投产，可实现年产15万辆新能源电动汽车，实现年产值100亿元。当前和未来的一段时间，万山需要以万仁新能源汽车为依托，整合资源要素，发挥龙头企业的基础优势，补齐缺失短板，强化薄弱环节，推动新能源汽车产业链上中下游的联动发展。

新能源汽车产业链上游主要由动力电池、电控系统、驱动系统以及汽车零件生产等组成，动力电池是新能源汽车的能量储存设备，电控系统是汽车的控制系统，驱动系统是汽车的动力执行系统，与这三项技术有关的企业，处在新能源汽车产业链的上游，是新能源汽车产业的核心技术领域。要完善核心技术所处的上游产业链，一是要与产业链龙头企业形成互动，积极引导具备电池、电机以及电控系统研发生产能力的企业入驻当地或形成跨区域的产业配套体系；二是要引进和培养专业机构与专业人才，通过产业链上游企业与人才的集聚，为整个新能源汽车产业发展提供有效的人才支撑和技术供给；三是要充分发挥财政杠杆效用，鼓励相关企业、机构和个人投入科技研发，促进企业提高创新能力，提升产业竞争力。

新能源汽车产业链的中游，以汽车整车装配为主，该环节涵盖了新能源汽车的设计与生产，包括产品造型设计、汽车性能设计、工程化设计以及汽车新型产品试制等内容。作为万山新能源汽车产业链的核心企业——万仁新能源汽车不仅具备了新能源汽车的产品造型、工程化设计、产品试制、工艺及试验检测能力，同时还拥有自主整车集成设计、系统设计、性能匹配等能力。在推进产业结构调整与构建产业链条的过程中,万山需要以万仁汽车为核心,进一步发展壮大企业,提高企业的整车装配能力和设计研发能力,提高产品性能和质量,不断提升产品市场影响力,全力打造五百亿级黔东新能源汽车城和高端装备制造业基地。

新能源汽车产业链下游主要是指新能源汽车的售后服务,包括汽车销售、充电售电、金融保险、二手车、出行服务等,该部分直接影响着新能源汽车的消费需求与市场体验。完善新能源汽车产业链下游,一方面需要政府加大力度完善新能源汽车产业发展的基础设施,加强对充电桩、维修检测等服务性基础设施的建设,特别是要积极引入民营资本或引进企业来参与,构建多元化的投融资体系,保障基础设施建设有序推进;另一方面要优化市场环境,简化审批环节,加强调控监管,构建和完善汽车金融保险、二手车交易、物流运输等服务配套体系。

2. 布局城市矿产,推动原生资源与再生资源耦合发展

城市矿产是指工业化和城镇化过程中产生和蕴藏于废旧机电设备、电线电缆、通信工具、汽车、家电、电子产品等废料中,可循环利用的钢铁、有色金属、贵金属等资源。城市矿产可为工业生产提供替代原生金属资源的再生原料,也可以通过循环再造为社会生活直接提供再生产品。对城市现有的金属资源社会存量加以开发利用,确实为经济社会可持续发展中寻求矿物资源指出了一条新路。[①] 万山在推动以汞、锰等为主的原生资源和再生资源

---

① 王昶:《城市矿产开发研究的战略思考》,《贵州省党校学报》2017年第6期。

的耦合发展方面，拥有良好的产业基础，通过有效引导和持续布局，将可为建设绿色发展先行示范区贡献力量。

贵州汞矿关闭后，依靠原矿石来生产金属汞变得非常困难。万山积极探索"含汞废弃物的资源综合利用"和"新型催化剂精细化工"产业发展，实现了汞产业从以汞矿石提炼原生汞，到以含汞废料提炼再生汞的转型。目前，以银河化工为龙头的张家湾固体废物综合利用循环经济产业园区已基本成形，全区现有相关企业20余家，汞系列产品在全国市场占有率达到65%左右。

万山在锰金属的综合利用方面，一方面拥有较好的原生资源优势。2014年中国锰矿石（金属）探明储量为4400万吨，从分布上看，中国锰资源主要集中在西南和中南地区，其中万山境内的锰矿储量为54.8万吨。锰的用途非常广泛，90%的锰用于钢铁工业，10%的锰用于有色冶金、化工、电子、电池、农业等部门。[①] 至2017年底，在万山全区范围的52家规模以上工业企业中，有4家是电解金属锰和锰矿开采相关企业。

另一方面在再生资源方面，万山也有比较好的发展潜力。从全国范围看，新能源电池在2013年之后得到迅速发展，2016年全国配套新能源汽车公售车型动力电池企业已达235家，新能源电池产量达28GWh，超过上年新能源电池出货量12GWh。[②] 近年来，铜

---

① 温丰源、张小霞、常运昌：《新能源汽车产业涉及的中国矿石资源现状》，《无机盐工业》2017年第1期。
② 金家文、吴义刚：《新能源电池产业现状及产能过剩研究》，《黑龙江八一农垦大学学报》2018年第4期。

仁围绕移动能源、智能终端制造和新能源汽车，打造了锂电产业园区，形成了新能源产业体系，推进了中宇智能、中伟锂电等一批项目投产。随着新能源汽车的快速增长以及新能源电池产能产量的激增，大规模报废的新能源电池如何处理，成为一个必须面对的问题。根据电池的使用周期，废旧动力电池回收市场从2018年开始爆发[1]，全国动力锂电池废旧回收市场累计回收废旧动力锂电池将超过2GWh、报废量超过17万吨，从中回收钴、镍、锰、锂、铁和铝等金属所创造的回收市场规模将超过53亿元。到2020~2023年，中国废旧动力电池回收市场规模将进一步增长到136亿~311亿元。[2] 面对这一巨大的市场，万山可以引导现有的锰化工产业力量，整合相关资源，围绕废旧新能源电池中的锰金属回收利用，推动技术创新和产品研发，实现从资源型利用向技术型利用转变。

万山在构建新能源产业链条时，要将构建资源的可持续利用机制作为重点关注。相关实践和研究表明，在社会资源蓄积量达到一定规模的特定发展阶段，再生资源必将成为支撑社会经济发展的一种重要资源投入。在原生资源与再生资源耦合配置时，减少资源耗散，提升再生资源的回收利用率，已成为实现资源可持续利用的重要手段。[3] 尤其是对于接近绝对稀缺状态且难以为其他

---

[1] 《新能源蓄电池回收新规出台，动了谁的奶酪？》，《资源再生》2018年第3期。
[2] 张化冰：《中国新能源汽车废旧电池或从"商机"演变成"危机"》，《电力设备管理》2018年第2期。
[3] 顾一帆、吴玉锋、穆献中、左铁镛：《原生资源与再生资源的耦合配置》，《中国工业经济》2016年第5期。

资源类型所替代的战略资源,开源节流仅能延长其使用年限,从根本上保证资源的远景可持续利用能力仍需要通过提高再生资源的乘数倍率,依靠资源闭路循环的方式予以解决。[1]

二、新农业:多维度结构转型

产业是乡村振兴的重点,是乡村经济社会、文化教育等各项事业可持续发展的基础,因而乡村要实现振兴就必须发展和壮大乡村产业,促进乡村经济繁荣。壮大和发展乡村产业,如果仅仅靠壮大和发展原始农业,实现农村经济发展和乡村振兴战略中产业兴旺的目标将会十分困难。因此,必须突破"农业功能就是提供农产品",以及"乡村的产业就是农业"的传统思维模式,通过农村产业融合发展的手段[2],以农村一二三产业之间的融合渗透和交叉重组为路径,以产业链重构、产业范围拓展和产业功能转型为表征,以产业发展方式转变为结果,通过形成新价值、新业态、新平台,带动资源、要素、技术、市场需求在农村的整合集成和优化重组。[3]

1. 发展山地特色生态农业,发掘万山乡村产业新价值

随着新型城镇化加快推进,人民群众对农产品的消费需求正从"吃得饱"向"吃得好、吃得安全、吃得健康"转变,延伸农业产

---

[1] 顾一帆、吴玉锋、穆献中、左铁镛:《原生资源与再生资源的耦合配置》,《中国工业经济》2016年第5期。

[2] 汪恭礼:《乡村振兴战略视角下的农村三次产业融合发展探析》,《河北大学学报》(哲学社会科学版)2018年第6期。

[3] 张永勋、闵庆文、徐明、李先德:《农业文化遗产地"三产"融合度评价——以云南红河哈尼稻作梯田系统为例》,《自然资源学报》2019年第1期。

业链已然成为传统农业向现代农业转型升级的必然选择。2014年贵州省委、省政府做出"遵循山地经济规律,发展现代高效农业"的决策,把现代山地高效农业作为"五大新兴产业"之一。万山抓住机遇,围绕"农业惠民"的发展方向,以高效生态、特色精品为主攻方向,大力发展山地特色生态农业,加快现代农业转型升级。[①]

特色农业是指在特定的地理环境下,凭借独特资源条件所形成的具有独特产品品质以及特定消费市场的特殊农业类型。在很多地方经常可以看到一些"特色"农业失败的案例。如白菜花变成绿菜花、圆西瓜变成方西瓜、满世界推广种植玛咖。这些把新品种、新技术当成特色农业的案例均是对特色农业缺乏认知的表现。特色农业是天时地利人和在农业生产上的具体反映,不可替代和不可复制是其重要特征。

特色农业主要表现为地域特色。其他地区或不能生产,或产品品质不能保障,或成本过高,使得该农业类型在特殊区域保持着独特优势。具体来说,发展特色农业要突出三个特色。[②]一是要能突出环境特色。绿水青山可以通过发展有机、绿色农产品实现向金山银山的转变。万山的自然环境优越,具有发展有机、绿色农产品的先天环境条件。二是要能突出物种资源特色。特殊的地理环境形成了丰富的珍、野、稀、名、特物种资源,是发展特色

---

① 杨聪、张文娟:《万山:"九丰农业+"让山沟沟变身"武陵菜都"》,《贵州日报》2018年1月28日,第t03版。
② 朱启臻:《乡村振兴背景下的乡村产业——产业兴旺的一种社会学解释》,《中国农业大学学报》(社会科学版)2018年第3期。

农业的宝库。这些资源具有不可复制性、不可替代性，是特色农业的重要基础，很多地理标志产品均以特殊物种资源为条件。三是要能突出气候特色。特殊的气候不仅造就了特色物种，也形成了特色产业类型。气候特色不仅可以带来特色农产品，还可以通过气候差、季节差获得市场空间。[①]

万山地处云贵高原向湘西丘陵过渡的武陵山区，属中亚热带湿润气候，具有明显的季风气候特点，还因地形、地势复杂，造成"一山有四季、十里不同天""一日之间乍寒乍暖"的小气候。据调查，万山拥有粮食作物20余种，有经济作物26种之多，木本植物近100种，野生牧草资源1000～1200种，家禽20余种，野生动物资源30余种，鱼类资源20余种，药材资源700～900种，常见的有50种之多。经过近几年的综合开发，万山已经形成以精品蔬菜、优质稻米、生态养殖、食用菌、蜜枣、油茶、中药材为重点的特色产业体系。

特色农业还表现为文化特色。特色文化融进特色农业形成了独特的农业特色产品。[②]万山有侗、苗、布依、满、白、回、土家、水等18个少数民族，其中以侗族为主体的少数民族人数，占总人口的79.4%。民族文化是形成万山特色农业的重要领域，如民族纺织、印染、特色手工艺等。这些特色产业具有极强的地方性和民族性，不是可以在任何地方复制的，因此具有了不可替代的特色。

---

① 朱启臻：《对贵州乡村振兴"产业兴旺"的几点建议》，《贵州日报》2019年1月8日，第011版。
② 朱启臻：《关于乡村产业兴旺问题的探讨》，《行政管理改革》2018年第8期。

过去很多地方发展乡村产业有个误区，就是不顾客观条件一味强调"做大做强"，过于重视量的增长，结果产量上去了，品质却下来了，导致产品过剩。"谷贱伤农"是农民增收困难的重要原因之一。发展特色产业要遵守做精做强的原则，要在"特"字上下功夫，不盲目扩张面积和产量，要"少而精""精而强"，不靠数量取胜，而靠品质、靠特色取胜，这既符合国家农业供给侧改革的方向，也符合农民增收的需要。[①]

2. 推动电商进农村，培育万山乡村产业新业态

随着信息技术在农村的普及，传统的流通模式和交易方式不断创新。其中，以电子商务为代表的信息技术低成本应用和农民创业模式，正以一种近似普适性的实践形态在中国农村迅速发展。根据商务部发布的数据，2017年，全国农村实现网络零售额12448.8亿元，农村网店达985.6万家，带动就业人数超过2800万人。据此推算，每个网店年均零售额12.6万元，带动直接就业2.8人。另据阿里研究院《中国淘宝村研究报告（2017年）》，截至2017年，已经有2100多个淘宝村分布在24个省（区、市）。[②] 电商为农村引入基于数据要素的乡村产业新模式新业态，通过低成本的交易、流通和组织等优势，形成网商聚集和集成创新，同时在上级专业服务体系的构建和支撑下，农村电商不仅驱动了乡村产

---

① 朱启臻：《乡村振兴背景下的乡村产业——产业兴旺的一种社会学解释》，《中国农业大学学报》（社会科学版）2018年第3期。
② 崔凯、冯献：《演化视角下农村电商"上下并行"的逻辑与趋势》，《中国农村经济》2018年第3期。

业结构调整,推动专业分工及跨区协作,也激发了社会创新和服务创新。[①]

近几年,万山积极关注农村电商发展,并主动寻求对农村电商的扶持空间。2015年万山引进专业电商管理团队,通过电商平台将优质的万山精品农产品推广到全国各地,打通"黔货出山"的渠道。目前,已经形成了乡村电商"3+"模式,全区"农村淘宝"服务站覆盖了所有乡镇(街道),覆盖率达100%。引进淘宝大学人才服务商——河马电商学院,组建电商产业园区管委会,打造省级电商产业孵化基地和示范园区,入驻企业21家。2017年,建成农村淘宝、邮乐购、贵农网等农村电商服务站点78个,培育网上销售店铺159家,孵化电商项目12个,注册区域电商品牌"味万山",实现电子商务交易额4.05亿元、网络零售0.81亿元。在万山电商生态城调研时调研组获得的一个数据对比令人印象深刻,2015年,万山只有5家淘宝店,其中4家是僵尸店,唯一一家正常经营的卖的商品还是福建产的鞋。而到了2018年,仅入驻万山电商生态城的电商营业额已经超过了8000万元,卖的都是以前难以进入市场的万山本地乡村土特产品和手工艺产品。

万山和国内众多地区的实践显示,电商在农村的应用和实践,既源于创业农民的基层创新,又融入了各级政府、非政府组织的管理措施和推动策略[②],表现为内部逻辑与外部条件的有机结合。

---

① 崔凯、冯献:《演化视角下农村电商"上下并行"的逻辑与趋势》,《中国农村经济》2018年第3期。

② 同上。

其中，内部逻辑源自农民转型为网商的探索和实践，外部条件体现为各级政府推动下的服务体系等保障机制建设。在内部逻辑层面，农村电商的应用和扩散，源自农民群体自发性的认知和采纳，初期仿效和搜索成本较低，随后产权保护意识的提高加快了品牌创新，催生了多样化的经营行为。个体不断寻求差异化的创新空间，是网商数量增长和转型发展的内生动力。在外部条件层面，上级配套措施和服务平台的搭建，有助于控制和降低电商运营成本，提高信息资源的可获得性，形成区域示范效应；在线数据的公开共享驱动电子商务跨区域、跨行业的分业分工，促成收益预期的快速形成，为网商销售行为的差异化提供了条件。①

农村电商发展的动力源自基层实践与政府推动，对于万山未来的农村电商发展来说，需要在三个方面继续发力：首先，有关部门要积极总结和借鉴各地扶持与推动农村电商的实践方案，探索政府购买市场服务、促进市场资源整合的形式，扩大服务能力和激发主体活力，为优化管理和服务职能提供解决方案。其次，人才引进政策要契合产业发展需求，将本地和跨区域的人力资源纳入电商就业创业环境中。针对电商发展急需的各类人才，打造多层次、差异化的电商专业人才培育、引进和带动机制。最后，在线销售必须强调品牌建设和品质培育，确立产品的差异化特征。注重整合农村地区的生态、文化等资源，主动迎合消费需求进行

---

① 崔凯、冯献：《演化视角下农村电商"上下并行"的逻辑与趋势》，《中国农村经济》2018年第3期。

产品开发设计，塑造地方专有性农特产品（见图3-1）。[①]

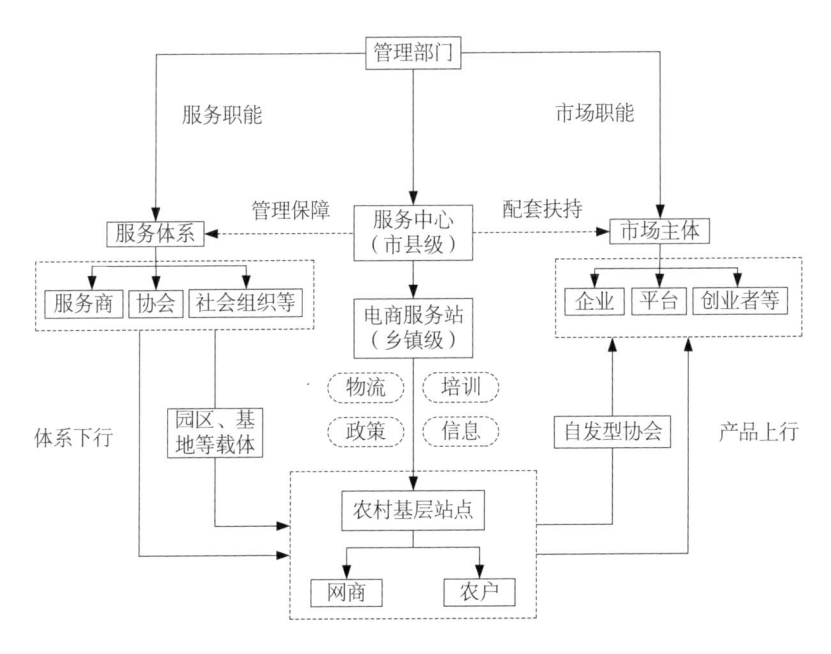

图3-1 万山农村电商服务架构

3. 建设产业融合平台，打造万山乡村产业新载体

近年来，在万山农业农村转型发展的实践探索中，各种产业发展的载体和平台建设日益引起重视。[②] 其中，最具代表性的是2015年从山东引入的农业综合体项目——九丰农业博览园。九丰农业按照"园区景区化、农旅一体化、景区科普化"的思路，投

---

① 崔凯、冯献：《演化视角下农村电商"上下并行"的逻辑与趋势》，《中国农村经济》2018年第3期。

② 姜长云：《多方合力推进乡村产业兴旺》，《证券日报》2018年6月9日，第A03版。

资打造集蔬菜种植、科研培训、智能观光、采摘体验、生态养老、生态小木屋度假、花卉科普馆、海洋鱼类观赏等于一体的高端山地生态农业示范综合体，直接带动3000多户贫困户发展蔬菜产业，让万山一跃成为黔东市民的"菜篮子"、休闲观光的"花园"。此外，还有主攻农村电商的万山电商生态城，与大连民族学院合作成立的现代高效农业示范园食用菌基地等。

这些产业发展的载体和平台往往瞄准了影响万山乡村产业兴旺的关键环节、重点领域和瓶颈制约，整合资源、集成要素、激活市场，实现农业农村产业的连片性、集群化、产业链一体化开发，集中体现现代产业发展理念和组织方式，有效健全产业之间的资源、要素和市场联系，是推进农业质量变革、效率变革和动力变革的先行者，也是推进农业农村产业多元化、综合化发展的示范者。以这些平台或载体建设为基础推进产业兴旺，不仅有利于坚持农业农村优先发展和城乡融合发展，还可以为推进乡村产业兴旺和乡村振兴的高质量发展提供重要节点，为深化相关体制机制改革提供试点试验和示范窗口，有利于强化城乡之间、区域之间、不同类型产业组织之间的联动协同发展机制。[1]

万山所属的这些载体和平台的建设与运营，对于推进产业兴旺甚至乡村振兴的作用可说是画龙点睛的。如地方立足资源优势推进产业开发，到一定程度后，公共营销平台、科技服务平台等建设往往成为影响产业兴旺的瓶颈制约，增加的产品供给能在多

---

[1] 姜长云：《多方合力推进乡村产业兴旺》，《证券日报》2018年6月9日，第A03版。

大程度上转化为有效供给,对于产业发展的质量、效益和竞争力往往具有关键性的影响。如果公共营销平台或科技服务平台建设跟不上,立足资源优势推进产业开发的过程,就很容易转化为增加无效供给甚至"劳民伤财"的过程,借此不仅难以实现推进产业兴旺的初衷,还可能形成严重的资源浪费、生态破坏和经济损失。在此背景下,加强相关公共营销平台或科技服务平台建设,往往就成为推进乡村产业兴旺的"点睛之笔",若能借助财政金融甚至政府购买公共服务等措施加强支持,又往往可以收到"四两拨千斤"的效果。[①]

三、新文旅:多元化融合范式

文化是旅游的灵魂和血脉,旅游是文化传播的平台和载体。旅游的过程实际是体验文化、感知文化、寻找文化差异的过程。推动文化与旅游的融合发展,是旅游业提质升级,实现以观光旅游为主的初级阶段向以文化旅游为主的高级阶段转变的重要途径,只有将两者有机地融合起来,才能形神兼备、互融共进、激发出新的生命力。从旅游的角度看,抓住了文化就抓住了核心价值;从文化的角度讲,抓住了旅游就抓住了巨大市场。把文化需求作为旅游的根本动因,培育多元文化消费,才能延长旅游的价值链条。[②]

---

① 姜长云:《推进产业兴旺是实施乡村振兴战略的首要任务》,《学术界》2018年第7期。
② 黄廷安:《论铜仁市文旅融合的盲区与鸿沟矫治问题》,《知行铜仁》2017年第5期。

2015年以来，万山通过引进江西吉阳集团建设朱砂古镇、引进山东寿光建设万山九丰农业等，推动了工业遗址和旅游、农业和旅游的融合发展；开发建设了长寿湖国家湿地公园等项目，景城融合迈出新步伐；加快了鼟锣文化、民族文化村寨等项目建设，文旅融合有了新进展。文化产业与旅游产业都是富民强区的朝阳产业，推进文旅融合是万山经济发展实现转型升级的重要路径之一，未来万山要从三个方面继续发力。

1. 要挖掘朱砂文化内涵，推进矿山怀旧文化项目建设

朱砂是"即将消失的红宝石"，是万山的品牌和标志，也是万山创新发展的集中体现。朱砂文化的深度挖掘是一篇大文章，只有充分挖掘朱砂的历史深度与文化厚度，才能形成朱砂产业的高度。品牌的核心是文化，只有文化才是朱砂的未来。通过朱砂，既要回顾历史，见证"那个年代"；更要着眼延伸产业、提升价值、照见未来，朱砂所承载的是一种文化之旅、寻根之旅、心灵之旅。要借助文化的力量，通过品牌和市场的开拓，提升产业集聚创新能力，以市场塑造品牌，以品牌传承文化，大文旅联动、大文创协同、大文化融合。

特别要注意的是，实现更高层次和更高质量的发展，必须挖掘和利用好当地老万山人、老汞矿工人、老矿工后代这"三老"的文化价值。"三老"是非常宝贵的文化遗产的传承者和承载者，所有的记忆都在他们的脑子里，这是很宝贵的财富。"人"是文化的一个载体，没有这些老一代矿工和老一代矿区居民，古镇的文化就会大打折扣，这将是一种巨大的损失。"三老"是历史见证者，要通过文旅融合，逐步开发类似讲座、体验、口述史等活动项目，增加与游客的互动，活化游客的文化体验，尤其是要与下一步矿洞的开发有效结合起来，让矿洞变为文化矿洞、精神矿洞、红色矿洞——真正实现看万山红遍。

2. 要发现民族文化价值，推进民族文化乡村游发展

万山是北侗风情村镇发展片区的重要组成部分，黄道鼟锣、北侗竹编技艺是其最具代表性的民俗文化。鼟锣作为万山独有的艺术"奇葩"，起源于元末明初的万山黄道侗族乡，风靡于万山全境，是万山侗族人民600多年流传和积淀下来的最为宝贵的文化遗产，国家侗学会专家对万山鼟锣做出了极高的评价。[①] 因鼓锣文化是中华民族民间文化的重要组成部分，故有"北有威风锣鼓，南有万山鼟锣"之说。1991年，央视对万山鼟锣做了专题采访报道；1994年黄道乡被省文化厅授予"鼟锣艺术之乡"；2005年12月25日"鼟锣"被贵州省人民政府公布为第一批省级非物质文化遗产代表作；2008年被文化部授予"中国民间艺术之乡"。

特定的文化生态环境是民族文化遗产得以存在的土壤，一旦环境发生改变，与之相适应的文化遗产必然也会受到影响，要么发生变异，要么退出历史的舞台。在万山近几年重新挖掘侗族民族民俗文化的实践过程中，面临的一个严峻问题是，目前当地汉化现象十分严重，90%以上的侗民不会说侗语、不穿侗服，不了

---

① 邱实:《工业遗产的主动式保护——基于矿山公园建设的思考》,《建筑与文化》2019年第1期。

解侗族本源文化，不了解侗族饮食及风俗习惯，不修建传统风格的房子等。事实上，虽然这些民族文化遗产已经远离我们的生活，但并不意味着不能再次回归，也不意味着它不能在现代生活中发挥作用，关键在于如何让人们重新认可且愿意延续。要充分发挥政府、社会和个人的力量，从经济效益、文化复兴、社会认可等方面综合推进。当前可以着重结合各民族村寨的特点，整合推进一批民俗特色村建设，避免乡村旅游文化的同质化。努力挖掘各民族文字、衣着文化、饮食文化，使各民族的特有文化融入本民族的生产生活中，回归本源、回归本质，增强各民族的归属感、荣誉感；同时，还要利用少数民族特有文化的差异性、特殊性吸引旅游、留住游客，让外地游客在万山感受与其他地方不同的民族文化。[1]

3. 要拓展农耕文化内容，推进山地农耕文化观光项目建设

中国是农业大国，拥有高度发达的农耕文化，是人类历史发展进程中农业文明时代的巅峰，有别于欧洲游牧文化的中华文明，正是建立在这种发达的农业文明基础之上。农业不仅传承着有机循环文化，还承载着一系列农业制度文化和丰富的乡土知识，体现着农民尊重自然、利用自然的智慧，很多宝贵的乡土知识甚至成为现代科技新发现的重要源泉。同样，农耕文化也不是孤立存在的单纯文化，它广泛地渗透于生产与生活中，与生产结合成为

---

[1] 黄廷安:《论铜仁市文旅融合的盲区与鸿沟矫治问题》,《知行铜仁》2017年第5期。

乡村产业的组成部分，如农产品品牌建设离不开文化要素，丰富的农业文化遗产是乡村文化的重要组成部分。文化与生活的结合形成乡村特定的生活方式，不仅体现在衣食住行诸方面，也是地方民俗、习俗的重要内容。乡村习俗、风土人情、生活方式等又可以成为现代乡村文化旅游产业的重要元素。[①]

近几年，万山围绕农耕文化主题开展文化旅游产业建设，提出了"诗意栖居""乡村旅游+休闲体验+精准扶贫"等众多概念，并提出构建山地农耕文化观光休闲集群的目标。但应该注意到的是，当前包括万山在内的众多地区，在农耕文化开发利用方面，存在挖掘不够深入、重视不够、发展受耕地资源减少和环境破坏限制等问题，需要结合农村建设的实际，把农耕文化的传承发展有机融合到农村的经济建设与文化建设中，深度挖掘地方特有的农耕文化传统，发现传统优秀文化中的时代内涵与当代价值，并运用现代文化旅游产品的设计理念，以情境化、娱乐化、体验化等手法开发设计独具地方特色的旅游产品，提升旅游产品的档次和文化品位。通过突出万山乡村旅游产业中的农耕文化主题，有效增强万山的独特吸引力，从而能够在拓展文化旅游产业发展空间的同时，满足不同层次、不同类型参与者的需求，使文旅融合发展的过程具有更坚实的文化根基和旺盛的生命力。

此外，文旅融合的实质是产业创新，而创新必须要以一定的

---

① 朱启臻：《乡村振兴背景下的乡村产业——产业兴旺的一种社会学解释》，《中国农业大学学报》（社会科学版）2018年第3期。

技术手段为基础，因此，技术创新是文化产业和旅游产业融合的前提条件。例如，声、光、电技术的运用，能够产生令人震撼的视听效果，通过舞台的呈现，将景观和文化紧密地联系在一起，能够给受众留下更为深刻的印象。事实上，在"互联网+"时代，信息技术可以广泛应用于企业管理、资源整合、项目开发、市场开拓等文旅产业融合全过程，因此，积极利用科学技术条件将大大拓展文化产业和旅游产业融合的深度与广度。

第四章

转型再平衡：从产业转型、城市转型到社会转型

资源型城市一般都以产业转型为着力点,通过大力发展接续或替代产业,进而推动城市的转型。在此过程中,社会转型往往被忽视,或者说社会转型往往滞后于产业转型和城市转型。虽然我国的资源型城市在转型中,也都强调做好就业、社会保障等兜底性工作,但这些一般都只是作为产业转型和城市转型的保障措施。从国内外经验来看,资源型城市转型最大的困难是"人"的转型,即社会转型。因此,在推动产业转型和城市转型之后,资源型城市面临的更艰巨任务是实现社会转型。

社会转型是一种整体性、全面性的社会发展过程,包括体制转型、社会结构变动和社会形态变迁。中国社会转型是从传统型社会向现代型社会转变的过程,具体来说,包括从农业社会向工业社会继而向信息社会转型,从乡村社会向城市社会转型,从封闭半封闭社会向开放社会转型,从同质的单一性社会向异质的多样性社会转型,从伦理社会向法理社会转型。[1] 经济转轨和社会转型,是改革开放40年来中国经济社会发展最为显著的趋势和特征。以经济体制转轨为基础的中国社会转型,不仅是社会分层结构的变化,而且还表现为人口的城乡结构、文化的深层结构以及生活

---

[1] 袁汪洋:《论现代思想政治教育社会化系统的构建》,《理论界》2011年第1期。

方式的多元化等社会全面的结构性变化。

在这一大转型进程中,作为兴起于计划经济时代的众多资源型城市,还有其独特性,即普遍属于"矿城一体""企政合一"的体制,普遍经历了"先企业、后城市"的成长过程,普遍存在企业办社会、企业功能等同于城市功能的现象,并由此造成了"大企业、小社会""重企业、轻城市"的落后城市建设与管理体制。以原贵州汞矿为例,不仅有学校、医院、银行、粮食局,也有公安、检察院、监狱、水电路建设管理机构,还有酱油厂、屠宰厂、印刷厂、酒厂等,几乎就是一个无所不包的集政事企于一身的综合体。随着"矿竭城衰",加上我国计划经济向市场经济转型加速,以及国内外经济形势变化,贵州汞矿不得不实施政策性关闭破产,原来的企业办社会职能全部移交给万山区委、区政府,上万名干部职工及其家属从单位人变成了社会人。这是改革开放大转型进程中,贵汞人和万山人经历的一次社会巨变。在此过程中,原有的制度安排被打破,但新的制度体系尚未建立健全,由此造成一些制度的真空和社会的失衡,曾经一段时间各类矛盾十分尖锐。

近十年来,通过实施"产业原地转型、城市异地转型"(简称"两个转型"),万山区各项社会保障基本建立,各类社会事业得到发展,城市基础设施明显改善,整个社会形势大大好转,人们的精神面貌焕然一新。走过那个最艰难的时期,成功探索出一条转型之路的万山,随着全面完成脱贫攻坚任务和全面建成小康社会,即将进入后转型阶段。这个新阶段,应将社会转型置于更加重要的地位。

正如党的十九大报告指出的，中国特色社会主义进入新时代，我国社会主要矛盾已经转化为人民日益增长的美好生活需要和不平衡不充分的发展之间的矛盾；人民美好生活需要日益广泛，不仅对物质文化生活提出了更高要求，而且在民主、法治、公平、正义、安全、环境等方面的要求日益增长。这个判断同样适用于万山现阶段。许多万山居民说：现在不缺吃、不少穿、不愁住，就是希望腰包再鼓一点、看病再容易一点、办事再方便一点。同心社区居民向秋兰说，万山的工资和物价不搭，工资低，物价高，工资需要提高；居民滕召琴说，看病还是不方便，有点儿病就要跑铜仁；社区党支部书记刘开华说，养老是一个大问题，而且会越来越突出。

脱贫攻坚过程中，万山新建了许多易地搬迁移民小区，怎样确保搬迁群众搬得出、稳得住、有保障、能致富、可融入，是一个必须解决好的社会大问题。同时，随着城市化加快，流动人口增加，城市治理也面临挑战。随着乡村振兴战略的全面推进，如何保护好传统村落、留住乡愁记忆，让传统文化与现代文明交相辉映，既是乡村振兴的重点任务，也是传统社会向现代社会转型必须跨越的一道坎。

政府包揽过多社会事务，居民公共服务需求得不到充分满足，亟须社会组织来"减压"。比如，原本由物业公司承担的房屋维修、排水排污管道疏通、社区保安保洁、小区内部道路和路灯维修等社区公共服务，在万山许多社区还是由政府相关职能部门负责。同时，基层社区还承担着许多行政化职能，亟须通过厘清权

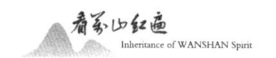

力边界、列出职能清单来为社区"减负",促其职能回归。麻音塘社区党支部书记杨胜志表示,现在社区牌子多、要开的会多、检查考评多、要填的报表多,社区干部的很大一部分精力都被编写材料或迎接相关检查捆住,严重影响社区发展和服务居民的工作。在数字化汹涌浪潮推动下,我们已经全面进入信息网络社会时代,随着5G、大数据、云计算、物联网、人工智能等技术不断发展,智慧社会即将到来。这既带来发展机遇,也带来新的挑战,如果不能顺应社会发展新趋势新要求,积极主动向数字化、网络化、智能化深度融合的智慧社会靠拢,很可能成为时代的落伍者。

全面促进社会转型,万山现阶段的目标应是通过高质量发展提供高质量公共服务、高品质生活、高效能治理,化解人民日益增长的美好生活需要和不平衡不充分的发展之间的矛盾,实现转型的再平衡,从而提升全体居民的获得感、幸福感、安全感。[1] 还要认识到,社会转型必将对政府行为提出新的要求,各级政府要以先进的行政理念重塑政府行政,构建与现代社会相适应的政府行政范式,也就是走善治之路。

按照政治学的一般理解,善治有十个要素:合法性(社会秩序和公共权威被自觉认可和服从的性质与状态)、法治(法律成为治理的最高准则和最高权威,法律面前人人平等)、透明性(政治信息的公开性)、责任性(管理者应当对自己的行为负责)、回应(公

---

[1] 张丽艳、张瀚亓:《我国两岸社区养老模式对比研究》,《山东行政学院学报》2019年第1期。

共管理人员和管理机构必须对公民的要求做出及时的负责任的反应)、有效(管理应当有很高的效率)、参与(公民广泛的政治参与和社会参与)、稳定(生活的有序、居民的安全、公民的团结、公共政策的连贯等)、廉洁(官员奉公守法、清明廉洁)和公正(不同性别、阶层、种族、文化程度、宗教和政治信仰的公民在政治权利与经济权利上的平等)。善治不同于传统的政治理想"善政"。善政是对政府治理的要求,即要求有一个好的政府;善治则是对整个社会的要求,即不仅要有好的政府治理,还要有好的社会治理。

简单地说,善治就是公共利益最大化的治理过程,其本质特征是政府与公民对社会公共事务的协同治理。[1]因此,善治的基本路径就是多元主体共建治理平台、共治社会事务、共享发展成果。

第一节 获得感:迈向全面小康的公共服务

经过改革开放近40年的发展,我国社会生产力水平明显提高。全面小康即将实现,人民生活显著改善,对美好生活的向往也更加强烈,人民群众的需要呈现多样化、多层次、多方面的特点,期盼有更好的教育、更稳定的工作、更满意的收入、更可靠的社会保障、更高水平的医疗卫生服务、更舒适的居住条件、更优美的环境、更丰富的精神文化生活。[2]万山虽地处西部,同样

---

[1] 俞可平:《论国家治理现代化》,社会科学文献出版社,2014。
[2] 钟实:《全方位构建美好生活》,《经济》2018年第12期。

享受着改革开放红利,城乡面貌发生了翻天覆地的变化,城镇困难群体和农村贫困群众的住房问题基本得到解决,百姓居住环境越来越优美,人们的文化生活越来越丰富。但也不可否认,万山在公共服务方面还存在一些短板,如就业岗位仍然不足;百姓收入水平仍然不高;教育、医疗服务的均衡性和质量还有待提高;老龄人口比重高,社会保障压力大,养老服务短缺等,未来需要重点解决。

一、就业优先看政策

习近平总书记指出,"就业是最大的民生工程、民心工程、根基工程,必须抓紧抓实抓好"。保障就业是保障和改善群众生活的基本前提,稳定充分的就业,不仅事关百姓家庭生活和事业发展,而且事关社会和谐稳定、事关国家可持续发展。就业不仅仅是经济问题,也是重要的社会政治问题。[1]

解决就业问题,是维护社会稳定的首要任务。万山区通过"产业原地转型、城市异地转型"成功走出一条资源枯竭型城市的转型之路。随着转型的不断推进,万山的人口快速增长,以2011年行政区划调整为节点,万山的区域面积由443.2平方千米增加到842平方千米,户籍人口由8.2万人增加到17万人。目前在谢桥新区还呈现人口倒挂的特征,5万常住人口当中原户籍人口只有1万

---

[1]《就业是民生之本,收入乃民生之源——学习习近平总书记关于民生工作重要论述体会之七》,《民生周刊》,http://www.msweekly.com/show.html?id=104167, 2018年10月30日。

人。随着下一步的移民搬迁，万山区外来人口数量保守估计将增加到10万人左右。目前，对于易地扶贫搬迁的居民，万山区采取了一些措施解决他们的就业问题。但城市新区人口在短时间内急剧增长，如果就业问题不解决，民众生活水平就难以提高，还可能诱发社会动荡及犯罪，进而威胁整个社会结构的稳定性。解决就业问题，将成为万山进一步推进转型可持续发展、维护全区社会稳定的首要任务。

近年来，通过万山区委、区政府的努力，一个个景区设立，一个个项目落地，一家家企业来到万山，万山的崛起速度毋庸置疑。景区的设立、项目的落地、企业的到来，为万山提供了大量的就业岗位，但这些岗位的需求量已趋于饱和状态。面对新增的大量城镇人口，从什么地方提供就业岗位是一个问题，因此就业岗位供不应求是万山区面临的就业难题之一（见表4-1）。其二是劳动力"量多质低"。随着脱贫攻坚的全面推进，越来越多的人口进入万山城区，其中大部分为易地扶贫搬迁户，这些居民在务农方面有一技之长，但万山的发展需要第一、第二、第三产业同步推进，能够继续从事农业的居民很少，绝大部分需求是在工业及服务业领域。而长期从事农业的新居民，在技能、知识及意识等方面还难以达到要求。而且加快转型升级的万山，对劳动力素质的要求将越来越高。其三是部分劳动力就业意愿低。一些搬迁过来的居民有劳动能力，但出于对提供的岗位不满意、思想未转变等原因而选择待业。

表4-1 2012~2018年万山区就业情况

年度	城镇新增就业（人）	转移农村劳动力就业（人）	新增"雁归人员"就业创业（人）	发放小额担保贷款（万元）	开发公益性岗位（个）
2012	2385	2131		1009	
2013	3633	3859		2000	32
2014	3637	3489		2833	42
2015	1353		3666		25
2016	1237	3997	3671	1511	21
2017	1252	4012	4024	1626	47
2018	1312	3898	4012	1600	51

注：2014年，铜仁市出台《雁归工程实施方案》，旨在引导和扶持铜仁籍在外人员返铜创业就业，返乡创业就业者被称为"雁归人员"。

就业是民生之本，解决就业难题就是解决好人民群众最关心最直接最现实的利益问题。随着城镇人口剧增，万山仅靠以前的做法不能满足进一步推动转型可持续发展的需求。面对就业难题，万山需要打出"组合拳"，探索系统性的就业优先政策措施，整合多方要素解决就业难题。

在2019年政府工作报告中，就业优先政策首次被李克强总理置于宏观政策层面，并强调要"全面发力"。面对严峻的就业形势，万山也要制定实施一揽子就业优先政策，通过政策红利的释放以及继续大力招商引资，着力促进自主创业，努力转移农村劳动力，深挖城乡公益性岗位等全方位举措，千方百计增加就业岗位，扩大市场吸纳就业规模，促进有劳动能力、有创业意愿者多渠道、多方式就业创业。要统筹抓好经济社会发展和促进就业工作，着力在提高就业质量、提高劳动人口尤其是就业困难人口就业能力、改善创业环境上下功夫。

用好国家及省市的政策红利。比如，2018年11月，贵州省人社厅、省财政厅下发《关于进一步加大就业扶贫政策支持力度着力提高劳务组织化程度的通知》，多措并举加大政策支持力度，努力促进16周岁以上、有劳动能力的建档立卡贫困人口就业创业。[①]2018年12月5日，国务院印发《关于做好当前和今后一个时期促进就业工作的若干意见》，从支持企业稳定发展、鼓励支持就业创业、积极实施培训、及时开展下岗失业人员帮扶、落实各方责任五个方面为地方政府促就业带来利好消息。万山区要用好用足国家和省市促进就业创业的政策红利。

用好就业服务网络平台。为优化就业信息服务，贵州省打通省、市、区县、乡镇（街道）、村（社区）五级就业服务网络，初步实现了公共就业服务全流程信息化。已建成的全省集中个人及单位基础信息数据库中，入库劳动力个人信息2686万余条、单位信息112万余条，建成"贵州就业帮"App，可提供找培训、找工作等11项服务。[②]万山区要加快推动就业信息联网，解决劳动力供

---

① 王雨：《贵州多举措促进贫困劳动力就业创业》，《贵州日报》2018年11月16日，第002版。
② 《贵州初步实现公共就业服务全流程信息化》，新华社，http://www.xinhuanet.com/local/2019-02/21/c_1124144560.htm，2019年2月21日。

求信息闭塞及不匹配问题,为劳动者就业提供优良信息服务。

制定搬迁居民再就业辅导政策并加强宣传工作。针对搬迁居民文化程度不高、除了务农无一技之长的实际,要加大对他们的培训力度。针对搬迁居民参加创业培训、公益性岗位培训、各类技能培训、职业指导等,均可给予培训补贴。加大就业政策宣传力度,通过宣传教育,让有劳动能力无就业意愿的搬迁居民树立就业观念,让有就业意愿和劳动能力的搬迁人员通过职业介绍、就业援助实现再就业,让已就业人员通过技能培训提升劳动素质巩固其就业。抓住国家高职院校扩招100万人的政策机遇,积极输送本区符合条件的劳动者进职业院校学习,为万山未来可持续发展做好人才储备。

借鉴省内外优秀案例,因地制宜地做好扶贫搬迁群众就业工作。易地扶贫搬迁,搬迁只是手段,让群众稳定增收致富才是最终目的。为解决搬迁群众的后顾之忧,贵阳市采取"未搬迁先就业"的创新方式,给搬迁群众吃下"定心丸"。[①]2018年11月,重庆市出台就业扶贫政策"礼包",包括对创办小微企业或从事个体经营且正常运营6个月以上的贫困劳动力,按8000元/户的标准给予一次性创业补助;对贫困劳动力的优质创业项目,试点开展无抵质押物、无保证人的"双无"信用担保贷款等措施。[②]这些促进就业

---

① 廖黎明:《未搬迁先就业村民吃下"定心丸"》,《贵阳日报》2018年8月29日,第001版。
② 《重庆:政策"礼包"推动就业扶贫》,新华社,http://www.gov.cn/xinwen/2018-11-18/content_5341503.htm,2018年11月18日。

的经验案例在省内外有很多,万山区要积极借鉴并因地制宜,在其基础上创新形成适宜万山的促进就业模式。

不论何时何地,一个地区要实现经济稳定可持续发展,就业是关键,而实现充分就业的前提是就业岗位充足。万山应出台更加积极的支持自主就业创业的政策,大力发展中小企业。中小企业的发展壮大可以使原料供应、技术服务本地化,形成产业集群,从而构建新的区域竞争优势。同时,中小企业的发展还能解决大量就业问题,创造更稳定的经济环境。万山要把发展中小企业摆在更加重要的位置,出台更加积极、更加宽松、更加完善的鼓励自主就业创业的政策,从土地、金融、税收、物流、技术、人才、信用体系等方面为自主就业创业提供优良的制度保障;[①]政府部门还要做好服务工作,积极创造中小企业发展的良好环境和氛围,形成中小企业千帆竞发的局面。

二、普惠教育靠投入

习近平总书记指出,要加大对基础教育的支持力度,办好学前教育,均衡发展九年义务教育,基本普及高中阶段教育;要优化教育资源配置,逐步缩小区域、城乡、校际差距,特别是要加大对革命老区、民族地区、边远地区、贫困地区基础教育的投入力度,保障贫困地区办学经费,健全家庭困难学生资助体系;要

[①] 王小明:《我国资源型城市转型发展的战略研究》,《财经问题研究》2011年第1期。

推进教育精准脱贫,重点帮助贫困人口子女接受教育,阻断贫困代际传递,让每一个孩子都对自己有信心、对未来有希望。[①]

近年来,万山教育发展水平有了很大提高,2018年全区学前教育毛入园率、义务教育巩固率、高中阶段毛入学率分别达98%、100%、95%。历史可以回顾,在十多年前的2006年,万山只有学校37所(小学31所,中学5所,高中1所),各级各类教职工513人,其中专职教师503人;2007~2017年,政府投入资金229055万元,新扩建学校62所,建筑面积1832440平方米。通过十多年的努力,万山区有各级各类学校105所,其中,幼儿园31所(含民办幼儿园13所),小学61所(教学点26个),初级中学8所,九年一贯制学校1所,完全中学1所,普通高中1所,中职学校1所,工读学校1所。2018年秋,万山历史上第一所民办高中——黔东中学正式开学。从2015年底开始,万山区各校园基本上实现"宽带网络校校通、优质资源班班通、网络学习空间人人通"。全区各校园的音体美、实验及教学设备都超省定标准配备;全区各类学校均配备了图书室、阅览室,共有图书91.8796万册。

2011年铜仁撤地建市,万山划入铜仁市主城区后,教师队伍一度严重不足。万山区在教育系统率先推行"三制一管理"人事制度改革,即实行校长负责制、岗位责任制、教职工聘任制、目标管理制,对教师队伍实行全员竞聘,501名教师与单位法人签订聘用合

---

① 《习近平谈教育发展:教育兴则国家兴,教育强则国家强》,人民网,http://cpc.people.com.cn/n1/2018/0910/c164113-30282062.html,2018年9月10日。

同,93名师范类大中专毕业生通过竞聘走上教育岗位,解决了教师队伍短缺问题。2017年,万山区共有教职工2319人,其中专任教师2114人。[①]百年大计,教育为本。万山在短短数十年间,普惠教育能取得如此好成绩,主要还是得力于政府对教育的重视,加大了投入力度,逐步实现了万山学子从"有学上"到"上好学"的跨越。

十年树木,百年树人。2016年7月,国务院下发《关于统筹推进县域内城乡义务教育一体化改革发展的若干意见》,对整体提升义务教育办学条件和教育质量提出了新要求。随着万山的转型发展及全面脱贫,万山学子对教育的需求也发生了重大变化,由以前只要能读书的"有学上"转变为"上好学"和对教育多样化选择的要求。例如,万山区有的村民组距离学校太远,低年级的孩子大多在高年级学生的带领下一起上下学,路上耽搁的时间较长,如大冲村的石家寨组到村建行希望小学得走一个多小时;不少父母都希望孩子能够上更好的中学,最好去市里面的中学就读;瓮岩村的舒亚亚在本村小学食堂做饭,她想给孩子报英语辅导班,但村里缺乏这样的资源和条件。如何发展公平而有质量的教育,实现优质教育资源均衡化发展,万山区还有很长的路要走。

目前,制约万山推进城乡教育一体化的因素依然很多。其一是城乡二元结构短时间难以发生根本性变化。城乡二元结构不仅仅只是一个户籍问题,还体现在城乡居民收入、公共服务水平等方方面面,其在客观上又导致了城乡教育的二元结构。其二是城

---

① 铜仁市万山区教育局:《改革开放以来万山教育发展情况》,2018年6月15日。

乡教育资源单向流动态势短时间难以产生根本性变化。城乡教育一体化要求各类教育资源在城乡间无障碍地有效流动，在流动中实现优势互补、共同提升。但从现实情况看，虽然在国家政策要求及个别自愿等因素下，每年都有一批城市教师进入农村支教，但仍然不是大规模、稳定性的流动，多数人员仅是为了完成工作任务，尚未在全社会形成一种主流的态势。相反，更多的农村教师具有强烈的愿望流入城市，且多数想方设法留在城市。其三是城镇化进程带来的"挤出效应"在短时间内难以获得根本性改善。大量的农村人口通过就地、就近等方式实现了市民化，在一定程度上"挤出"了农村本土人口，造成很多"空心村"，在农村人口严重流出的情况下，很多农村教育资源选择了"被动流出"。

2019年，中共中央、国务院印发了《中国教育现代化2035》，中办、国办印发了《加快推进教育现代化实施方案（2018—2022年）》，对教育事业提出了更高的要求。在此背景下，万山需要顺应百姓期待，以更大力度多维度推进城乡教育一体化，不仅要让孩子"有学上"，还要让孩子"上好学"。

灵活拓展资金来源渠道。在充分用好国家脱贫攻坚资金、政府教育资金、对口帮扶资源的基础上（见图4-1），应积极创建好的教育教学项目，争取上级经费支持，探索建立乡村义务教育扶持基金，鼓励社会力量参与办学或名校联合办学，全面提升办学条件，进一步推进万山区城乡教育均衡发展。

发展富有个性的学校文化。鼓励和引导乡村学校结合自身实际，发挥自身优势，积极发展富有个性的学校文化。遵循教育发

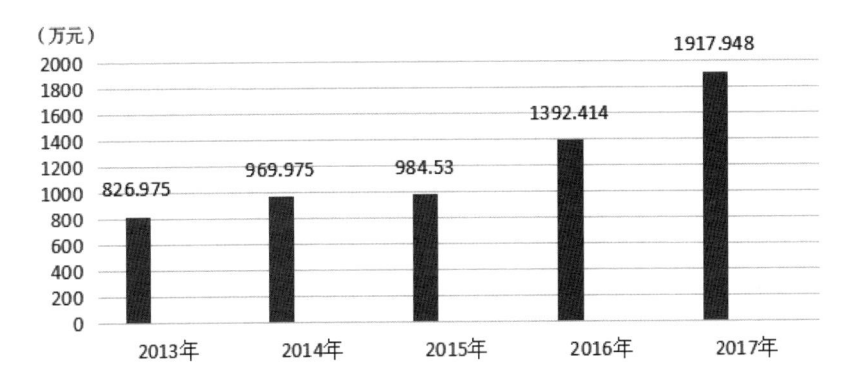

```
（万元）
2000                                    1917.948
1800
1600
1400                         1392.414
1200
1000         969.975  984.53
 800  826.975
 600
 400
 200
   0
      2013年   2014年   2015年   2016年   2017年
```

图4-1 万山区近年学前、义教、高中和中职教育扶贫资助金额

展规律和人才培养规律，在教育制度和管理层面上转向自主发展、特色发展和多样发展，为不同的孩子提供多向度、多层次、多类型的教育选择和丰富而优质的教育资源，使其天赋、个性和才能得以全面发展、充分发展和自由发展。

　　加强乡村教师培训。加大在职乡村教师的培训力度，探索乡村教师培训的新机制、新模式和新方法，采取集中培训、远程研修、进城跟岗、送教送培上门、结对帮扶支教、省外研修等多种途径开展乡村教师培训，提高教师专业水平和教书育人的能力。实施中小学"名优教师"培养工程，成立名师名校长工作室，扩大优秀教师评选向乡村教师倾斜的力度，鼓励和培养更多的乡村名师、乡村骨干教师。推动梯队纵向帮扶，由城区学校和镇中心学校分别派出骨干教师形成支教队伍，通过分片教研指导、教师走教等方式开展区帮镇、镇帮村活动，解决农村教师整体素质不高和学科结构不匹配的问题。搭建中小学教育远程研修平台，加强对乡村中小学教师信息技术应用和校长教育信息化领导能力的培训，通过线上线下互动交流，分享优质教育学习资源，实现共同进步，有效解决偏远乡村教师工学矛盾、培训机会少、经费困难等问题，推进乡村教师专业化发展。

不断提升乡村教师待遇。做好配套的政策措施和制度保障，提升乡村教师的归属感、获得感和荣誉感，让乡村教师愿意留、留得住。针对年轻特岗教师，要提高其工资待遇水平，在财政允许的条件下，应增加乡村教师岗位生活补助、乡镇工作津贴；完善乡村教育激励机制，放宽乡村教师晋升渠道，为实现城乡教师双向流动提供更多机会。

引导人才反哺，充实乡村教师力量。随着我国乡村地区的发展和乡村振兴战略的实施，乡村在经济发展、基础设施建设、脱贫攻坚、农村治理、文化教育等各个方面都需要人才。而与此同时，城市人口过于集中、人口老龄化日趋凸显，城市人口特别是退休人员回流乡村的需求日益强劲。乡村义务教育发展可抓住城市人才回流的重要契机，不断创新城市人才反哺乡村教育引导机制，有效地充实乡村师资力量。比如设立"城市退休教师支持农村学校专项基金"。规定凡城市大中小学校退休优秀教师自愿服从分配到农村中小学校任教，当地政府可给予津贴、落户养老、提供免费公寓住房等优惠政策。此外，还应尽快修订相关政策，为城市人才合法有序流向乡村创造条件。

严格规范乡村中小学校的撤并程序。伴随着农村"空心化"现象的不断出现，农村教育的生均成本不断提升，有些地区生均成本甚至超过了城市，导致这些地区出现了撤并中小学校的现象。万山区要严格按照国家有关要求，在撤并程序上严格审查，避免"一刀切"式的简单撤并乡村中小学。

三、医养结合搭平台

随着我国人口老龄化程度不断加深，养老问题日益突出，特别是需要给予长期照护的失能、半失能老人的照料和护理问题。而目前有限的医疗卫生和养老服务资源以及彼此相对独立的服务体系远远不能满足老年人的需要，迫切需要为老年人提供医疗卫生与养老相结合的服务。[①]

万山养老问题尤为突出。在万山这样的资源型城市，养老照料问题凸显，城市转型过程中接收了大量原矿企老职工，老龄人口比重一般高于全国平均水平；加上之前严格的计划生育政策，这些老矿工的下一代都是独生子女，养老负担重。如万山镇土坪社区，户籍人口2095人，实际常住人口1521人，其中60岁以上老人743人，占户籍人口的35%，占常住人口的49%；麻音塘社区，户籍人口3933人，其中60岁以上老人也是743人，占户籍人口的19%；同心社区，入住居民4561人，其中60岁以上老人714人，占常住人口的16%。

目前，万山区各街道乡镇基本建有养老院，但以供养"五保"

[①] 安华：《土地流转背景下农村养老的金融支持路径研究》，《现代经济探讨》2019年第1期。

对象为主；城镇社区普遍设立了居家养老服务中心（站）、日间照料中心，但真正实现良性运作的少；40多个基础设施较好、有富余房产的村建立了老年幸福互助院，但普遍存在运行管理不规范、不到位的现象。更重要的是，无论是乡镇养老院，还是社区居家养老服务中心（站）、农村幸福互助院，都无医疗和康复护理能力，而乡镇、社区医疗机构又因条件和能力所限承担不了护理职能，"养老不治病、治病不养老"，医养结合市场供需矛盾突出。居家养老是公认的理想养老模式，但在万山，居家养老是常态，却是旧形态，需要转型为新形态。所谓旧形态，是指万山汞矿倒闭后多数年轻人外出打工，留下的主要是老人，这些所谓的留守老人，除了心灵孤独，缺乏亲情寄托外，他们多数是原来的汞矿工人，许多人留下了职业病，如尘肺病、风湿病，而由于交通不够便利、医疗资源欠缺，看病问题难以解决，可谓生活处境艰难，所以是封闭式、被动式居家养老。而新形态的居家养老则是开放式、自由式居家养老，但这需要多方协作，实现医疗、家政、照护、心理等多种服务的无缝衔接。万山镇同心社区党支部副书记龙丽君表示，有些老人自己居住，做不了饭，又没人照顾，打电话向居委会反映，但社区也没办法。该社区几位干部介绍，同心社区也试点过居家养老服务，由于缺乏经费支持、发展不规范，后来就停了；镇上现有的公办养老院只能提供饭菜、洗衣等简单服务，照顾不了有病的老人，提供不了康复护理等医疗服务；有私人想建养老机构的但没有土地，而且即使建了也可能因为费用高而导致普通百姓住不起。

医养结合新模式是应对老龄化的长远之策。医养结合模式的核心是将老年人健康管理服务放在更加重要的位置，服务内容包括养老机构的传统服务，如生活照护、精神健康服务、文化娱乐服务等，更重要的是增加健康管理"三部曲"服务，即健康检查与指导，健康危险因素评估，健康干预和康复以及临终关怀服务等。医养结合整合了医疗、康复和养老多方资源，是养老模式的新突破。

2013年，国务院先后出台《关于加快发展养老服务业的若干意见》和《关于促进健康服务业发展的若干意见》，指出要统筹医疗服务与养老服务资源，探索医疗机构与养老机构合作新模式。2015年，国务院办公厅出台《关于推进医疗卫生与养老服务相结合的指导意见》，支持养老机构开展医疗服务，鼓励医疗卫生机构与养老服务融合发展，将医养结合作为积极应对人口老龄化的长久之计。2016年，民政部、卫生计生委下发《关于做好医养结合服务机构许可工作的通知》，并先后确定两批国家级医养结合试点单位90个。其中，贵阳市、铜仁市是贵州省首批入选国家级医养结合试点的两个城市。

目前，我国医养结合的模式大致有四种：在养老机构内开设医疗机构、在医疗机构内开设养老机构、养老机构与医疗机构合作、医养结合进社区进家庭（见表4-2）。[1] 其中，医养结合进社

---

[1] 马田、王斌全、王磊、刘爽，李文静、汪华彪：《"医养结合"养老模式发展制约因素及对策研究》，《中国卫生产业》2019年第2期。

表4-2 国内"医养结合"几种模式

城市	"医养结合"模式的特点
上海市	上海市属于开展"医养结合"服务比较早的一座城市,发展至今,已经形成了三类比较具有代表性的服务模式:养老机构内设置医疗机构、医疗机构内设置养老机构、养老机构和医院联合提供服务。虽然上海的"医养结合"服务模式已经相对比较成熟,但是仍存在一些问题
天津市	天津市立足于基本的市情和民情,从地方立法、政府规章、部门配套政策3个层面健全"医养结合"服务体系,以居家养老服务和机构养老服务两个层面为基础打造了多种不同的服务模式。在居家养老服务层面打造了社区综合服务模式和机构延伸服务模式;在机构养老服务层面打造了养老机构自身发展模式、医养机构联合运行模式、医疗机构转型模式
青岛市	2012年7月,青岛率先在全国施行了长期医疗护理保险制度,目前此制度在青岛已经做到了全面覆盖。长期护理保险制度为"医、养、康、护"结合的养老模式提供了有力的政策支持,使医疗资源的配置得到优化,真正做到了政府、社会、医疗机构、养老机构、老人及家庭的多方共赢
杭州市	2014年,杭州市在全国率先提出构建医养护一体化健康服务模式,利用信息技术,整合部门资源,以医疗护理康复进家庭为基础,拓展日托及机构养老健康服务内涵,根据居民不同需求,因地制宜地提供科学、连续、综合、有效、个性化的医疗、养老、护理一体化的健康服务模式

区进家庭主要依靠社区卫生服务网络和居家养老服务体系,通过推行家庭医生模式,为社区老人提供上门服务。

抓住国家级试点契机,探索医养结合新路。医养结合在中国还处于起步探索阶段,鉴于万山区老龄人口比重高,老龄人口中多种慢性病患者比重大，养老问题十分严峻的态势，万山应紧紧抓住铜仁市成为国家级医养结合试点的契机，积极借鉴先行者经验，着力从以下方面探索新型养老模式。

多部门共同参与，统筹协调区域内养老医疗资源。医养结合涉及民政、残联、老龄办、人社、卫计等多个部门，如果政策不能统筹，就无法将资金高效地投入医养结合机构的建设中。应鼓励"吃不饱"的基层医疗机构就近和养老机构、日间照料中心等"结对子"兜底，提高资源的利用效率。政府应发挥主导作用，对医养结合养老机构实施卫生准入、民政扶持、医保定点等扶持政策，各部门明确职责，由卫生部门批准医养结合的养老机构成为有医疗资质的机构，由民政部门确认机构的非营利性并纳入医保范围。[①]

积极争取试点推广长期护理险，将老年长期照护保险纳入城乡居民医保支付项目。虽然托养老人入住医养结合机构后，可以享受医保和大病保险等政策，但在"养"方面的支出压力很大，除了特殊群体由政府兜底，大部分托养老人需要自费，严重超出了普通家庭的承受能力。2016年，人社部出台《关于开展长期护理保险制度试点的指导意见》，提出在全国15个城市开展长期护理保险制度试点。其中上海闵行区医养结合试点得以推广，就是获得了上海市全力推动的长期护理险的助力。上海根据2017年底出台的《上海市长期护理保险试点办法》，实行养老机构照护者所花

---

① 梁军：《医养结合试点遭遇"资源尴尬"》，《经济参考报》2018年9月20日。

费用由长护险基金报销85%，个人只承担15%的政策，这就大大降低了家庭养老支出负担。长期护理险的资金来源，主要是职工医保、居民医保基金的划转。万山和铜仁可积极申请开展长护险制度试点。

多渠道加强养老医护人才供给储备。因工作强度大、待遇少和社会认可度低等原因，医养结合机构护理员普遍难招聘。护理人才的短缺在很大程度上限制了医养结合的发展。政府应统一卫生、民政部门的培训政策和标准，对完成课时、达到培训考核标准的医护人员、护理员可统一发放资质，以扩大医养结合服务人才队伍；[1]借鉴临床的规范化培训基地，联合相关的职业院校成立医养结合实训基地，为从事医养结合相关工作的人员提供岗前培训，从而打造一支高素质的医护人才队伍。[2]

搭建医养结合养老服务信息平台。建立养老服务信息网络系统，通过信息平台为老人及服务机构建立信息数据库和档案，实现养老机构与医疗机构共享老人健康数据，及时了解老人状况，做好养老机构与医疗机构的对接，将政府、社会服务机构等信息整合进养老服务信息网络，向老年人推广智慧养老；[3]将养老服务信息化建设纳入"智慧城市"发展规划，与"智慧城市"建设同

---

[1] 梁军：《医养结合试点遭遇"资源尴尬"》，《经济参考报》2018年9月20日。
[2] 马田、王斌全、王磊、刘爽、李文静、汪华彪：《"医养结合"养老模式发展制约因素及对策研究》，《中国卫生产业》2019年第2期。
[3] 吕英、曹晨、王晓庆：《甘肃省医养结合推进现状、问题与对策研究》，《现代商贸工业》2018年第26期。

谋划、同部署、同实施。卫生计生、民政等相关部门要利用信息平台做好考核和监督管理工作，建立为老人服务质量的监督和评估机制，以老年人满意度、照护质量等为主要指标，对医养结合机构服务质量进行动态考核评估，加强养老服务的日常监管和指导工作。及时查处违法违规行为，对享受政府补贴而不履行职责、套取医疗保险费用等情节严重的医养结合机构依法进行处理。[1]

积极推进医养结合机构公建民营，加大对健康养老事业的支持力度，以优惠政策鼓励社会资本投入。养老事业是公益性的微利行业，投入成本大，回报周期长，如果缺乏政府补贴和相关优惠政策，社会资本参与的积极性难以激发，公立医疗机构进入的意愿也不高。应出台支持医养结合的医疗保险、土地规划、财政补贴、税收优惠、贷款融资、人才培训等政策措施，鼓励利用闲置厂房、办公用房等改建医养结合项目，落实国家支持社会资本举办医疗机构的政策，大力支持各类社会组织、民间资本建设更多具有医疗和养老功能的康复医院、护理院、临终关怀医院等医养融合机构。

更重要的是，万山要结合旅游文化休闲产业的快速发展，依托良好的自然生态和人文环境，大力发展康养产业，以此带动医养结合机构的发展。医养只是康养的一部分业态，主要服务老年群体；而康养产业涵盖范围更加广泛，包括养老、养生、医疗、文化、

---

[1] 吕英、曹晨、王晓庆：《甘肃省医养结合推进现状、问题与对策研究》，《现代商贸工业》2018年第26期。

体育、休闲等诸多业态，服务对象是各个年龄段的，而且不限于本地人。要把医养结合放在发展康养产业这一大的战略举措下同规划、共推进，这或将是万山转型升级的一条重要路径，也是提高区域公共服务水平、实现人们对美好生活向往的重大举措。

第二节 幸福感：可持续发展框架下的城乡融合

幸福是人类永恒的追求。为人民谋幸福、为民族谋复兴，是中国共产党人的初心和使命。推动城市全面转型升级，实现经济社会可持续发展，以干部的辛苦指数换取百姓的幸福指数，无疑是万山全体党员干部共同的奋斗目标。如果说获得感更多是物质生活改善带来的体验，作为社会心理体系一部分的幸福感，则更多是主观上的一种感受，受到经济、社会、文化、政治、心理等许多复杂因素的影响。对主观幸福的理解还涉及许多分析层面，包括认知与情感、个体与群体、横向与纵向、时点与时段等方面。今天，万山要在快速转型中不断提升居民的幸福感，除了要努力提高经济发展水平、公共服务水平和人民群众的收入水平，还要解决好城市化进程中出现的一些突出的社会问题，因为"进城"不仅仅是一种行为空间的转移，更包含由社会制度、法律身份、经济生活、文化心理等各方面的改变而产生的情感体验。人口流动加速导致趋于"空心化"的乡村如何重新激发文明与活力？大量易地扶贫搬迁群众搬出后如何真正实现"人的城市化"，从而以新市民的身份在新社区过上美好生活？怎样让我们的城市越来越美丽、越来越宜居、越来越有特色、越来越有活力,从而满足市民越来越高并且日益多样化、多层次、多方面的需求?怎样让老市民与新市民、本地人与外地人、购房户与安置户等和谐共生融洽相处?所有这些问题,最根本的都要靠深化城乡一体融合发展来解决。

一、老村与乡愁

城市化是中国社会和经济发展的必然趋势,城市化带来了社会生产方式与生活方式的根本变革,同时也对延续几千年的乡土中国产生了巨大的冲击。

乡村社会面临四大问题。费孝通先生提出的"乡土中国"精辟地概括出前现代化时代中国乡村社会及文化的基本特征,在费孝通先生的笔下,中国的村庄结构曾是一个"熟人社会"。中华人民共和国的成立打破了传统礼法宗族治理型的乡土社会,建构起一种以意识形态为纽带、以国家一竿子插到底的治理组织为特征的新型乡村社会结构。改革开放以来,中国乡村社会发生了巨大的结构性转变,特别是随着工业化与城市化的快速发展,乡村社会转型日益加快,部分乡村社会发展面临"四大问题"。[①]首先,乡村社会的主体结构呈现明显的"空壳化"特征。从地理上来说,村庄因城镇化的快速推进而逐步消失;从人口上来说,越来越多

---

① 黄海:《国家治理转型中乡村社会变迁的特征及其逻辑演进》,《求索》2016年第9期。

的农村青壮年离开乡村;从环境上来说,村庄的破落和衰败由于人口要素而加剧;从社会结构而言,村庄逐渐从熟人社会向"熟悉的陌生人社会"转型。其次,乡村价值伦理呈现明显的"空心化"特征。村庄是有灵魂的,这一灵魂就是村庄传统的价值体系和村庄价值联结。但随着市场化的演进,利益至上的原则开始成为村庄和村民社会联结的支配原则,其社会交往、人际互动和生产生活带有明显的利益与功利色彩。再次,乡土文化呈现明显的"断裂化"特征。乡村让人记得住"乡愁"的地方,在于其传统乡土文明。村民间守望相助的传统伦理逐步断裂,村庄纠纷与矛盾的自我调节和处理能力日渐式微,村庄公共舆论与奖惩机制越发弱化,传统意义的乡贤文化缺失而现代意义的新乡贤文化没有建立起来。最后,乡村治理呈现明显的"灰色化"特征。一些村庄干群关系较为疏离,乡村灰色势力开始主导乡村社会秩序和乡村治理,村民与基层干部之间存在一定的紧张和对立关系,村庄正常的社会秩序开始模糊与偏离。[①]

传统乡村社会之所以具有乡土牢不可破的联结纽带,具有浓烈"乡愁的味道",一个很重要的原因就是乡土社会这种你中有我、我中有你,小家中有大家、大家中有小家的宗缘、血缘、地缘、亲缘关系。但当前这个"熟悉的陌生人社会",却使得村庄结构与传统价值在经济的市场化和新观念的冲击下无能为力、不堪

[①] 黄海:《国家治理转型中乡村社会变迁的特征及其逻辑演进》,《求索》2016年第9期。

一击。可以说，当前农村经济的发展和村民的富足是以前不可想象的。但同时，农村社会秩序的变迁、村庄社会结构的变异、乡土社会与传统历史及生活惯习与经济文化活力的断裂也是以前不可想象的。这种裂变，正是一些乡村在主体结构的"空壳化"、价值伦理的"空心化"、乡土文化的"断裂化"、乡村治理的"灰色化"面前无能为力的重要原因。

有效治理当前乡村社会面临的问题。首先，强化乡村内生机制建设。政府要把基础设施和公共服务全面向乡村延伸，实现城乡公共服务一体化和均等化。优化乡村土地利用规划，整合现有土地资源，加快土地流转，提高土地利用率，积极培育新型农业，加快农村特色产业发展和农业传统生产功能向观赏、科普、休闲、度假、体验功能转变，开发休闲农业和乡村旅游，增加农产品的附加值，辅以完善的资金扶持、技术引导、政策优惠，培育良好的创业环境，吸引外出人员返乡创业，共同致力于发展本地经济，实现"重返家园、情归故里、福泽乡野"的美好愿景，确保农村经济健康、可持续发展。[①]

其次，推动乡村治理转型。从"乡俗社会"向"法理社会"转变是农村社会转变的趋势，也是符合现代化发展的社会变迁。乡村社会的治理可以借鉴一些城市社区管理经验，提升治理的专业化水平；引入社会力量提供公共服务，以满足村民多样化的需

---

① 史云、杨森:《城市化进程中的中国乡村社会嬗变》，《合作经济与科技》2015年第5期。

求；发挥乡规民约构建村庄良好的社会空间并有效调动村民个体创造性、积极性的作用，从而为乡村治理带来更多的正向引导功能。一方面，加快"乡规民约"的制度化建设。在农村社会治理中，广泛征求村民意见，将一些沿用的仍具有一定价值的"乡规民约"上升成制度，通过宣传在村民中形成共识，形成社会凝聚力。另一方面，促使"乡规民约"的理性回归，让乡规民约与现代社会接轨，扬善弃恶，升华提炼，发挥其在民间治理中维护"善"的作用，形成良好的道德风尚。

最后，重建乡村文化。在乡村社会重建一个符合现代价值的文化伦理，用最朴素最原始的人伦纲常建构符合社会主义现代化的价值体系、道德标准和行为规范，着力提升乡民共有的人文情怀。乡村承载着独特的地方文化，保存着历史遗留的地域、民族、习俗、礼仪、节庆和建筑等风格。[1] 这些与城市同化发展形成鲜明对比的财富，让乡村文化显得弥足珍贵。在乡村振兴中，要重新认识农业现代化与农民农村的关系，重新认识乡村的价值，深入挖掘中华优秀传统文化蕴含的人文精神和道德规范，结合时代要求继承创新，使风格各异的乡村文化成为美丽乡村建设的亮丽名片。这方面可借鉴浙江农村文化礼堂建设的经验。浙江从2013年开始在广大乡村建起一批以"文化礼堂、精神家园"为主题，集学教、礼仪和娱乐于一体的综合性农村文化礼堂。文化礼堂以

---

[1] 史云、杨森：《城市化进程中的中国乡村社会嬗变》，《合作经济与科技》2015年第5期。

教育教化、乡风乡愁、礼仪礼节、家德家风和文化文艺为内容，构建了具有"引导人、教育人、鼓舞人、激励人"的农村新型文化体系，并取得了良好成效。[①]

"看得见山，望得见水，记得住乡愁"就是既要留住青山绿水，又要传承传统文化。当下很多乡村发展的重点仍然更多地聚焦在通过产业发展来带动脱贫致富上，对于文化建设和传统村落保护等方面的重视程度不够。保护好传统村落就是保护好传统文化的根基，就是留住可以触摸的乡愁。[②]万山区拥有很多"老村"，如"全国少数民族特色村寨"中华山村、高楼坪乡小湾村水眼坪组、"魅力侗寨"挞扒洞和入选第三批《中国传统村落名录》的黄道乡瓦寨村、敖寨乡石头寨，以及朱砂古镇、解放街旧街区、小湾村"排排屋"、黄道乡愁馆、张家祠堂和夜郎村夜郎谷等。丰富的村落景观奠定了万山乡村农文旅融合发展的基础，也让无形的乡愁文化有了有形的载体。万山今后在推动乡村振兴和城镇化过程中，要把传统村落保护摆在更加突出的地位，更加重视老建筑保护和老街区重塑，更加注重挖掘传统村落历史文化内涵和价值，最大限度地保存农村原生态的自然风光和原有风貌，留住老建筑、留住原住民、留住历史、留住乡愁，尤其要在易地扶贫搬迁中留住乡土与乡愁，让历史遗存与当代生活共融，让村落景观与人文内涵共生，重新焕发传统村落的生机与活力。自古以来中国人就有安

[①] 俞海萍、李慧:《乡村振兴,文化力量不可缺位》,《光明日报》2018年4月14日。
[②] 潘霞:《理顺地政助力传统村落保护的实践与思考》,《浙江国土资源》2017年第11期。

土重迁的乡土观念，如何在易地搬迁中留住搬迁群众的乡愁，是万山应当认真思考和统筹谋划的问题。对于政府来说，要统筹做好迁出地和新居住地各个方面的服务保障工作，让老百姓既能迁得开心，又能过得安心。可以考虑以建造村史馆的形式将搬迁村落的地方特色与乡土文化记录保留下来，确保在新家园能够留住"故土情"，体会"乡愁味"，增强"幸福感"。

二、社区与家园

万山易地扶贫搬迁工程让很多困难群众完成了从"农民"到"居民"的身份转换，经济的发展也促使更多农村人口向城市迁移，从而直接提升了万山的城镇化水平。因此，万山转型发展的过程也是破除城乡二元结构促进城乡融合发展的过程。如2019年1月2日正式挂牌的万山区丹都街道，辖6个易地扶贫搬迁小区，常住人口将超过6万人，其中易地搬迁9739户42147人，占全区搬迁人数的84.3%。它的成立，是万山着眼于快速城市化带来的问题，为推进城市精细化管理而做出的一项重大部署，同时也为万山城市扩容提质拓展了空间，为城市转型注入了新动力。城镇社区是居民生活的家园，安身立命之所。在后脱贫时代，要完善社区治理体制，提高社区治理能力，坚持重心与力量下沉，更关注"人"的生存与发展问题，更注重发挥居民的主动性，全力做好易地扶贫搬迁"后半篇文章"，精准培训、稳定就业、提高效益、完善服务，重点打造易地搬迁"微工厂产业园"，围绕完善基本公共服务、培训和就业服务、文化服务、社区治理、基层党建五大体系建设，为搬迁群众提供充足的就业岗位。要以岗定技，强化"订单式"培训，按照企业的用工需求，对服装、皮鞋、刺绣、家政等行业进行精准分类、全员培训、统一就业，让"搬迁农民"转变成为熟练的"产业工人"，真正让搬迁群众从"搬得出"向"稳得住""能致富"转变，真正让搬迁群众适应城市生活、融入城市生活、过上幸福生活。

优化基础设施和公共服务配套建设，为居民打造"美丽安全家园"。推动转型发展以来，万山大力加强城乡基础设施建设，为经济转型发展创造条件的同时，也为群众创造了更好的生活条件。但万山转型发展起步晚，老城基础条件差，新城基础设施建设不够完善。近年来，万山软硬件基础设施配套情况得到改善，但整体状况仍有待提升，比如作为万山中心城区的仁山街道，社区公共厕所、垃圾处理站、消防设施、健身场所和休闲文化娱乐场所等公共服务设施配套严重不足，道路、下水道、电网也存在较多安全隐患。对于搬迁人口的市民化，如果公共服务不完善，便会阻碍他们向市民转化。优化基础设施和公共服务配套建设，一是完善居住、就业、医疗、教育等关乎民生问题的公共服务配套，满足居民各项公共服务需求；二是充分利用万山城镇和农村现有土地资源，加快文化中心建设，完善休闲文化娱乐场所建设，让居民开展文化活动有空间、有载体，从而增强社区活力；三是关注社区环境和社区安全，增加公共厕所、垃圾处理站、消防设施、道路红绿灯等设施，及时排查道路、排水系统及电网的安全隐患，做好更新维护工作。

物质脱贫与精神脱贫同等重要。在易地扶贫搬迁中,社区硬件基础设施建设和经济收入的提升相对比较容易,但重构搬迁群众间的信任,实现精神面貌、交际心理、价值观、思维方式上的脱贫则需要一个长期的过程。人文关怀与社区文化建设是安抚移民不满心理、消除社区移民隔阂和不信任的关键。一是重视对弱势群体的关怀。在易地扶贫搬迁中,要对那些确实没有经济能力的搬迁特困户进行额外的搬迁补助,体现"真扶贫""扶真贫"。二是营造互帮互助的社区氛围。互帮互助是构建社区文化的基石,也是形成社区凝聚力的灵魂。易地扶贫搬迁的移民基本都是农民,大部分人尤其是老年人对城镇生活方式不适应。通过成立互助组织,在遇到困难时,大家相互帮忙,进而增进信任与感情,也可降低社区管理人员的工作压力。三是社区在节假日或定期组织开展文化活动,让移民之间、移民与原住民之间互相认识和了解,相互理解各村的村风民俗,彼此之间重新建立交际网络,形成新的"熟人社会",破除相互之间的猜疑,逐步消除原住民对移民的排斥心理,最终实现社区大融合。①

推进智慧社区建设,打造服务型社区。近年来,万山通过三方面的工作提升了社区治理能力和服务水平。一是打造"554"社区服务管理新模式。第一个"5"就是在每个社区设立5个服务岗,即党员服务岗、劳动就业服务岗、卫生计生服务岗、社会事务服

---

① 刘静、陈美球、刘洋洋、彭欣欣:《易地扶贫搬迁社会风险及其防控对策》,《江西农业学报》2017年第6期。

务岗以及矛盾纠纷调处服务岗。第二个"5"就是提供5项服务，即党员服务、家政缴费服务、健康养老服务、文化教育服务以及劳动就业维权服务。第三个"4"就是四个方面的治安管理，即治安警务、社区天网、矛盾纠纷调解以及社区流动人口管理。二是抓好"一核多元"社区建设，构建以党组织为核心，由业主委员会、物业管理公司、驻区单位、监督委员会、社工等多种力量构成的治理格局。三是在东西部协作的大格局下，学习借鉴苏州市在社区建设方面的典型经验，借助苏州市的对口帮扶契机推动基层管理体制改革。未来万山的社区要积极转型，以服务好居民为宗旨，充分利用"互联网+"、大数据等信息技术手段，打造智慧型和服务型社区。近年来，万山在社区治理创新和服务模式探索上有了初步的成果，例如形成了"1+4+N"社区格局（"1"即社区党支部，"4"即信息共享机制、活动共办机制、工作考评机制、志愿服务机制，"N"即集网格室、道德讲堂、党员活动室、四点半学校、图书室、幼儿活动室、卫计服务中心等于一体的多功能室），探索推广了"554"服务模式，接下来要继续深化服务模式创新，在社区服务形式上做"减法"，将服务窗口由"多窗口"变为"一站式"，在服务内容上做"加法"，由"单一"变"多样"，真正打造服务型社区。要全方位支持社区做好各项服务，特别是要加快信息数据平台互联互通和信息共享，通过信息共享、大数据比对，让居民办事"最多跑一次"或实现"一网通办"；条件成熟时，把网上公共服务平台联网延伸到社区，实现"就近办、马上办、一次办"，让居民在社区就能办好各项公共服务事项。深化网格化管理模式，充分发挥互联网、物联网、大数据等信息技术作用，搭建社区智慧管理平台，统筹会聚整合社区人、地、物、事、组织及工作情况等各类数据，实现社区信息的全面掌握、社区舆情的及时反馈和社区问题的及时解决；适应移动互联网加速发展的需要，积极推进覆盖范围广、应用频率高的政务服务事项向移动端延伸，实现更多政务服务事项"掌上办""指尖办"。

提高居民参与治理的积极性，营造共建共治共享环境，打造"社区共同体"。近年来，我国城市社区自治在实践中遇到了一些新的问题：在强政府的格局之下，作为社区自治主体的居委会仍然带有较浓的行政色彩；由于我国对社区自治没有一个明确定位，无法厘清它与政府管理的关系，社区自治难以形成一个成熟完善的实践模式；政社不分使得社区承担了大量的社会管理和服务事务，长期处于一种超负荷运转的状态；社区自治运行系统是一个权利与权力交接的多元交叉网络，是一个由居民、政府组织、社区组织、企事业单位等构成的纵横交错的互动网络，存在于社区的各主体都有明确的利益诉求，且利益呈现多元化。这些问题都无法在居民区层面得到解决。因此，依托现实基础，即中国历史传统（强政府、弱社会的管理格局）和社会转型时期的特殊要求，借助于善治理论，探索多元主体共同参与的社区共治，形成社区共治与居民自治交融互动的格局，这是我国社区治理的新方向。"居民自治"是以社区公共议题和居民需求为出发点，居民通过民主协商的方式共同参与社区公共事务的过程；"社区共治"则是指政府、社区组织及单位、其他非营利组织、居民自组织等多方合作形成合力，提供社区公共产品，优化社区秩序，推进社区持续发展的过程。居民自治是社区共治的基础，没有居民自治就没有社区共治。[①] 居民自治不是孤立的，更不是独立的。在中国现有的条件下，没有政府参与，居民自治很难实现。未来社区治理的重点是发挥社会力量，特别是激发居民参与社区管理的积极性，打造共建共治共享的社区共同体。一是社区居委会要通过提供公益岗位、成立志愿者队伍和开展形式多样的活动等方式，积极引导新居民特别是搬迁户群体融入新的生活环境，增强他们对社区的归属感，建设社区生活共同体。二是加快发展地方经济，提供更多的就业机会，让居民经济条件与生活质量得到改善，有时间和精力参与社区治理。三是社区居委会要加强对居民积极参与社区治理的思想引导，充分利用多种形式的宣传营造参与氛围，培育社区居民的民主意识、集体观念和参与精神，形成居民积极参与社区治理的良好大环境。四是建立健全共治平台和沟通机制，建立居民诉求表达机制，畅通居民表达渠道，增强居民参与社区治理的主动性、积极性，构筑村民参与社区治理的内生动力机制。这方面可以借鉴北京朝阳区的"党政群共商共治"社区治理模式，即以群众需求为引导，通过搭建社区、街道两级议事平台，建立社区议事协商会，引导居民参与年度实事项目等的提炼、筛选、论证、决策和监督等协商过程，实现从"行政管理"向"协商治理"

---

① 潘鸿雁:《社区治理新模式:共治与自治互动》,《学习时报》2013年6月24日,第004版。

的转变，以提高民主决策的科学性和民主监督的广泛性，以及居民自我服务、自我管理、自我监督的积极性。

大力发展社会组织，打造"活力共享家园"。调研发现，目前万山社区的治理主要依靠政府和居委会工作人员，社会治理主体单一化的格局没有因为近几年快速转型发展而有所改变。未来的社区治理应打破参与主体单一化格局，除了包含政府机构和居委会之外，还应该包括企业、社区成员、社会组织等多元主体，特别是社会组织具有参与社区治理的独特优越性，能突破政府的局限性，是社区治理的一股重要力量。今后社区治理应大力发展社会组织，集聚各方智慧，打造"活力共享家园"。一是要充分引导和完善已有社会组织的力量，特别是社区社会组织，健全其内部结构。要发挥社区志愿者、老龄协会、留守儿童之家等社区组织作用，通过文化活动、扶贫帮困、环境保护等弘扬正能量。二是大力培育和孵化社会组织，促进民间组织的规范化发展，通过政府购买等方式，鼓励社会组织积极参与社区治理，从而激发社区活力，同时降低社区管理成本。

三、公园与城市

"一个城市的预期就是整个城市就是一个大公园，老百姓走出来就像在自己家里的花园一样。"公园城市理念的提出是习近平总书记交给中国城市发展的时代课题，是城市建设理念的一场革命，是未来城市发展新模式的方向指引。

公园城市的核心是以人为本、美好生活，根本是生态优先、绿色发展，关键是优化布局、塑造形态，目标是回归城市建设的初心——满足人民对美好生活的向往，即塑造人、城、境、业和谐统一的大美城市形态。[①]2014年8月，铜仁市出台了《中共铜仁市委关于推进新型城镇化建设山水园林城市的决定》，万山区随即开启了建设山水园林城市的实践探索，打造了仁山主题文化公园、木杉河湿地公园、长寿湖湿地公园和国家矿山公园等一批绿色"新颜"，市民的居住环境大大改善。土坪社区居民、原贵州汞矿子弟小学教师王湘云说："我们本地搬出去的人，好多现在还想回来居住，大家都说我们现在住公园里了。"新时期，万山应积极推动从打造山水园林城市向创建公园城市转变，实现城市转型后的"二次转型"，持续满足城乡融合发展中居民对美好生活的向往，稳步提升居民幸福感。

公园城市是城市发展的新趋势。"公园城市"是对新时代城市人居环境发展特征的高度凝练和形象概括，究其内涵，实际上是新型城乡人居环境建设理念和理想城市建构模式。[②]作为城市发展的新范式，公园城市理念指出了"公园—城市"关系发展演变的必然方向，完美契合了"满足人民日益增长的美好生活需要成为城市发展建设的根本目标"，是城市规划建设要全面落实"以人民为中心"的城市发展观的生动实践。公园城市理念将以人为本

---

① 李晓江、吴承照、王红扬、钟舸、李炜民、成玉宁、杨潇、刘彦平、王旭:《公园城市，城市建设的新模式》，《城市规划》2019年第3期。

② 王忠杰:《"公园城市"理念内涵和实施路径》，http://www.chla.com.cn/htm/2018/0807/269095.html，2018年8月7日。

作为规划建设的逻辑起点，科学构建城市空间形态，全方位注重生态建设，不断加快产业绿色转型，提升城市宜居宜业宜游品质，实现城市格局更加优化、绿色空间和公共空间更加丰富、公共服务更加均衡、城市功能更加完善、城市形态更加优美、城乡关系更加融合和产业发展更加绿色。基于此，公园城市是提升城市形象和城市品位的有效途径。

近年来，万山区围绕构建"武陵之都·仁义之城"的城市定位，以建成"产业发达、生态环保、文化彰显、宜居宜游"的山水园林城市为目标，重点实施"五个一批"工程，初步奠定了建设公园城市的基础。其中，以"仁"为根、以"德"为魂的仁山文化主题公园彰显着独特的城市仁文化魅力，以汞矿遗址为载体、以朱砂文化为灵魂的万山国家矿山公园——朱砂古镇是"人、城、产"的有机融合，"依江而立，倒影水中，山水一色，妙不可言"的木杉河湿地公园成为市民休闲娱乐的好去处，还有长寿湖国家湿地公园、九丰农业博览园、江南水乡滨河公园……一个个新建和改造的生态公园、文化广场、街头绿地，如同一串珍珠，串起了市民的绿色美好生活，优化了城市发展空间，完善了城市功能，彰显了万山的城市形象和城市品位。

公园城市是提升居民幸福感的内在要求。公园城市理念将"城市的核心是人"作为价值取向，以"让生活更美好"为使命方向，以人民的获得感和幸福感为根本出发点，旨在满足人民日益增长的美好生活需要和优美生态环境需要，避免了传统城市化导致城市与田园割裂情况的发生。公园城市建设是一个理念性的根本转变,是由过去的"在城市里建公园"转变为"在公园里建城市",既是城市发展过程中践行新发展理念的一种战略选择,更是为解决"大城市病"提供了一剂"良药"。城市的公共空间决定着一座城市的文化品质、文明程度和幸福指数,是城市环境的浓缩和多元文化的载体,直接影响到市民生活满意度、幸福感和城市综合竞争力。[①]近年来,随着公众健康意识的增强和休闲文化需求的增长,以公园为主的公共空间越来越受市民青睐,公园成为市民活动交流的重要场所。新的时代背景下,以城市公园为代表的大型公共绿地不仅仅是市民休闲活动的场所,在带动新区可持续发展、引导产业转型和城市更新,以及创造普惠公平的公共文化平台等方面扮演着越发重要的角色,并呈现三个方面的特征:外部特征表现为公园与城市的高度融合,公园与城市在空间上充分耦合、功能上高度融合,城市风貌呈现公园化的特点;内部特征表现为对生态与业态高度关注,通过构建绿色生态基底和循环经济模式来实现城市的可持续发展;核心价值表现为以公众为中心,重点关注群众日常性和公共性需求,强调不同社会群体的普惠公平。

万山公园城市建设的整体思路。公园城市建设不只是简单的建造公园,而是以公园为载体,提升地方经济、生态、社会三重效益。万山区要利用好自身的区位优势、生态环境优势、人文优势和产业优势,以绿地系统和公共空间系统为基础,落实"无公园不城市,先公园后城市"的理念,构建一个以森林公园、湿地

---

① 杨丽东:《把公园打造成公共文化空间》,《佛山日报》2017年2月9日,第F02版。

公园、山体公园、城市公园和社区公园为主体的大中小微公园相结合的立体化、多类型、功能复合的公园城市体系，形成人、城、境、业高度和谐统一的大美城市形态，提升城市品位和竞争力，满足市民群众对美好生活的需要。具体来看，一是以生态为基础建公园，积极实施生态修复，构建城乡一体的绿地系统，打造农业、旅游、集镇、美丽乡村"四位一体"特色公园综合体，提升生态效益，实现城市绿色发展；二是以"服务所有人"为出发点，构建城市、社区多级公园系统，建设城市绿道网络，不断推进公园基本服务均等化和特色化，提升社会效益，实现共享发展；三是以文化广场为基础、美丽乡村为引领、乡村振兴为目标，城乡并举，构建区域风景游憩体系，建设公园化的美丽乡村和特色小镇，提升人民幸福感，实现协调发展；四是以产业园区为支撑，建设公园化创新产业园和特色城市片区，塑造人、城、产和谐统一的城市形态，提升经济效益，实现创新发展；五是以特色公园为依托，以地域文化为媒介，发挥"城市客厅"功能，增强开放空间活力，提升承接国际交往功能，实现开放发展。

公园城市建设需要处理好三个问题。第一，保障机制要协调。公园城市建设是一项系统工程，既需要部门统筹，也需要引入社会力量，还需要公众参与。在建设公园城市的过程中，一要建立部门统筹协调机制，夯实制度保障。尤其是要与碧江区统筹协调，做好交界处的公园规划建设。二要完善市民群众参与机制，一方面可以通过座谈会和问卷调查等形式多样的活动收集群众对规划方案的建议；另一方面可以通过传统媒体和新媒体相结合的手段宣传公园城市建设计划，激发万山人民的积极性和主人翁意识，为城市建设提要求、出思路。三要完善社会融资机制，强化资金保障。政府"输血式"投资无法完全满足公园城市建设的资金需要，因而引进社会融资就具有一定的必要性。对万山而言，可根据实际情况采取 BT（建设—移交）模式、BOT（建设—经营—移交）模式、政企合作模式、土地置换模式和社会认建模式等。[①] 四要建立奖励机制，提升公园建设效率。万山区政府可设立专项资金作为奖励基金，对公园新建和管护给予适当奖励。

第二，规模品质要提升。公园城市格局作为城市空间结构布局优化的基础性配置要素，是一项民生工程和公益性事业，具有长期性和渐进性，因而其建设规模要与城市发展空间、经济水平、生态环境、人的生理尺度和区域功能等统筹规划、协调推进。从整体建设规模来看，一要与城市发展空间相适应。万山可通过控制城市开发建设的高度和密度，统筹考虑立体步行路径，推进绿色交通与绿色空间相结合，保障足够高的城市绿化率和绿化覆盖率，塑造"开门见绿、移步见景、步行入园"的城市形态。既要护绿、增绿，更要管绿、用绿、活绿，构建宜人便民的公园格局，实现森林环城、湿地入城、蓝绿交织、绿道串联的绿色生态体系。二要与城市的经济承载力相匹配，充分考量自身的经济水平，合理规划公园城市建设，确保建设速度、建设规模与城市发展水平

---

① 连玉明：《贵阳城市创新发展报告（白云篇）》，社会科学文献出版社，2017，第90页。

稳步提升。三要与生态环境承载力相符合。锚固全域发展的绿色空间底线，划定生态控制线，严格把控公园建设规模。从公园建设具体规模来看，一要充分考虑地形、地貌、气候等自然条件，以及安全、社会交往和交通便利等社会因素。遵循"以人为本"的宗旨，在满足人正常交往心理空间的同时实现对物理性空间的最大化、最优化利用。二要妥善处理"两大两小"关系。通过城市绿道网络将综合公园、较大规模的专类公园串联起来并延伸连接生态廊道，形成内外一体、有机互通的大公园空间体系，保持其连续性和整体性。三要结合人口分布情况，进一步优化社区公园和公园式乡村文化广场的空间布局与规模大小，做到空间大小合理、人流疏密有致，形成乡村（社区）"小公园"格局。四要依托大型标识建设，打造文化"大符号"，也依托小微型景观小品雕塑，打造文化"小符号"。

第三，功能配置要合理。公园城市强调的是以人为中心，突出"服务所有人"，在推进公园城市建设中，要充分考虑当地群众的需求，注重居民体验，结合产业发展需要，构建功能配置合理、多元的公园系统，力争满足各类人群的个性化需求。目前，万山区公园体系和功能配置还不够完善，尤其是社区（乡村）公园比较缺乏。为此，一要分级分类配置，针对不同人群、不同游憩需求，形成"风景郊野自然公园—综合公园—社区（乡村）公园—游园"多种类型、多个主题、多层级的公园体系。二要加强公园基础设施配置，提升休闲服务功能。对公园绿地中的儿童游乐、体育健身等基础性服务设施，尤其是社区（乡村）公园这一层级，应按照分级配置的原则,满足不同年龄段、不同休闲偏好的使用人群的基本需求。[①] 三要提升以双创产业园、朱砂工艺品产业园和九丰农业博览园为代表的产业园和特色小镇生产、生活、休闲功能,使园区环境公园化、功能多元化,实现农耕文明、工业文明和生态文明交相辉映,塑造人、城、境、业和谐统一的城市形态。[②]

树立系统思维,统筹谋划城市规划建设管理。城市的规划、建设与管理不是独立的,而是相互关联、相关影响的。在推进城市转型升级的道路上,决策者要树立系统思维,统筹谋划和考虑。其中,谢桥新区作为万山城市异地转型的主要承载区域,近年来建设发展迅速,规划一直处于动态调整过程中。接下来应在谢桥核心区、北区、南区控制性详细规划的基础上,着手编制谢桥片区的整体性规划,针对人口规模、城镇建设用地规模、基础设施承载力的设计要进一步突出前瞻性,同时强化人口、土地、产业、空间、生态"五规合一",建立多部门联动机制,形成统一的空间规划体系,以保障新区的可持续发展,避免像一些大城市那样出现因"规划失灵"或"规划缺失"而导致"城市病"的问题。作为谢桥新区"一体两翼,比翼双飞"空间布局的重要一翼,仁山街道过去几年的建设同样进入了快车道,基础设施逐步完善,一大批重点工程项目相继完工,城市面貌发生了巨大变化,但是城

---

① 风景分院-北京公司二所研究团队:《公园城市系列谈(三):响应"公园城市"理念的风景园林途径与策略》,https://www.sohu.com/a/235685083_563997,2018年6月14日。

② 陈规:《成都将怎样建设公园城市?》,《建筑时报》2018年5月21日。

市快速建设发展的同时也伴随着规划滞后于建设、建设质量有待提高、空间布局不合理以及公共产品和服务供给不足等问题。目前，万山已经启动了村庄规划工作，规划立足于现有的村庄人口、设施条件和产业基础而编制。着眼未来，村庄规划应进一步把握城乡融合的发展趋势，在基础设施和产业布局上预留足够空间。同时，城市规划要与村庄规划相协调，村庄规划要与城市建设发展相衔接。总之，不管是城市规划还是村庄规划，都要提高前瞻性和科学性。关键是要认识、尊重和顺应城市发展规律，转变城市工作理念，坚持规划先行与建管并重相结合，从更加注重速度型城市建设向更加注重质量型城市建设转变，从规模粗放型发展向内涵式发展转变，引进科学的规划理念和一流的规划团队做好城市规划，推动城市有序建设、适度开发、高效运行，提高城市精细化管理水平和精准化治理能力，努力打造和谐宜居、富有活力和特色鲜明的现代化城市，让人民的生活更美好。

第三节 安全感：转型中的社会治理

获得感、幸福感、安全感这"三感"含义不同但又存在紧密关系。从人民对美好生活的诉求来说，获得有量的多少之差，幸福有质的高低之别，在感知上两者既有交合又有不同。安全感则对获得感、幸福感具有保证意义。没有安全作保证，获得多了也有失去的危险；失去了安全保障，生活幸福无从谈起。对于个体而言，有了获得感，就会追求幸福感，进一步形成对安全感的需求。从政府角度来说,提高社会安全感,必须认真分析转型时期社会安全形势和重点问题,以社会综合治理工作为抓手,升级社会治安防控体系,严厉打击各类违法犯罪活动,从源头防范和治理各种风险隐患,切实维护公共安全,提高防灾减灾救灾和应急管理能力,保障空气、水、土壤等环境安全,为人民安居乐业、社会安定有序、城市可持续发展提供坚强保障。

一、维护社会安全稳定

平安是老百姓解决温饱后的第一需求,也是最基本的发展环境。近年来,万山区深入推进平安万山建设,天网工程在万山各乡镇(街道)已安装3000多个监控器,基本实现了全方位收集信息,且自动实时统计、鉴别、预警,运用大数据完善社会治安管理体系;大力实施"雪亮工程",建成了区、乡、村三级视频会议系统和95个村(社区)视频监控点;挂牌成立区、乡、村三级综治中心,构建了"四室一厅""一中心两会五员"网络体系,建立了综治信息系统、综治视联网系统、公共安全视频监控系统三大系统,逐步实现了对全区社会治安状况的实时监控、分析研判、指挥调度、应急处置等业务的可视化、智能化、扁平化目标;深化网格化管理,网格化信息平台实现了城乡统筹全覆盖;突出打击各类违法犯罪,深入开展扫黑除恶专项斗争和打击"盗抢骗""黄赌毒"等专项行动,有效净化了全区社会治安环境,2017年万山区被评为贵州省平安建设示范区。另外,作为铜仁市城市基层管理体制改革试点社区,万山区谢桥街道冲广坪社区以铜仁"平安警务云"大数据平台为支撑,创建了网格化智慧城市管理平台,将各级部门的"碎片式"安防建设系统平台打通,通过小区视频监控全覆盖、智能红外周边报警、人脸精准识别、车辆智能管理、智能人流分析及政府社会管理、居民生活服务智能化等功能,实现了"零发案",成为万山智能平安小区的引领者,其经验已在万山区、铜仁市推广,也得到贵州省相关部门的充分肯定。

除了社会治安防控体系建设,万山区在构筑大调处服务格局、积极化解社会矛盾方面也形成了一套行之有效的做法——"四包、四定、六结合"工作法,并成功申报全国信访工作"三无县"。"四包"即包调查了解、包人员稳定、包矛盾化解、包矛盾纠纷化解成功,成功一个、归档一个;"四定"指定领导、定专人、定目标、定期限;"六结合"指排查调处矛盾纠纷与促进农业生产相结合、与加强社会治安相结合、与促进机关作风转变相结合、与驻村干部相结合、与干部晋级晋职和评优相结合、与干部职工年度报告绩效考核相结合。在此过程中,万山区建立健全了八项工作机制,即便民利民机制、专业调处机制、领导包案机制、排查分析机制、协调联动化解机制、滚动式排查机制、接访下访机制和责任追究机制。万山镇党委书记杨尚英的一段话令人印象深刻,"2014年以前,万山人出去不太好意思说自己是万山人,一说是万山人,就可能被贴上贫穷、落后、上访、闹事、野蛮和浑不讲理的标签,但是现在这一页彻底翻过去了,很少再有人上访闹事,因为他觉得我们家乡发展起来了,有事做了,忙得没心思和精力上访闹事。"经济发展是根本,但矛盾纠纷大调处机制无疑也在其中发挥了重要作用,矛盾少了,社会安定了,人们的安全感自然增强了。

未来深化平安万山建设,进一步提升百姓的安全感,应在以下三个方面继续着力。一是做好社会治安防控体系建设长远规划,更加重视现代信息技术的综合应用。随着万山城市化进程加速,违法犯罪和各类社会矛盾一段时间内可能会增加,必须长远考虑,把社会治安防控体系建设与经济社会发展和城市总体规划统筹起来。加大人力、财力、物力和技术投入力度,全面实施天网工程、雪亮工程,按照既定目标,把智能零发案小区的创建作为社会治安综合治理的重要抓手稳步推进,力争3年实现城乡全覆盖。要积极推进扫黑除恶专项斗争,打击以把持基层政权、垄断农村资源和村霸等为主的农村黑恶势力,加大案件侦办力度,公检法和纪检监察机关要相互配合,通力协作,形成扫黑除恶工作合力,确保问题线索快速核查、快速立案、快速侦办,尤其是要全力"破网打伞",深挖细查藏在黑恶势力背后的"关系网",把保护伞揪出来,严肃惩处。大数据时代,如何实现基础信息的整合与共享成为及时防控的重要前提。在社会治安防控体系建设中,要推进与天网工程、雪亮工程等的对接,加强与综治平台、网格化平台等的融合,建立信息整合与共享机制,为治安防控体系建设提供全方位信息支撑。二是深化矛盾纠纷多元调处机制建设,更加注重法治在其中的作用。法治具有固根本、稳预期、利长远的保障作用。党的十八届四中全会和十九大均对依法治国提出了新要求。

在新时期，社会矛盾纠纷主体多元化、成因复杂化，调处难度大，要建立人民调解、司法调解、行政调解相衔接的联动机制，形成部门协作、上下联动、齐抓共管、多元化解重大疑难复杂矛盾纠纷的新格局。要树立法治思维，更多运用法治方式化解社会矛盾、维护社会稳定，特别是要注重发挥律师在促进社会公平正义、维护社会和谐稳定方面的重要作用。鼓励律师参与公共法律服务，打通法律服务群众的"最后一公里"；全面推行政府法律顾问制度，发挥律师在重大决策、重大工程、重大项目等实施过程中的法律顾问作用；推动律师参与信访工作和矛盾调处工作，把矛盾纠纷推上法治轨道上解决。三是建立健全平安创建社会参与机制，更加重视广大群众的作用。发挥群众的作用是我国社会长期保持稳定的一个法宝，也是降低维护社会安全稳定成本的有效途径。坚持群众观点和群众路线，拓展人民群众参与平安创建和公共安全治理的有效途径，顺应移动互联网发展的时代趋势，积极搭建群众参与的便捷平台。大力发展治安志愿者、民间巡逻队等社会力量，建立激励机制，完善考核措施，发挥他们在平安创建中的生力军作用。把公共安全教育纳入国民教育和精神文明建设体系，持续推动安全教育进企业、进农村、进社区、进学校、进家庭，加强安全公益宣传，动员全社会的力量来维护公共安全，持续保障平安万山建设成果。

二、做好防灾减灾救灾

防灾减灾救灾工作事关人民群众生命财产安全，事关社会和谐稳定，事关城市永续发展。党的十九大报告明确要求"提高防灾减灾救灾能力"。近年来，万山通过各项社会管理内容系统化、精细化，认真落实安全生产责任制，保持了安全生产总体稳定态势，增强了防灾减灾救灾能力。下一步，万山区要结合本地区塌方、滑坡、泥石流等地质灾害和洪涝、干旱、低温凝冻等自然灾害的区情特点，以重构大应急系统为契机，加快打造一支专常兼备的现代化综合性消防救援队伍；以风险管理为先导，建立安全生产"双控"长效机制和基层安全生产网格化监管体系；把握各种灾害的不同特征，以加强基层应急救灾保障能力为重点，提升全区防灾减灾救灾水平。

强化风险管理。当今世界处于高风险时代，各种风险层出不穷，且有愈演愈烈之势。处于转型期的中国，特别是城市，所面临的风险更为复杂、多元，公共安全事件多发频发。城市是一个复杂的有机体，城市公共安全涉及人们生活的方方面面，一旦出现问题就会牵涉各方利益，影响整个社会的稳定和发展，而后果往往随着危机的恶化而加剧，特别是在移动互联网时代，单体的突发事件极易被放大为群体的社会危机，造成巨大的损失。[1] 因此，政府必须加强风险管理。风险是指突发事件发生的不确定性，对风险的判断主要取决于风险发生的概率和造成的损失程度。实践中，管理者由于风险意识不强，容易产生过分自信现象，陷入风险的认知误区，最终导致重大风险发生。缺乏风险意识主要表现

---

[1] 李彤：《论城市公共安全的风险管理》，《中国安全科学学报》2008年第3期。

在两个方面：一是对发生概率小、造成巨大损失的重大风险事件（"黑天鹅"事件[①]）缺乏警惕性；二是对发生概率高、未来潜在损失巨大的重大风险事件（"灰犀牛"事件[②]）缺乏防范意识。加强风险管理，首先要建立完善的风险识别机制，这是风险防范的第一步。一方面，以推进形成安全生产风险辨识和隐患排查治理双重预防控制机制为抓手，建立基层安全生产网格化监管体系，依托既有城市网格化管理系统或单独建立安全生产基层网格体系，形成安全生产隐患排查横向到边、纵向到底、责任到人的工作体系。另一方面，运用大数据等现代信息技术，构建重大风险的信息基础数据库，实现各类风险信息的采集、整合和共享，并建立重大风险监测与预警平台。此外，还要建立健全风险评估机制、风险防控协同机制和风险防控责任机制，构建风险管理完整链条，实现重大风险无缝隙防范化解。

深入治理地质灾害隐患。万山区属于典型的喀斯特地貌，地质结构较为复杂，万山镇作为矿区所在地，地质结构尤其不稳定，极易发生塌陷、滑坡等自然灾害。虽然万山区对很多地质灾害点的居民实施了易地扶贫搬迁，降低了因发生地质灾害威胁群众生

[①] "黑天鹅"事件：指非常难以预测，且不寻常的事件，通常会引起市场连锁负面反应甚至颠覆。一般来说，"黑天鹅"事件是指满足以下三个特点的事件：具有意外性；产生重大影响；虽然具有意外性，但人的本性促使我们在事后为它的发生编造理由，并且或多或少认为它是可解释和可预测的。

[②] "灰犀牛"事件："灰犀牛"是与"黑天鹅"相互补充的概念，"灰犀牛事件"是太过常见以至于人们习以为常的风险，"黑天鹅事件"则是极其罕见的、出乎人们意料的风险。

命的风险，但是地质灾害风险并没有解除，灾害一旦发生不仅会给该地区的基础设施、农业生产和居民生活带来严重影响，还可能给正在快速发展的朱砂古镇旅游业带来负面影响。大冲村党支部书记吴战成说，"村里面有一个地质灾害点，我真的担心，如果滑坡的话，产生的泥石流会给下面的校区带来危险。"因此，万山区要进一步加强地质灾害监测，摸清全部地质灾害隐患点，运用巡查员、物联网、大数据等综合手段，提高监测预警水平；根据可能发生的崩塌、滑坡、泥石流、塌陷等不同地质灾害种类，有针对性地采取移民搬迁、工程治理等措施，彻底解决地质安全隐患问题。

以防范低温凝冻灾害为重点全面加强基层应急救灾保障能力建设。万山区可能发生的自然灾害类别多样，包括低温凝冻、冰雹、大风、雷电、暴雨、大雾等灾害性天气。特别是每年的12月到次年2月，万山区极易发生低温凝冻天气，平均每年要持续26.5天。凝冻严重时导致电线结冰、交通阻断、房屋倒塌、生活物资告急，给群众生产生活带来严重影响。2008年的低温凝冻灾害让人至今不敢忘记，虽然从那以后全区抗灾能力有了显著提升，但仍然不能掉以轻心，关键是要构建强大的基层应急救灾保障能力。要全面提升区级应急物资储备中心备灾能力，积极推进乡镇街道应急物资储备库和重点景区、企业、社区等应急物资储备点建设，完善救灾物资代储机制和社会化储备机制，提升物资保障能力；按照"层级化储备，立体化调用，网络化保障"的思路，落实灾害防范救援"一体化"要求，不断提高灾害救助能力。

推进海绵城市建设,做好防洪防旱工作。万山区位于亚热带季风气候区,夏季降雨量丰富,极易产生洪涝灾害,且暴雨多在夜间暴发,危害极大。万山新城建设刚刚起步,城市排水分流系统处于建设阶段,预防城市内涝的措施与方案还需提前规划。另外,万山区夏季易受到西太平洋副热带高压带的影响,易出现持续的干旱天气,对农业生产和居民生活影响巨大。因此,万山除了要做好防洪防旱的常规工作,更要全力推进海绵城市建设,让水在城市中的流动更加"自然",实现下雨时吸水、蓄水、渗水、净水,遇到干旱需水时将蓄存的水"释放"出来。① 一要盘活城市的河流、草地、森林和水利工程等,提高水流畅通率;二要加强荒地、荒山治理,提高植被覆盖率,培育新的蓄水系统;三要修复或扩建陈旧水库、山塘,保障区域供水稳定;四要加强污水治理,做好水资源循环利用。

以应急管理机构改革为契机,打造现代化综合性消防救援队伍。2018年启动的新一轮党和国家机构改革,整合安全生产、应急管理、公安消防、民政救灾、国土地质灾害防治、水旱灾害防治、草原森林防火、抗震救灾等众多职责,组建了应急管理部,省、市、县新的应急管理机构也将全面建立。万山区应以机构改革为契机,尽快形成"统一指挥、专常兼备、反应灵敏、上下联动、平战结合"的新型应急管理体制。以综合性消防救援队伍为主体,着力培养各类应急专业队伍和兼职队伍,形成统一部署、统一指挥、统一

---

① 翟立:《海绵城市:让城市回归自然》,《中国建设报》2014年11月3日。

调度的应急救援力量；建立区、街道、社区（村）上下联动的应急管理机制，推动信息化作业，提高应急反应速度；按照平战结合的要求，加强日常训练，提高应急救灾能力，确保任何灾情一旦发生，第一时间就近派出救援力量，最大限度地减少灾害对人民群众的影响，最大限度地保障人民群众的生命财产安全，最快速度推进灾后重建。

三、加强环境污染防治

习近平总书记强调，生态文明建设是关系中华民族永续发展的根本大计，生态兴则文明兴，生态衰则文明衰；我们要坚持人与自然和谐共生，坚持节约优先、保护优先、自然恢复为主的方针，像保护眼睛一样保护生态环境，像对待生命一样对待生态环境，让自然生态美景永驻人间，还自然以宁静、和谐、美丽。

近年来，在推进转型发展过程中，万山区为了治理历史遗留汞污染，加快了生态修复进程和加强了环境监管能力建设，截至2018年9月底，万山已完成中央土壤污染防治工程项目9个，涉及资金11429万元。同时，坚决关停超标排污涉汞企业，不再审批新的涉汞企业。在农村，万山2017年开始实施"五改一化一维"工程，两年完成"五改一化一维"近5万户，农村人居环境得到了极大的改善。总体上，全区环境保护取得了很大成绩，环境面貌焕然一新。但不可否认，万山区环境污染防治任务艰巨：涉汞企业尾气排放不能稳定；农业面源污染、畜禽养殖污染等问题依然存在；历史遗留重金属污染治理任务重、治理难度大、治理技术欠缺等。未来万山的环境治理工作重点应从以下三方面出发。

首先，以全国第二次污染普查数据为依据，以重金属污染特别是原贵州汞矿开采遗留的采矿废石、炼汞废渣为重点，制定重点污染源治理规划和行动方案，明确路线图和时间表，积极争取中央、省市资源型城市自然生态修复专项资金或区域生态补偿基金。同时，采取PPP等方式，发挥公共财政的引导作用，对具有一定经济效益的生态修复项目，按照"开发式治理、市场化运作"模式，给予财政贴息、投资补助等优惠政策，支持和鼓励社会资本参与生态修复建设并获得收益。总之，要采取各种方式，加大治理力度，限期完成重点污染源治理，最终实现"让老百姓呼吸上新鲜的空气、喝上干净的水、吃上放心的食物、生活在宜居的环境中、切实感受到经济发展带来的实实在在的环境效益"的愿望。

其次，针对工业企业污染，要继续守住不新批涉汞企业的底线，同时大力推进循环经济发展。将清洁生产、资源综合利用、生态设计和可持续发展等融为一体，从而实现废物减量化、资源化和无害化，达到经济系统和自然生态系统的物质和谐循环，维护自然生态平衡。围绕资源高效循环利用，积极开展替代技术、减量技术、再利用技术、资源化技术和系统化技术等关键技术研究，突破制约循环经济发展的技术瓶颈。[①]

最后，将农村人居环境整治作为实施乡村振兴战略的重点，

---

① 王小明：《我国资源型城市转型发展的战略研究》，《财经问题研究》2011年第1期。

以农村垃圾和污水处理为抓手,在继续实施"五改一化一维"工程基础上,全面实施人居环境整治三年行动计划,将农村人居环境提升到一个新水平。目前,万山区已经建立城乡生活垃圾"户分类、村收集、镇转运、区处理"机制。城镇周边村庄的生活污水已纳入区污水处理厂集中处理,农村生活垃圾与生活污水建设项目也已提上日程。在此过程中需要注意几点。一是农村生活垃圾处理方式要因地制宜、接地气。分类是做好垃圾处理工作的第一步,也是难点,不规划好这一步就容易陷入形式主义,难以取得实际效果,甚至半途而废。在这方面,一些地方已经探索出成功做法。比如,浙江省金华市采用"两次四分法",形成了长期可持续的资源化利用模式。第一步,将垃圾分为"会腐烂"和"不会腐烂"两类,投入由政府给农户发放的两个垃圾桶;第二步,将"不会腐烂"的垃圾分为"好卖""不好卖"两类,由县里统一处理。该方法的最大特点是让农民兄弟一学就会、一看就懂,简单易行便于推广。收集、转运、处理等环节也是一样,都要探索适宜农村的办法,同时积极借助二维码、GPS定位等科技手段,加强垃圾处理各环节监管。二是建立垃圾处理激励约束机制。调研中,鱼塘乡大坡村村民周安培表示,村里发放了几个垃圾箱,坏了也没有人管,垃圾满了很久才来拉去倒,而且杉木冲组有600多人,只有三个垃圾桶,根本不够用。针对这些现象,一方面,健全区对街道、街道对村(社区)、村(社区)对保洁队伍和主管单位对清运处理企业的考核督查机制,做到每周一抽查、每月一督查,对工作进展不快、存在问题较多、群众意见较大的村要求认真分析原因，限期整改。另一方面，建立对街乡、村（社区）、企业的考评奖励制度，比如在每村均可获得的补助资金之外，对每次考核排名靠前的村（社区）另外给予加倍奖励。三是建立垃圾处理的长效机制，需要有持续的财力与动力作为支撑，形成制度化的工作机制。一方面，需要政府加大财政保障力度，建立区、街乡两级经费承担保障机制，并列入财政预算。另一方面，按照"政府引导、群众参与、市场运作、村民自治"的思路，积极调动广大群众参与到垃圾处理产业中来。比如，引导民间力量参与垃圾分类处理。在垃圾减量化、资源化处理方面，进一步探索高价值可回收物的市场化回收机制，用市场化手段激励基层从源头开展垃圾分类回收。

目前，乡村环境治理效率低下的一个重要原因，就是参与治理的力量过于单一，通常情况下只有政府在负责。要走出当前的困境，政府应转变观念，破除包揽性思维，为引入社会力量参与污染防治预留出充足的空间，以实现政府、企业、村民、环保组织、科研院校等多方力量共同参与和共同治理，唯此才能从根源上真正改变农村环境治理失灵的现状，实现乡村社会环境善治的目标，还大自然蓝天白云、繁星闪烁、清水绿岸、鱼翔浅底。[1]

---

[1] 徐鸿:《社会公众参与水污染防治面临的问题与应对策略》,《水利规划与设计》2016年第1期。

第五章

高质量发展：跳出转型看未来

转型与发展，是全球化背景下的世界潮流，也是我国面向2035年及至本世纪中叶的国家战略。万山作为一个资源枯竭型城市，在经历了发展观念、结构形态乃至运行模式的调整与转变之后，特别是进入后脱贫时期，转型再出发就是要找到一条更高质量、更有效率、更加公平、更可持续的城市发展之路，这是一个战略选择，更是一项紧迫任务。未来从何处破局？推动转型再平衡、实现高质量发展需要新空间、新定位、新引擎（见图5-1）。

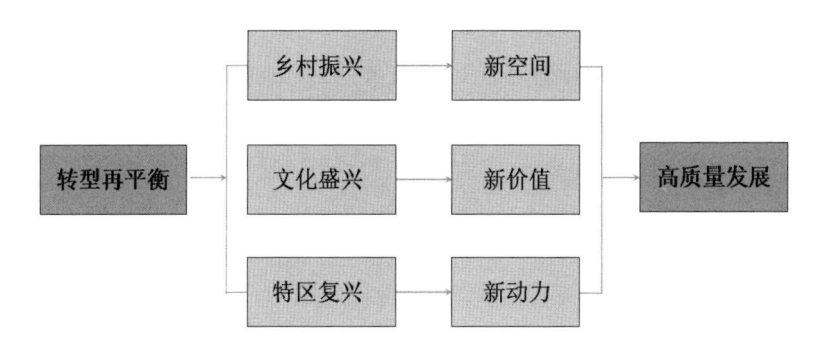

图5-1 转型再平衡与高质量发展的路径载体

第一节 乡村振兴：做好脱贫攻坚的接力

中华人民共和国成立以来，特别是改革开放40年来，中国城市经历了波澜壮阔的发展变迁,成为发展的绝对主角。2018年,当我国城市化率达到59.58%,经济发展进入新常态的时候,中国特色的新型城镇化也进入了新阶段。[①] 其中,非常重要的一个变化趋势就是要由过去的"从农村到城市"转变为"从城市到农村",或者说是城乡二元共生、双向流动。这决定着全面小康社会的成色和现代化的质量。正是基于对发展规律的深化认识,党的十九大提出乡村振兴战略,此后,中共中央、国务院印发《关于实施乡村振兴战略的意见》,编制《乡村振兴战略规划(2018—2022年)》,习近平总书记发表一系列重要讲话,明确了从"三个全面"[②]到"五个振兴"[③]再到"三总一保障"[④]的新理念、新思想、新部署。乡村振兴已然成为脱贫攻坚、全面小康的续篇,成为中国特色新型城镇化实现高质量发展的重要发力点。

从万山区的转型发展来看,在推动"产业原地转型、城市异

---

① 国家统计局:《中华人民共和国2018年国民经济和社会发展统计公报》,http://www.stats.gov.cn/tjsj/zxfb/201902/t20190228_1651265.html,2019年2月28日。
② 在2017年底召开的中央农村工作会议上,习近平总书记从农业、农村、农民三个维度,强调要举全党全国全社会之力,"推动农业全面升级、农村全面进步、农民全面发展,谱写新时代乡村全面振兴新篇章"。
③ 2018年3月8日,习近平总书记在参加十三届全国人大一次会议山东代表团审议时,从推动乡村产业振兴、人才振兴、文化振兴、生态振兴、组织振兴五个方面,系统阐述了乡村振兴的目标任务和实现路径。
④ 2018年9月21日,在主持中共中央政治局第八次集体学习时,习近平总书记进一步系统阐述了农业农村现代化是实施乡村振兴战略的总目标,坚持农业农村优先发展是总方针,产业兴旺、生态宜居、乡风文明、治理有效、生活富裕是总要求,建立健全城乡融合发展体制机制和政策体系是制度保障。

地转型"的基础上,下一步的发展重点与发展空间都在农村。[①]
重新认识、重新评估、重新建构乡村价值,是万山巩固脱贫攻坚、实现全面小康的良方,更是实现转型可持续发展的必经之路。2018年9月,万山脱贫出列,脱贫攻坚取得阶段性成果。以此为基础,万山推进乡村振兴要率先起步,通过抓重点、补短板、强特色,以多规合一创新乡村发展模式,以绿色农业激发乡村经济活力,以乡村旅居推动城乡融合发展,从而高质量地打赢脱贫攻坚战,探索中国特色新型城镇化发展的新路径、新模式。

一、以"多规合一"推动六种类型乡村分类规划建设

习近平总书记在谈到城市规划时曾指出,城市规划在城市发展中起着重要引领作用,考察一个城市首先看规划。规划科学是最大的效益,规划失误是最大的浪费,规划折腾是最大的忌讳。长期以来,"乡村建设无规划,只见新房不见村"的问题一直困扰阻挡着我国农村地区的发展。因此,"乡村振兴,规划先行"已成共识。历史上的万山,先有产业后有城市,缺乏规划的基础和传统。时至今日,万山转型发展的速度很快,某种意义上来说也是一种超常规。在这种背景下,做好乡村规划的重要性进一步凸显。目前,铜仁市已经开展了乡村振兴战略规划研究,万山区已经启动了村

---

① 2011年万山撤销特区调整行政区域规划,谢桥街道、茶店街道、鱼塘乡、大坪乡、仁山街道先后划入万山区,万山区行政区域面积不断扩大,农村空间进一步拓展,大片农村空间成为承接城市功能转移、优化的主要载体,为万山区转型可持续发展提供了空间条件。

庄规划工作。如何真正从实际出发,编制出"村民易懂、村委好用、乡镇能管"的乡村规划,是万山推进乡村振兴亟待解决的问题。

乡村不同于农村,其生产生活方式更加都市化,体现现代文明。乡村区别于城市,其生产生活空间更加生态化,留住田园风光。乡村是生产、生活、生态的复合体,相比于城市而言,乡村"三生"空间的混合性更强,生产、生活、生态是交叉融合的。乡村规划绝不仅仅是传统意义上的一张土地利用现状图、一张土地利用规划图、一份说明书的概念,本质上乡村规划是对乡村社区治理进行规划,是构建一套城乡融合发展的新模式,既涉及土地的问题、设施的问题,也包括人的问题,还涵盖产业的问题。因此,乡村规划必须强化人口、土地、产业、空间、生态、文化"多规合一"的理念,探索按照产业发展型、生态保护型、城郊集约型、乡村旅居型、文化特色型、功能整合型等六个类型乡村分类规划建设的模式。

从铜仁市整体推动实施乡村振兴来说,应尽快根据《城乡规划法》《文物保护法》《非物质文化遗产法》《历史文化名城名镇名村保护条例》《中共中央、国务院关于实施乡村振兴战略的意见》《乡村振兴战略规划(2018—2022年)》等法律法规及政策文件,选取万山区等区县为试点,在铜仁市级层面制定一个指导开展乡村规划建设的意见,明确乡村规划建设的规模、标准、风貌、时序、考核等,以此指导区县因地制宜地开展乡村规划建设。

在此基础上,万山要在区级层面基于乡村的整体发展编制一套规划导则,统筹山水林田湖草系统,重点对乡村空间形态、产业布局、生态保护、基础设施、公共服务、历史文化等进行全面规划、系统设计,推动多规合一、多部门联动。在具体操作过程中,各个村庄应立足自身的资源禀赋、生态底蕴和比较优势,选择规划设计导则中相应的菜单选项细化规划内容,在坚持规划统一性的前提下,按照产业发展型、生态保护型、城郊集约型、乡村旅居型、文化特色型、功能整合型等六个类型,规划建设各具特色、不同风格的乡村,而不是面面俱到、统一模式。

产业发展型乡村规划主要是选择产业优势和特色明显的村庄,按照"一村一品"的思路,以产业规划为切入点,推动农业生产集聚、农业规模经营、农业产业链条延伸,强化产业带动效应。生态保护型乡村规划主要是选择生态环境优质、自然条件优良的村庄,按照"田园社区"的思路,以生态规划为切入点,以生态环境保护为依托,建设田园综合体,把生态环境优势变成乡村发展的优势。城郊集约型乡村规划主要是选择紧邻城区、交通便捷的村庄,按照"特色小镇"的思路,以空间与功能规划为切入点,打造小而精、小而美、小而特的特色村庄,承接城区功能,拓展城区发展空间。乡村旅居型乡村规划主要是选择具有旅游资源、适宜休闲旅居的村庄,按照"乡村旅居"的思路,以休闲旅居发展规划为切入点,布局休闲农场、家庭农庄、旅居会所的建设,探索乡村旅居的全新发展模式。文化特色型乡村规划主要是选择文化资源丰富,具有特殊人文景观,包括古村落、古建筑、古民居以及传统文化等的村庄,按照"传统活化"的思路,以文化保护与发展规划为切入点,打造一批文化特色型乡村,延伸发展文化创意类产业。功能整合型乡村规划主要是选择农业资源丰富、基础设施发展比较均衡的乡村，按照"有机融合"的思路，以设施与服务规划为切入点，统筹设施、服务、空间、产业与文化，打造一批功能完备的乡村，探索生产、生活、生态一体化发展模式。

非常重要的是，万山编制乡村规划应进一步把握未来城乡融合的发展趋势，在基础设施和产业布局上预留足够空间。城市规划要与乡村规划相协调，乡村规划要与城市建设发展相衔接。目前万山城乡融合的趋势已经越来越明显，已经出现了一批返乡致富的能人，他们有的既在城市有产业，又回到家乡创业，呈现城乡两栖的特点，有的返乡发展，生活工作都回归乡间。另外，通过招商引资的方式，一批龙头企业落户乡村。这些城市要素向农村集聚，对村庄的基础设施、配套服务、居住环境等都提出了新的要求，编制乡村规划要充分考虑这些因素，避免出现规划滞后于发展的问题。

公众参与是避免传统规划失灵的一个重要制度。万山在乡村规划编制过程中，要以村民的客观现实需求为出发点，以满足村民的意愿为基本衡量标准，基于脱贫攻坚过程中已经初步形成的多元化社会参与体系，进一步建立健全村民的利益表达机制，引导村民参与规划制定、编制、审批、实施等各个环节。这也是在乡村振兴过程中，提升村民参与治理乡村事务的能力，构建兼具乡土性与现代性的乡村治理新模式的一个重要场景。

切实推进乡村规划与设计落地实施，还必须建立健全一套保障体系。当前，最重要是在资金投入、要素配置、公共服务、干部配备等方面采取有力举措，保障乡村规划有效实施。要把乡村振兴战略与巩固脱贫攻坚成果、生态环境保护等工作结合起来，整合人力、物力、财力，形成合力推进乡村规划落地实施。强化实施过程中的监督检查和责任追究，确保一张蓝图绘到底、一张蓝图干到底，从整体上提高乡村建设的质量和水平。

二、以产业链、创新链、价值链推动绿色农业发展

"绿树村边合，青山郭外斜。"绿色，是乡村的本色、底色、原色。习近平总书记深刻指出，推进农业绿色发展是农业发展观的一场深刻革命。万山作为一个资源枯竭型城市，对于绿色发展观的理解尤为深刻。万山经历了从"资源依赖"向"绿色发展"的转型过程，其中，依托绿水青山的生态环境优势，引入九丰农业等现代农业企业，推进大棚蔬菜产业发展，打造"绿色农业、旅游农业、智慧农业"品牌，是万山逐步摆脱"资源主导"束缚的重要举措之一。应该说，万山发展绿色农业具备天然的优势，同时在转型发展中也初步形成了龙头企业、技术人才、产业链条等基础条件。[1]农业是典型的链条式产业，发展绿色农业还要从链条入手。着眼未来，围绕产业链打造创新链，提升价值链，实现"三链融合"，打造"高、精、尖、新"的绿色农业，是万山以农村这个新空间撬动高质量发展的重要抓手。

---

[1] 万山区在汞工业发展兴盛时期，资源向城镇集聚，农村发展得不到重视，传统农业生产方式落后，农业长期处于"积贫积弱"的状态。伴随"两个转型"发展战略的推进和扶贫攻坚的开展，万山不断引导社会资金、项目、企业进入农村，通过农业龙头企业带动农业产业化发展，农业成为万山转型的发力点。

农业绿色发展所需要的技术、资金、人才等，对农户来说依然门槛较高。必须推进经营体系的绿色变革，通过发展适度的规模经营，让农业绿色发展融入农业生产、经营各个环节，带动农户步入农业绿色发展轨道。[①]结合万山农业发展的实际情况，应进一步探索"龙头企业＋合作社（基地）＋农户"的产业链经营模式。由目前已经形成一定规模的九丰农业等龙头企业，通过订单农业、股份合作、全程（半程）服务等形式与合作社（基地）形成紧密合作关系，构建"市场牵龙头、龙头带基地、基地联农户"的农业产业链经营模式。在目前已有的基础上，万山重点要在加工、服务、功能三个环节上补齐短板。一是着力提高农产品加工水平，特别是精深加工及综合利用水平，延长特色农产品产业链条，形成"资源—加工—产品—资源"的循环发展模式。[②]二是着力推动农业服务业发展，培育农业生产型服务主体，为农民提供产前的培训、信贷、农资采购等服务，产中的信息咨询、技术支持、标准指导等服务，产后的加工、流通、销售等服务。三是发展与农业产业链相配套的农产品批发市场、电商园区、物流园区，加强区域性储藏、运输和冷链设施建设，推动农业龙头企业集群与专业批发市场和电商园区连接。

发展绿色农业，最根本的是要在农业生产领域加快普及一批先进适用的绿色农业技术，推动绿色生产方式落地生根。这是实现农

---

① 余欣荣：《全面推进农业发展的绿色变革》，《人民日报》2018年2月8日，第010版。

② 同上。

产品安全、生态安全、资源安全和提高农业综合经济效益协调统一的基石。2017年中办、国办印发《关于创新体制机制推进农业绿色发展的意见》，2018年农业农村部印发《农业绿色发展技术导则(2018—2030年)》，提出要"重点研发一批、集成示范一批、推广应用一批"的绿色技术创新和示范推广。根据这些指导性政策，万山要依托龙头企业建立技术创新中心，把发展绿色农业的创新主体、创新资源、创新需求集聚起来，形成绿色农业发展的创新场景，大力开展以需求为导向的应用型研究，真正形成优质、安全、特色农产品供给，提高绿色农业的核心竞争力。万山区敖寨乡"622"分配模式入选"伟大的变革——庆祝改革开放40周年大型展览"，应进一步在绿色农业发展方面探索形成可复制、可推广、操作性强的技术措施、生产模式、管理方法，发挥示范推广、引领带动的作用。

绿色农业的价值最大化体现为农业增效、农民增收、农村增绿。提升绿色农业的价值链，既要通过差异化、优质化、品牌化提升农产品本身的价值，更要延伸农业的生态价值、休闲价值和文化价值。在转型发展过程中，万山已经形成了"园区景区化、农旅一体化"思路，在此基础上，要进一步打造体验、文化、教育等高层次项目，推进农业与旅游、文化、康养等产业深度融合，拓展绿色农业的功能，从而实现农业产业内部的结构变革。

三、以乡村旅居推动田园综合体试点示范建设

美好的"田园"是人们向往的理想空间。在城乡融合发展中创造"现代田园"，创新乡村发展模式，是推动乡村振兴的重要抓

手。2017年2月5日,"田园综合体"作为乡村新型产业发展的亮点措施被写进中央一号文件。[①] 所谓田园综合体,是指集现代农业、休闲旅游、田园社区于一体的乡村综合发展模式,目的是通过旅游助力农业发展、促进三次产业深度融合、促进城乡互动融合的一种可持续发展模式。[②] 万山区近年来着力挖掘旅游资源潜力,按照"把景点扩成景区,把景区连成线路"的旅游产业思路,逐步推动全域旅游的发展。适应人们不再追求"多走多看",而是更青睐于长时间停留某地,从旅游到旅行再到旅居的发展趋势,乡村休闲旅游也正在从1.0版本的农家乐,到2.0版本的民宿,逐步向3.0版本的旅居转变。万山要把乡村旅居的理念引入田园综合体建设,把田园综合体建设模式融入整个乡村振兴战略的实施中。

对于万山来说,要通过田园综合体建设,改变过去乡村规划建设的固有模式,就是要以自然村落、特色片区为规划建设单元,进行全域统筹开发。这种模式改变的核心是摒弃过去乡村变城市的传统做法,强调保留乡土气息。这其中包含着"四个不变",原有的村落格局不变,原有的生活方式不变,原有的用地性质不变,以及原有的产权关系不变。保持原有的村落格局不变,不是简单地考虑乡村建筑风貌的问题,而是要以乡村原有的空间格局维持亲密的乡

---

① 2017年中央一号文件关于"田园综合体"的表述如下:支持有条件的乡村建设以农民合作社为主要载体、让农民充分参与和受益,集循环农业、创意农业、农事体验于一体的田园综合体,通过农业综合开发、农村综合改革转移支付等渠道开展试点示范。
② 沈骏:《乡村振兴战略与产业融合发展研究》,《现代经济信息》2019年第3期。

村人际关系,探索"农业+文旅+社区"的综合发展模式。保持原有的生活方式不变,体现在吃、穿、住、行以及各种民俗活动之中,其中包含的是乡村的生活观与价值观。保持原有的用地性质不变,是指田园综合体的开发不能抛弃"农"的本质,不能侵犯农民的土地权益。保持原有的产权关系不变,是指在探索利用土地出租等方式进行土地集中利用的同时,保持原有的所有权、承包权、经营权不变,让农民充分受益。一定意义上来说,这就是乡村振兴的目标所在。乡村振兴并不是让乡村变成城市,而是在乡村保有乡风民情的基础上,推动乡村生态与产业振兴持续发展。

同时,打造完善田园综合体,要引入乡村旅居的理念,突出的是城乡互动共享。通过建设田园综合体,对乡村原有的一些闲置资源进行综合规划、综合运营,探索多元化的聚居模式,既保持田园特色,又实现现代居住功能。一方面,满足乡村人,也就是原住民的宜居愿望,实现城乡基础设施和公共服务均等化。另一方面,满足城市人,也就是新住民或者旅居客的"田园"情结,吸引高端人群回归田园或者短暂居住乡村,把乡村旅居变成一种生活方式。从而在空间上把乡村人和城市人聚合在一起,推动城乡资源要素双向流动,形成城乡一体化的发展新格局。

从具体的项目建设来说,万山应积极申报国家田园综合体建设试点。[①] 目前已经纳入国家田园综合体建设试点的项目,还没

---

① 2017年财政部确定河北、山西、内蒙古、江苏、浙江、福建、江西、山东、河南、湖南、广东、广西、海南、重庆、四川、云南、陕西、甘肃18个省份开展田园综合体建设试点。

有一个是以乡村旅居为主题的。万山应率先提出乡村旅居的理念，深化乡村旅居发展模式研究，从产业体系、设施体系、服务体系、生态体系、经营体系、运行体系等方面进行规划设计。积极争取省市及国家支持，通过农业综合开发、农村综合改革转移支付等渠道推动试点示范项目建设。

第二节 文化盛兴：创新世界丹都的价值

转型可持续发展要立足于价值创新。一个城市实现转型可持续发展的重要标志是能够寻找、发掘、创造自身在经济链条上的新优势，并将这一新优势转化为新价值。今天的城市，正在进入一个空前重视历史、文化、个性与生态的时代。历史文化资源正在成为城市价值创新非常重要的一个基础性要素。表面上看，历史文化资源的保护与开发利用是一项长期而柔性的工作，短期内可能无法获得立竿见影的效果，与 GDP 的关系也不直接，但对于城市的转型可持续发展来说，却是一项利在千秋的事业。万山曾是我国最大的朱砂生产基地，素有"丹砂王国"之称。[①] 随着万山的转型发展，朱砂已经从枯竭的资源变成永恒的文化。朱砂文化的深度挖掘是一篇大文章，通过朱砂，既要回顾历史，见证"那

[①] 朱砂最早见于《尚书·禹贡》，所谓"方人以孔鸟，濮人以丹砂"，那时，武陵山区一带活动的人被称为"濮人"，进贡的贡品是朱砂，万山地处武陵山区腹地，早在 3000 多年前就有朱砂开采。据《汉书·地理志》和《后汉书·郡国志》记载："谈指出丹"，"夜郎出雄黄"。

个年代",更要延伸产业、提升价值、观照未来。朱砂所承载的是一种文化之旅、寻根之旅、心灵之旅。进一步聚焦"世界丹都"的定位,以文化为核心推动产城融合、产城一体化,创新城市绿色可持续发展模式,把历史文化内涵和自然生态之美作为万山区别于其他城市的最鲜亮的名片,将是万山新的价值所在。只有文化的盛兴,才是万山的未来。

一、以朱砂产业园为载体创建国家文化创意产业试验区

历史文化资源的利用要充分考虑城市产业发展的布局。在城市转型可持续发展的过程中,创意产业和时尚、传统、高档、日常的消费以及文化活动都是与历史文化资源利用的结合点。万山汞矿挖掘历经数千年,其间沉淀下来的朱砂文化,既是万山推动资源枯竭型城市转型发展的精神支撑,也是万山推动朱砂文化产业发展的坚实基础。万山一直在探索从朱砂工艺产业的角度利用好"朱砂"这一珍贵的文化元素和文化品牌。其中非常重要的一个举措是,建设了占地4.13万平方米的标准化朱砂工艺品产业园,设置物流中心、检测中心、研发中心[1]、展销大厅和生产车间等,打造生产、研发、销售标准化和一体化的园区,将资金、劳动力、

---

[1] 万山通过建立朱砂工艺品研发中心,逐步探索产学研用相结合的创新模式。注册成立万山区丹凤朱砂工艺品研发检测鉴定中心有限责任公司,对朱砂产业园区的产品鉴定检测中心、产品研发培训中心、物流中心进行市场化运作,开展朱砂工艺品研发、设计、质量检测、技术鉴定及专业人才培训,促进企业在技术、设计、研发、管理、信息、质量等方面的合作,提升产业竞争力。与铜仁学院合作研发朱砂工艺品新产品10余个。

技术、政策等要素向产业聚集，改变了以往朱砂工艺品"零敲碎打"的发展局面，推动产业规模扩大、企业快速成长。[①]但万山要实现高质量发展，仅仅做到这些还远远不够，必须寻求国家战略支持和空间载体，搭建更高的发展平台，深入挖掘朱砂的历史深度、文化厚度和产业高度，推动产业培育、产业定位、产业布局的高度化。

进入后转型时期，万山的朱砂产业进入了一个创新发展的关键时期，企业的转型升级也迫在眉睫。在这一背景下，向文化部申报建立国家文化创意产业试验区的意义和价值不言而喻。万山申报建立国家文化创意产业试验区不是为了要一块牌子，而是要站在国家层面上整合资源，围绕国家文化创意产业试验区建设，布局一批重大项目，引进一批文化企业，出台一批创新政策，集聚一批文化创新领军人才，打造一批文化产品品牌，形成符合万山特质、突出文化创新特色的标志性园区、标志性产业、标志性企业、标志性项目、标志性人才和标志性品牌。

申报建立国家文化创意产业试验区首先要进一步解决好产业升级与城市空间的对应关系问题。在空间布局上，要把现在的朱砂产业园作为核心区，带动朱砂文化创意产业集群发展。同时布

---

① 万山出台《扶持朱砂工艺产业园发展优惠政策》，对从事朱砂工艺品加工、生产、销售的企业，给予财税政策、金融政策、产业政策、人才政策、厂房租赁政策、水电优惠政策、宣传优惠政策等15条优惠政策支持。同时，设置朱砂工艺品发展基金，每年投入1000万元专项资金，对朱砂工艺品生产销售小微型企业进行成长型扶持，涉及销售额、工艺艺术、品牌知名等方面提升的奖励，最高可达10万元，培育朱砂文化保护、传承、开发与运用产业化的龙头企业。

局若干个文化创意产业基地,作为辐射区,形成"一园多点"的空间发展格局,引导不同类别的产业要素向文化创意产业集聚集中。在此基础上,充分发挥试验区的影响力、辐射力,建立文化产业交流合作机制,促进文化产业协同发展。

优化空间布局的根本是优化万山文化创意产业的内部结构,做强高增长、高附加值的朱砂艺术品设计、交易等主导优势产业,有效提高文化创意产业对区域经济的贡献能力,使之真正成为推动区域经济发展的新增长点。第一,要引进国内知名艺术品设计加工企业,重点推进朱砂艺术品设计、鉴赏、交易,有效提升设计水准、加工质量、交易水平和行业附加值。第二,要着眼于传媒快速变革的产业特征,在报纸、杂志、电视等传统媒体的基础上,推动基于三网融合的新媒体行业的发展,有效将传媒行业与朱砂文化创意产业融合起来,带动朱砂文化创意产业数字化,加快输出文化创意品牌,将人力、财力等资源"引进来"。第三,要借鉴外地文化创意产业发展经验,比如,在文化创意产业区打造LOFT时尚居住与工作方式,将朱砂文化融入生活与工作之中,提升朱砂文化的消费能力。

政策先行先试是申报建立国家文化创意产业试验区的重点所在。结合万山朱砂产业的发展,应该重点探索创新五个方面的政策。一是品牌提升政策。为支持朱砂产业品牌化发展,要从"世界丹都"出发整体性构建文化创意产业品牌体系。组织朱砂文创产品参与国内外权威机构评选,支持企业参与国家及省级"驰名商标"称号评价,对获奖企业及产品,政府给予一定奖励。定期组织举行产品上线推荐会,推出高质美观的朱砂工艺品。二是孵化创新政策。积极落实国家"大众创业、万众创新"战略,推动朱砂文化创意产业创新发展,培育扶持创新性强、发展潜力好的"专、精、特、新"企业。支持企业建立国家部委及省级认定的国家级文化创意产业众创空间、创客空间等创新平台。三是文化消费政策。应积极争取财政部和文化部通过中央补助地方公共文化服务体系建设专项资金的形式,对万山以朱砂为重点的文化消费项目予以资金支持,市、区给予一定配套。四是协同发展政策。支持企业、行业协会、中介机构等搭建具有重大影响力、贡献力的国际性、全国性或跨区域性的文化创意产业联盟、政产学研协同创新平台、产业融合发展促进平台等。五是土地供给政策。创新土地储备、供给、开发模式,优先鼓励和支持国家和省级大型项目、功能型项目以及文化企业总部落地,优先保证符合产业定位的项目规划审批和土地供应。

如果说创建国家文化创意产业试验区是为了给万山朱砂产业发展提供一个更好的外部推动力的话,那么更加重要的是要通过对朱砂独特文化价值的挖掘,实现朱砂经济价值的内在升华和品牌价值的最大化。任何一种自然资源的价值都包括使用价值和附加价值,使用价值体现在自然资源本身的功能上,而附加价值则由文化价值和精神价值赋予。自然资源在地球上的储量是有限的,而其再生过程又极为漫长,毫无节制的开采必将导致自然资源的减少甚至枯竭,要实现自然资源价值的最大化,只能在其附加价值上做文章。"钻石的骗局"最好地体现了自然资源附加价值的最大化。钻石作为一种自然资源，是自然界中天然存在的最坚硬的物质，用途非常广泛，如工艺品、工业中的切割工具等。19世纪中期以前，钻石属于稀有矿物质，每年产量只有20斤左右，其价格因稀有性而居高不下。但是19世纪后期，南非矿工意外发现了一个大钻石矿，钻石储量被重新估算，钻石不再是稀有矿物，这将很大程度地影响钻石的市场价格。钻石巨头戴比尔斯一方面持续对外宣称钻石储量少、开采难、产量低，名义上保住钻石"稀有性"的秘密；另一方面在钻石坚硬、纯洁的基础上赋予其永恒和忠贞爱情的附加价值，"钻石恒久远，一颗永流传"的宣传语深入人心，使得钻石的经济价值依然以"天价"形式存在。

万山朱砂作为一种自然资源，数千年来的价值组成始终以使用价值为主，其附加价值未能得以挖掘、凝练和表现。万山朱砂资源的枯竭宣示了其以使用价值主导经济价值的时代已经结束，在转型发展的过程中，应借鉴"钻石的骗局"经验，充分发挥朱砂附加价值的作用，将朱砂的附加价值打造成朱砂经济价值的主导部分，赋予其独特的文化价值，将朱砂资源与朱砂文化的融合发展打造成万山区转型发展的文化品牌，实现朱砂经济价值的升华和品牌价值的最大化。[1]

---

[1] 万山朱砂在数千年的开采挖掘中，其历史的存在意义和文化价值有证可依、有据可寻，一是自"朱涂甲骨""朱批""爱国汞"到"千年丹都"，其间凝练着的历史文化价值，二是朱砂结合道家作法布阵、辟邪、画符和炼丹形成的宗教文化价值，三是朱砂养心安神作用下的传统中医药用价值，四是千年来开采挖掘技术从传统工艺逐步更新实现机械化的时代价值，五是朱砂饰品精巧设计的时尚价值。

一是挖掘朱砂的文创产品价值。万山区一方面要以文化创意为着力点，借鉴成都"天府熊猫"品牌[①]发展经验，聘请专业文创团队入驻万山、研究朱砂、设计万山朱砂文创产品，突出万山特色与朱砂个性，并着力与万山鼟锣、屯堡等其他民族文化形成跨界合作，将朱砂打造成万山的"形象大使"；另一方面要重视朱砂文创产品消费者的参与感，让消费者参与到朱砂文创产品的设计、加工、完善和营销等过程中。不仅仅将文创产品做成展示品，还通朱砂文创产品的研发，让朱砂文化能够"飞入寻常百姓家"。

二是挖掘朱砂的历史考古价值。历史作为文化的时间载体，是讲好文化故事最令人信服的逻辑顺序。万山朱砂拥有很长的挖掘开采历史，在历史的沉淀中流传下来的朱砂故事数不胜数，但是如何讲得出、讲得真、讲得好万山朱砂的历史故事，是实现万山全域旅游发展的重要推手。首先，要以历史文献为重要依据，挖掘并丰富有趣、有内涵、有价值的历史故事，寻找历史依据支撑。其次，要聘请有话语权、专业知识储备的历史界和考古界前辈，专业指导如何挖掘万山朱砂历史文化故事和发扬万山朱砂所承载的人文精神。最后，要创新历史文化的表达形式，一方面要"修旧如旧"，保持万山朱砂历史故事的原汁原味，聘用有万山朱砂挖

---

① "天府熊猫"品牌已经开发出2000多个版权，做成文创产品的已有近百种。大熊猫的形象，与川茶、川酒、竹编等进行跨界合作，就连蜀绣、蜀锦、银花丝、竹编、成都漆艺这些拥有鲜明四川特色和文化底蕴的四川非遗，也把大熊猫作为"形象大使"。

掘历史的老人或对万山朱砂历史有独特见解的人士来讲解和培训，力求最完美地讲出、讲好万山朱砂故事；另一方面要结合现代科学技术，将故事呈现在生活中、银幕上，吸引不同年龄层的人对万山朱砂历史故事的注意力，或以多维度立体影院、抖音或网红打卡等模式呈现万山朱砂的历史魅力。

三是挖掘朱砂的博物展示价值。万山汞矿工业遗产博物馆是万山朱砂历史文化价值的表现者和集大成者，经营好万山汞矿工业博物馆既是朱砂文化发扬和传承的必然要求，也是朱砂文化价值宣传和发展的主要路径。传承万山朱砂历史文化和宣扬万山朱砂文化必须以万山汞矿工业遗产博物馆为基地，借鉴知名工业遗产博物馆的经营经验，探索独具万山精神和朱砂精神的工业遗产博物馆。万山博物馆的设立要充分利用矿洞资源，将废弃的矿洞重新利用起来，打造朱砂矿洞博物馆，赋予矿洞博物馆独立的历史文化故事，并将其串联起来，形成一条独具一格的旅游路线。

四是挖掘朱砂的爱国文化价值。万山的朱砂相较其他矿石还有着不一样的意义。中华人民共和国成立后，面对百废待兴、百业待举的状态，万山主动融入国家大局，成立国营贵州汞矿公司，在国家3年苦难时期，万山人用优质汞矿偿还苏联外债，为国家创收15亿元，周恩来总理亲切地称之为"爱国汞"。万山的爱国精神与朱砂文化是融为一体的。近年来，万山区秉承"修旧如旧"的原则，将汞矿职工住宅区建设为朱砂古镇影视基地。万山影视城建设负责人介绍说："作为一个文旅影视城，它肩负的使命应该是多元化的，既要传承和发扬爱国主义精神，同时也要使一个资源枯竭城镇老树抽芽，枯木逢春。"

五是挖掘朱砂的生态养生价值。万山因盛产朱砂而闻名，而朱砂在佛教道家中被认为是从集日月之精华、吸天地之正气的矿脉带采集而得，是阳磁场最旺的矿石，是开光祈福圣物、辟邪挡煞的至尊。在医学上朱砂也是一味中药，用来镇静安神，治疗失眠多梦、心慌、心悸、癫痫发狂、小儿惊风、疮疡肿毒。现代临床实践证明，朱砂有安神解毒的功效，可内服、外用。依托朱砂古镇周边的挞扒洞长寿村、梵净山"天然氧吧"及松桃苗药资源，可以建设一批集康复疗养、旅居养老、休闲养生等业态于一体的生态养生养老基地，并充分整合当地民俗民居和少数民族特色养生文化等资源，打造同吃同住同体验的"候鸟式"民居养生养老产业示范带。①

二、以万山汞矿遗址申报世界文化遗产为核心建设世界著名遗产地和旅游目的地

万山汞矿遗址，是国内现存开采时间最早、历史最长、规模最大的汞矿遗址，是现代工业城市及汞矿区规划技术在中国的重要实物例证，在世界范围内具有突出的历史文化价值。为进一步挖掘万山汞矿遗址的历史价值和文化价值，铜仁市制定了《万山汞矿遗址申报世界文化遗产工作方案》，并将举全市之

---

① 《省人民政府办公厅关于支持铜仁市大健康医药产业加快发展的意见》，《贵州省人民政府公报》2017年第12期。

力做好万山汞矿遗址申报世界文化遗产工作。对于万山区来说，要把申报世界文化遗产作为转型发展的重要抓手和脱贫攻坚巩固提升的突破口，全面提升万山旅游业的国际化、标准化、特色化水平，把万山建设成国内一流、世界著名的遗产地和旅游目的地。

从学术研究的角度来看，我们认为，申报世界文化遗产要以朱砂开采历史遗存为基础，深度挖掘朱砂文化与工业文化，充分展示万山重要的历史文化价值。首先，要讲清楚朱砂文化的基础源于丹砂的千年开采历史。朱砂文化是万山独有的文化，朱砂文化的形成与朱砂悠久的开采历史紧密相关。万山朱砂开采的历史从秦代开始一直到21世纪初结束。据《史记》记载，秦始皇陵"以水银为百川江河大海，机相灌输"；宋代《溪蛮丛笑》一书记载，"辰锦砂最良，砂出万山之崖为最，伶佬以火攻取。"《明史》记载，太祖时（1368~1398年）"惟贵州大万山司有水银朱砂场局"。明朝廷在大万山设立了第一个官办朱砂场局，进行汞矿开采。万山汞矿前后历经600多年的规模开采，尤其是中华人民共和国成立后，汞矿开采为经济建设做出了巨大贡献。如此漫长的朱砂开采历史是孕育朱砂文化的重要背景，也是万山汞矿遗址申报世界文化遗产的独特条件。其次，要讲清楚万山的工业文化源于贡献巨大的"最早特区"。汞矿实行工业化开采在万山的历史不算久远，主要集中于1949年以来的工业开采。1966年2月，国务院批准成立了专门为贵州汞矿服务的共和国第一个行政特区——万山特区。当时，为偿还苏联外债，贵州汞矿加班加点，万山汞因此被周总理亲切地称为"爱国汞"。[①] 在贵州汞矿关闭破产后，万山留下了多处保存完好的采矿遗址、46万平方米的近现代工业建筑以及长达970公里的采矿坑道等弥足珍贵的工业文化遗存。最后，要讲清楚万山转型发展所昭示的时代精神。万山是习近平总书记做过重要批示并一直牵挂的地方，是贵州唯一享受国务院资源型城市转型发展扶持政策的城市。万山的转型发展，留下总书记思想、总书记关怀的深刻印记，也是激发万山转型可持续发展最深层次的精神动力。"最早特区"的巨大贡献、大规模的工业遗存以及城市转型可持续发展的缩影，是万山汞矿遗址申报世界文化遗产的重要内涵。

但仅仅这些是不够的。铜仁市、万山区要以申报世界文化遗产为契机，进一步推动"从景区到城市"的观念转变。这种观念转变首先表现为将历史文化的保护与传承贯穿于城市发展之中。万山要尽快启动历史文化保护与传承规划的研究编制工作，并将其纳入城市总体规划，划定历史文化街区、文物保护单位、历史建筑的保护范围及建设控制地带，制定并严格实施相关保护措施。在规划和建设中，要重视保护城市格局，注重城区环境整治和历史建筑修缮。[②]

[①] 万山汞矿从成立之初至2002年关闭破产的50年间，累计生产朱砂水银3.2万吨，占全国同期汞产量的70%以上，为国家上缴利税按可比价计算达150亿元，带动综合效益300亿元；特别是在"三年困难"时期，每年产汞达千吨以上，是万山汞矿存续期间生产朱砂水银最多的几年。

[②] 《国务院同意将江西省瑞金市列为国家历史文化名城》，《城市规划通讯》2015年第16期。

更为重要的是,"人"是传承文化最重要的载体。要把挖掘和利用好老万山人、老矿工、老矿工后代这"三老"的文化价值,作为发挥历史文化遗存优势、活化工业文明价值、激发朱砂文化品牌价值的重中之重。在万山汞矿兴盛的年代,全国各地的建设者投身这片热土,高峰时期职工有7000多人,连同职工家属达到3万人。万山本地人与来自五湖四海的汞矿工人在这里交会,民俗民风在这里演绎,移民文化不断碰撞融合,形成了炫丽的"朱砂文化"和深厚的"朱砂情结"。贵州汞矿宣布政策性关闭破产的时候,汞矿工人更是抱头痛哭,难以割舍。万山的历史不仅仅存在于文献照片中,更鲜活记存在"三老"的脑海中。"三老"是历史见证者,他们参与了万山的繁荣,他们亲历了万山的衰落,他们更见证了万山的重生。没有这些老万山人、老矿工和老矿工后代,万山历史文化的传承就会大打折扣,就是一种巨大的损失。从这个角度讲,万山汞矿遗址不仅要注重汞矿遗址的保护与修复,还要注重"三老"文化内涵的挖掘,让其所承载的汞矿历史、故事传说等与万山汞矿遗址的开发利用深度融合,放大成一种文化符号,让来到古镇的人不光看到建筑,更能看到当地人的生活、当地人的文化,使这些有着上千年历史的矿洞活起来。

三、以文化生态国际旅游城为支撑建设绿色发展先行示范区

绿色是发展的底色,绿色发展作为五大发展理念之一,是人与自然相宜共存,实现可持续发展的必然要求。万山作为武陵山地区的转型城市,拥有天然的绿色发展基础,对于推进绿色发展

具有先天优势。通过促进文化、生态、旅游大融合，打造文化生态国际旅游城市，创建绿色发展先行示范区，探索出一条"把生态做成产业、把产业做成生态"的发展新路，是万山推动绿色转型，实现高质量发展的必然选择。

建设绿色发展先行示范区是万山转型可持续发展的目标使命。2016年，贵州省委赋予铜仁"念好山字经，做好水文章，打好生态牌，奋力创建绿色发展先行示范区"的职责使命，对铜仁绿色发展提出更高要求。此后，中国共产党铜仁市第二次代表大会确立了"奋力创建绿色发展先行示范区，全力打造绿色发展高地、内陆开放要地、文化旅游胜地、安居乐业福地、风清气正净地"的发展蓝图。[1] 铜仁市还制定了《铜仁市创建新时代绿色发展先行示范区规划（2017—2020年）》，着力打造经济活、百姓富、生态美的绿色发展"铜仁样板"。在铜仁建设绿色发展先行示范区的过程中，万山作为铜仁主城区之一，要扮演"探路者"的角色。一定意义上说，万山的转型可持续发展对于铜仁探索绿色发展的新路径，抢占绿色发展的制高点，具有重要的战略意义。从万山的自身发展来说，作为一个资源枯竭型城市，绿色转型是核心要义，是彻底摆脱资源束缚的重要方式。无论是转变发展方式进行产业结构调整，还是淘汰落后产能培育发展新动能，最终都要落实到绿色发展上。以绿色发展理念来统筹经济社会的全面发展，树立

---

[1]《不忘初心，砥砺前行，奋力谱写"一区五地"建设新篇章中国共产党铜仁市第二次代表大会胜利闭幕》，铜仁网，http://www.tongren.gov.cn/2016/1225/127374.shtm，2016年12月25日。

绿色 GDP 政绩观，构建绿色产业体系，建设绿色发展先行示范区，是万山推动转型可持续发展，实现绿色崛起的现实路径。

万山建设绿色发展先行示范区，文化、生态与旅游是基础。朱砂文化是万山的灵魂，生态优良是万山的优势，而旅游则是万山实现腾飞的"翅膀"。朱砂文化，与五千年中华文明相伴而行。从先民的"涂朱甲骨"到书法家的"书丹勒石"；从历代的"皇帝朱批"到历代画家的"水墨丹青"，无不是对红色朱砂之崇拜与朱砂文化之价值的肯定。万山的朱砂资源开发利用历史悠久，早在秦汉时期就有万山朱砂开采的记录，至今已有3000多年的历史。本世纪初，万山经历了从资源枯竭到转型重生的艰难历程，在推进产业原地转型的过程中，万山打造了以朱砂文化、汞矿工业文化为核心的朱砂古镇，对3000多年来形成的朱砂文化和成立特区以来的汞矿工业文化进行了生动展现，使万山的文化资源得到了有效保护与利用。朱砂文化是万山实现绿色转型发展的重要资源，也是其精神内核。

良好的生态基础对于促进绿色发展具有重要作用。地处武陵山地区的万山拥有天然的生态优势，这是实现绿色转型发展的物质基础。特别是近年来，万山贯彻"绿水青山就是金山银山"的发展理念，不断加强森林城市创建，积极开展绿化建设、生态保护、改善人居环境等工作。至2017年底，万山区森林覆盖率达60.7%，区内野生动物和植物达1500多种，建成区绿化覆盖率37.2%，人均公共绿地面积12.4平方米，河流、水库等水岸绿化率84.3%，道路绿化率88.9%，乡镇所在地绿化覆盖率40.2%，村庄林木覆盖率33.7%，荣获"省级森林城市"荣誉称号。[①]践行生态文明理念，厚植生态优势，必将更好地推动万山绿色转型。

以朱砂文化和优良生态为基础要素，近年来万山在旅游产业上实现了跨越式发展，这为万山绿色崛起插上了腾飞的"翅膀"。万山围绕"工业强区，农业惠民，旅游兴业"的发展思路，统筹抓好工旅结合、农旅一体、景城融合，实现处处是旅游景点、季季有旅游特色，形成了以朱砂古镇、九丰农业博览园、江南水乡·滨河公园为主的南线旅游带，以彩虹海、木杉河、风筝放飞基地为主的北线旅游带，以中华山相思湖为主的东线旅游带，以黄腊洞、梅花湖景区为主的西线旅游带，基本实现了串点成线、连线成面、面面交织的"四线一网"全域旅游格局。[②]旅游业作为绿色产业体系的重要组成部分，将成为万山绿色转型发展的重要动力源。

整合万山的文化、生态与旅游资源，发挥文化和生态优势，打造集文化传承功能、生态开发保护功能以及旅游功能于一体的全域旅游城市——文化生态国际旅游城，是万山创建绿色发展先行示范区的重要载体，是为铜仁推进绿色发展提供经验与案例的重要实践平台，是推动区域绿色崛起的重要支撑。打造文化生态国际旅游城，发挥文化传承展示功能、生态保护开发功能，能够

[①]《万山荣获"省级森林城市"荣誉称号》，铜仁市人民政府网，http://www.trs.gov.cn/xwzx/qxyw/201804/t20180419_3241830.html，2018年4月19日。

[②] 杨丽娜：《万山："高铁＋全域旅游"组合拳"击"出旅游新趋势》，《铜仁日报》2019年2月28日。

使历史文化得到更好的传承与展示，使生态资源得到更好的保护与利用，使旅游产业更好地发展，从而促进万山经济高质量发展。打造文化生态国际旅游城，万山需要在政策支撑、资源挖掘、标识打造、生态涵养、文旅融合、智慧旅游、风貌展示、治理创新等方面发力，真正成为国际旅游目的地城市。

一是争取政策支撑。借鉴广西桂林建设国际旅游城市的经验，向国家积极争取批准两项签证便利政策（入、过境免签）。参与世界旅游组织（UNWTO）的相关活动，向全国、全球推介铜仁、万山作为旅游目的地城市。

二是推进资源挖掘。在全域范围内开展系统性的文物普查、文化挖掘和旅游资源的梳理摸底工作，挖掘遗落在街道社区、乡镇村落的各种历史文化资源，制定文化资源保护开发名录，明确文化资源和旅游资源保护开发等级，针对重点保护资源与重点开发资源，因地制宜地采取保护与开发措施，做到科学有序保护与开发。

三是打造旅游标识。注重挖掘朱砂特色文化元素，在交通枢纽、道路沿线、旅游景观、公共设施及重点单位等设立多语种图文标识，建设一套符合国际标准、融入朱砂文化元素、既美观雅致又通俗易懂的标识体系，吸引游客的视觉注意力，引起游客的精神共鸣，营造国际旅游城市的文化氛围和文化环境。

四是厚植生态优势。加强自然环境保护，推进荒山、矿山植被恢复。加大环境督查力度，淘汰落后生产企业，对工业企业进行升级改造，提高生产工艺，降低污染排放。严格遵守国家生态环境保护的"底线",防止破坏生态环境,为国际旅游城市建设奠定生态基础。

五是深化文旅融合。坚持乡村振兴的战略指导,整合多方资源,以建设农文旅融合的特色小镇与村落为抓手,积极推进朱砂文化、汞矿工业文化、民族文化与农耕文化的收集和整理,打出系列组合拳,推进文旅、农旅融合发展。

六是发展智慧旅游。紧跟贵州省大数据发展步伐,抓住大数据发展机遇,推进"互联网+农业+文化+旅游"融合,建设数字化农文旅平台,将票务服务、咨询投诉、游客体验、文旅资讯、线路规划、景区导览、酒店预订等多种功能融入数字化文化旅游平台,助力万山率先建成智慧型农文旅融合发展示范区。

七是集中风貌展示。根据不同的历史断面、文化层次和主题内容,选择一批古建筑、特色民居、工业遗址等场所,将其改造为中小型特色博物馆,如民族文化博物馆、民族艺术体验馆、朱砂文化体验馆、乡愁记忆馆等,着力打造中小型特色博物馆集群。开展老物件、老照片等文化资源收集工作,将其纳入中小型博物馆展示内容之中,记录和展示一个行业、一个村落的发展历史、生活风貌和风土人情。

八是创新治理方式。发挥政府主导的作用,打造文明旅游城市。根据文化旅游融合发展的特点,制定市场秩序管理规则,建立旅游市场规范运行工作机制,加强政府监督。引导文化旅游业坚持行业自律,调动社会力量参与,打造文明宜居的文化生态国际旅游城。

第三节 特区复兴：放大协同开放的优势

万山特区从设立到撤销，是以改革开放终结计划经济体制的一个缩影，从当年因汞而兴被誉为"小香港"的辉煌，到因为资源枯竭而面临城市的衰退，再到推动转型发展探索脱困脱贫之路，特区之"特"之于万山，是一种不畏艰难的精神，是一种不懈努力的态度，是一种不故步自封的智慧。今天，万山在更高起点、更高层次、更高目标上推进转型再平衡，谋求高质量发展，既需要拓展新空间，创造新价值，更需要点燃新引擎。这个新引擎，就是秉承"万山特质"，以开放推动改革，以开放促进发展，以开放实现繁荣，这既是提升万山自身发展水平和层级的重要选择，也是为实现民族复兴的宏伟蓝图贡献力量。从"爱国汞"到中国梦，万山要下好"协作棋"，打赢"创新牌"，走出"开放路"，以协同开放推进资金流、技术流、产品流、产业流、人才流的互联互通，打造合作共赢模式、持续增长模式、普惠发展模式，构建东西部协作、区域内联通、高层次接轨的开放格局。开放的本质是"跳出万山看万山，跳出万山谋发展"。

一、下协作棋：探索东西部协作"消费扶贫"新模式

万山作为一个资源型城市，曾经经历了与外界广泛联系的历史，尽管联系内容相对单一地聚焦在汞资源开发的领域，但的确造就了万山兼容并蓄的城市特质。习近平总书记指出，开放是实现国家繁荣富强的根本出路。万山在推动转型再平衡、谋划高质

量发展的过程中，要想站在时代前沿把握住发展机遇，就必须进一步扩大开放，推动要素的自由流动和资源的高效配置，增强城市竞争力和资源吸引力，以高水平开放促进深化改革、促进创新发展。其中，基于铜仁打造"内陆开放要地"的战略框架，进一步加强东西部扶贫协作开放，是一个重要发力点。[①]

自2013年以来，苏州高新区（虎丘区）对口帮扶万山区。按照国家、省、市的总体部署，两区全方位、多领域对接，不断探索东西部扶贫协作新路径，在资金项目、人才交流、产业合作、劳务协作等方面深入推进，不断深化携手奔小康行动。特别是借助苏州高新区作为全国首批国家级高新区的优势，万山主动承接产业转移，扩大招商引资力度，引进有实力的龙头企业，推动产业转型升级。应该说，两区协作已经形成了良好的基础。万山要进一步赢得开放优势，还必须在深化创新东西部协作模式上下功夫。

2018年12月，国务院办公厅发布《关于深入开展消费扶贫助力打赢脱贫攻坚战的指导意见》。所谓消费扶贫，是从扩大贫困地区产品和服务消费入手，推动贫困地区产品和服务融入全国大市场。万山已经脱贫出列，但可以按照"消费扶贫"的思路，进一

---

① 铜仁市第二次党代会确定了"一区五地"的奋斗目标。一区是指绿色发展先行示范区，五地是指全力打造绿色发展高地、内陆开放要地、文化旅游胜地、安居乐业福地和风清气正净地。打造内陆开放要地，就是要坚持"引进来"和"走出去"并重，全力打通开放大通道、搭建开放大平台、培育壮大开放型经济；扎实推进改革创新，围绕产业发展、区域协同、体制机制、人才培养等，加快推进大数据战略行动，建设创新型城市。

步巩固加强与苏州高新区的协同合作。

从协作的内容看，可以把重点放在拓宽万山农产品销售渠道，提升万山农产品供应水平和质量，推动万山休闲农业和乡村旅游加快发展上。[1]对接京东、天猫、淘宝等电商设立专门的万山产品馆或扶贫频道，推动苏州乃至东部地区各类批发市场和商超设立万山产品专区。真正在生产、流通、消费各环节打通制约万山产品和服务融入全国大市场的痛点、难点和堵点。

从协作的模式看，可以从过去的引进企业、引入项目，转变为共建园区。苏州高新区有跨区域合作开发园区，发展"飞地经济"的实践经验。[2]2017年6月，国家发改委为推动长江经济带发展战略，专门出台《关于支持"飞地经济"发展的指导意见》，明确提出支持在各类对口支援、帮扶、协作中开展"飞地经济"合作。万山应积极争取与苏州高新区共建产业园区，创新"飞地经济"合作机制，发挥两区比较优势，强化资源集约利用，提升市场化运作水平，共同拓展市场和发展空间，完善发展成果分享机制，推进两区协同发展。[3]在园区开发和运营管理上，要探索双方共同设立投融资公司，采取政府和社会资本合作（PPP）等模式，吸引社会资本参与。提高园区专业化运行水平，支持通过特许经

---

[1] 屈鹏:《市政府召开第五十二次常务会议》,《沧州日报》2019年4月10日，第P01版。

[2] 飞地经济是指两个相互独立、经济发展存在落差的行政地区打破原有行政区划限制，通过跨空间的行政管理和经济开发，实现两地资源互补、经济协调发展的一种区域经济合作模式。

[3] 《八部门联合发文支持"飞地经济"发展》,《福建质量技术监督》2017年第6期。

营、政府购买服务等方式，将园区部分或全部事务委托给第三方运营管理，探索园区管理与日常运营相分离。①

二、打创新牌：融入国家大数据（贵州）综合试验区建设

一个区域或城市的繁荣与否，在根本上依赖于这个地区或城市能否抓住历史机遇，成为这个时代文明形态、城市形态转换的节点，决定于这个地区与城市能否凝聚起这个时代的先进产业形态、先进生产力、先进生产方式。2014年以来，贵州敢为人先，抢抓大数据发展机遇，深入实施创新驱动发展战略，走出了一条"守底线、促双赢"的后发赶超之路。这既是基于对自身发展条件的深刻认识与准确把握，更是融入国家重大发展战略、顺应未来发展趋势的结果。在新一轮的协同开放中，铜仁要更加积极地与贵阳等先行城市开展创新合作，融入贵州国家大数据综合试验区建设，打造区域协同创新共同体，实现跨区域创新资源整合。这其中，要把万山作为铜仁与贵阳协同创新的主阵地。

作为全球首个大数据主题博览会的中国国际大数据产业博览会（简称数博会），已在贵阳连续成功举办五届，2016年正式升格为国家级博览会。铜仁要利用好数博会这个国际化平台，举办万山专题论坛，扩大万山的知名度，加强与大数据企业、行业的互动交流，挖掘大数据产业商机。

---

① 易兵、许斐：《武汉大都市区"飞地经济"发展制约与对策研究》，《知识经济》2019年第6期。

同时，融入国家大数据综合试验区建设，还要利用好试验区内的大数据研发技术、研发人才，推动共建政产学研实验室，在大数据融合应用上有所创新。首先，探索推动绿色农业大数据发展。近年来，万山建设电商生态城，以农村电商为突破口，实现"黔货出山"，大数据在农产品销售方面有了初步结合。接下来，在万山推动绿色农业发展的进程中，要从推广应用基于物联网技术的农业环境监控系统和病虫害在线监测诊断系统，提高农情田间监测防控水平，强化农产品质量追溯，开展农产品市场监测预警、农村土地流转、生态环境监测评价等农村信息服务大数据应用方面，推动大数据与农业深度融合。[①]在这方面，还可以对接贵阳市"菜篮子"工程建设，推动农业深入合作，着力打造"武陵菜都"，实现铜仁农业的转型升级。

其次，建立智慧旅游大数据中心。收集、积累、整合、分析游客客源地、特征、偏好等游客数据信息和食、住、行、游、购、娱、厕等旅游数据信息，推进智慧服务、智慧营销和智慧管理应用，加强旅游经济变化趋势分析，促进旅游服务资源的优化配置；构建跨部门、全行业的旅游大数据应用分析平台，推动形成集信息服务、应急指挥、辅助决策、旅游安全监管、精准营销等功能于一体的旅游监管服务体系。同时，以智慧旅游大数据中心建设为契机，与贵阳市打造以生态为特色的世界旅游名城对接，全面

---

① 《山东省人民政府关于促进大数据发展的意见》，《山东省人民政府公报》2016年第30期。

推进武陵山区域旅游合作，与凤凰、张家界、武隆、遵义等地密切合作，推动旅游品牌的联动打造和旅游市场的一体化发展。

最后，推动大数据技术应用于能源领域的研究。新能源汽车与大数据技术的融合，是未来新能源汽车产业发展的必然趋势。就像贵阳初提发展大数据走科技创新发展之路时得到一片质疑一样，万山新能源汽车刚起步，基础差、人才缺、市场弱、可持续难度大。但是贵阳成功发展大数据，最重要的一条经验就是抢抓机遇、抢占先机，干了别人没有干和别人认为贵阳干不了的事。从全国范围看，随着新能源汽车的大量普及，作为关键零部件之一，新能源汽车动力蓄电池的安全性问题越来越受到人们的重视。锰、锂资源是制造新能源汽车动力蓄电池的关键材料，万山境内拥有锰矿储量1500万吨以上，但锰矿资源的开发不能再走汞矿资源的老路，应基于为新能源汽车动力蓄电池产业的发展提供"粮食"，探索基于大数据平台从整车和电池数据中挖掘潜在价值，建立电池故障监管体系和健康管理系统，保障车辆的稳定运行，以此形成万山新能源汽车发展的独特优势。

三、走开放路：与重庆、湖南等周边区域共建南向通道融入"一带一路"

2013年，我国提出"一带一路"倡议，国际社会对此积极响应。作为国家级顶层合作倡议，"一带一路"既是构建中国开放型经济新体系的顶层设计，也是构建人类命运共同体的伟大探索和实践，具有先导性和战略性。在传统基于海权的沿海开放模式之后，"一带一路"基于路权的内陆开放让西部城市站在了和东部城市同一起跑线上,对于内陆城市而言,其带来的破局意义和重要性不言自明。其中,"一带一路"南向通道对于西部地区来说更具战略价值。"一带一路"南向通道以广西为出海口联动21世纪海上丝绸之路,在重庆实现与中欧班列(重庆)和长江经济带联动,形成新的亚欧大陆桥[①],形成"一带一路"完整的闭环,并有机衔接"一带"与"一路"的国际陆海贸易新通道。2017年9月25日,南向通道铁海联运常态化班列从重庆首发,经贵州至广西北部湾,经海运抵达新加坡,全程最短仅需7天,这标志着南向通道建设步入快车道。[②]

铜仁是西南地区连接中部和东部的桥头堡,是贵州省融入长江经济带的前沿,素有"黔东门户"之称。如何把区位优势变成开放优势,铜仁必须抢抓"一带一路"南向通道的战略机遇,融入国家进一步扩大对外开放的大局,顺应未来全球化的发展趋势。首要的是推动铜仁与重庆、湖南互联互通,通过加强交通、能源和网络等基础设施的内外联通,推动要素有序自由流动。同时,铜仁位于乌江中下游,处于重庆、长沙、贵阳等长江经济带战略要地辐射区域,可以通过完善对外开放体制机制,融入长江经济带,引进国际国内投资承载的新理念、新机制、新技术、新模式、新业态,以及科技创新能力、先进管理经验和高素质人才,推动"铜仁制造"向智能化、高端化、精细化转型,推动"铜仁产品"

---

① 王彦波:《探索金融服务创新助力重庆内陆开放高地建设——中国工商银行重庆市分行改革开放发展纪实》,《金融世界》2018年第12期。
② 陈斯雅:《新通道越走越宽》,《当代广西》2018年第24期。

向品牌化、国际化发展，向全国、"一带一路"沿线国家，乃至全球"走出去"。2010年，国务院正式批复了《武陵山片区区域发展与扶贫攻坚规划（2011—2020年）》，明确提出"要建立武陵山片区发展跨省协调机制，打破行政分割，发挥比较优势，实现资源共享、优势互补、促进交流合作"，这一政策条件，为铜仁市加强与重庆、长沙的联动发展提供了依据。2018年12月，重庆市发展和改革委员会与贵州省发展和改革委员会联合发布了《渝黔合作先行示范区建设方案》(以下简称《方案》)，《方案》按照"极点、沿线、沿边"的思路确定先行示范区范围，形成"点、线、面"合作新格局。铜仁市碧江区、万山区、松桃县、沿河县作为"沿边"的组成部分，联合遵义市赤水市、习水县、正安县、道真县、务川县和重庆市江津区、南川区、武隆区、彭水县、酉阳县、秀山县，组成了"一轴一核，一带三片"布局中的"秀山—铜仁"片区。此外，《方案》提出要整合渝贵铁路沿线装备制造业优势资源，以铜仁高新区为支点推进配套协作，共同建设国内一流水平的装备制造产业集群。这一《方案》的出台，为铜仁与重庆、贵阳、遵义等周边城市加强协作、联合发展提供了政策依据和发展方向。

对于万山而言，在铜仁打造对外开放要地的背景下，至关重要的是以开放促改革，把推动制度性创新与系统性改革，进一步优化营商环境，激发市场活力，逐步构建与更高水平对外开放相适应的新体制、新模式作为重点。特别是要对重庆国家自贸区、长沙实施"创新引领、开放崛起"战略的相关改革举措进行对标复制。

一是聚焦区域互联互通的问题，加强基础设施建设。万山要持续加大城市化建设力度，完善各项基础设施及便民服务，规范城市化管理，提高城市综合治理能力。要重点依托"朱砂古镇站"扩张万山交通网络图，重点打造与北上广深等一线及沿海城市的轨道线。要加大公路建设力度，做到内外通达，缩短万山与铜仁凤凰机场的距离，提高市内往来万山的公交便捷性。

二是聚焦企业和群众反映强烈的办事难、办事慢、办事繁问题，借鉴重庆、长沙探索建立以需求为导向、大数据分析为支撑的"互联网＋政务服务"体系的改革经验，加快政府职能转变。把推动建立市区协同、条块衔接的数据共享机制作为改革重点，在数据共享的基础上推动流程再造，逐步实现市场准入"全网通办"、个人事务"全区通办"、政务服务"全员协办"。以智慧治理为发展方向，从行政审批向行政管理、城市运行管理、社会治理、环境治理等领域拓展，提高治理智能化水平。

三是聚焦当前投资动力不足、企业成本过高、经营压力增大等问题，借鉴重庆、长沙改革经验，打造更加稳定、透明、公平、可预期的营商环境，精准服务企业发展。万山要树立"持续跟踪"理念，引进第三方评估，对引进万山的企业与项目进行持续跟踪，更新反馈其发展中存在的问题，并依据问题制定新的解决方案。要将目标逐步由"国内"转向"国际"，树立全球化经营理念。目前万山招商引资工作主要面向国内发达地区，未来万山要紧跟"一带一路"建设的步伐，将目标对准国际市场，并为外企的引进做好充分准备。

四是聚焦"引进来"与"走出去"的问题，以朱砂为发展制高点，引领万山走向国际大舞台。万山朱砂是贵州"一带一路"上的红宝石，是万山甚至铜仁撬动全域开放的重要支点。万山出产的朱砂质地、色彩驰名中外，在全国博物馆和美国、英国、法国、日本等世界著名博物馆均有收藏。[①]面向未来，万山要在持续打造朱砂文化产业品牌的基础上，打破原有点状、块状的区域发展模式，朱砂文化不仅要走向全国，更要走向世界。万山应主动对标、积极争取、加快复制以文化创意产业为重点的服务贸易改革政策，推动万山朱砂资源、朱砂文化和朱砂品牌"走出去"。通过打造一年一度的万山朱砂古镇文化节、国际微电影节，以及参加各种国内外文化创意大赛、交流会、展览会、艺术节、电影节等形式，在交流中增强朱砂文化的可传播性，在融合中实现朱砂文化的可持续性。充分利用大数据网络时代的便捷性，巧妙创新朱砂艺术的表现形式，通过微信、抖音、报纸网站等平台加大朱砂文化在国内的宣传力度；建立、完善、更新并维护朱砂文化的中英文网站；积极与国际公益组织开展合作项目，以项目宣传朱砂文化；依托电影小镇，借助名人、明星效应，在电视、电影中向世界展示万山朱砂古镇的形象。

五是聚焦转型发展中质量和效率亟须提升、动力亟待变革的问题，借鉴重庆、长沙集聚和利用国际创新要素的经验，推动万山区积极融入区域创新网络，以融合创新推动区域高质量发展。

---

① 一颗237克、全国最大且晶莹剔透的"朱砂王"收藏于中国地质博物馆。

在更大范围内配置创新要素，鼓励在万山区建设创新创业孵化平台，鼓励区域内的企业"走出去"，参与区域科技项目合作。借鉴重庆、长沙的经验，积极争取和主动创新更具含金量与吸引力的人才政策。建立柔性的人才政策体系，完善创新人才集聚和培育机制，推进人才、项目、资金深度融合。实现基础设施、产业结构、城市环境、公共服务等领域的全面升级，营造更有利于人才集聚的制度环境、人文环境和生活环境。

六是聚焦建立健全更加有效的区域协调发展新机制的问题，借鉴重庆、长沙在区域合作方面的改革经验，以朱砂产业为制高点，主动融入与服务"一带一路"建设。实施区域协调发展战略是新时代国家重大战略之一。重庆、长沙围绕促进区域协调发展与正确处理政府和市场关系，在建立健全区域合作机制、区域互助机制、区际利益补偿机制等方面都进行了积极探索并取得一定成效。[1] 万山区应借鉴相关经验，建立以高层领导会晤机制为前提、职能部门联系机制为保障、非政府组织间沟通与合作机制为关键的联动发展体系，在建立更加有效的区域协调发展新机制方面率先突破。

---

[1]《中共中央、国务院发出〈关于建立更加有效的区域协调发展新机制的意见〉》，《城市规划通讯》2018年第23期。

结语

看万山红遍的实践之美

天地有大美,哲人如是说。考量一个城市的发展有多种角度,理论的或实践的、历史的或空间的、形制的或精神的……当万山走过成长和衰退,经历转型与再转型,并不断向高质量、可持续发展迈进的时候,如何在时间的流变中沉淀转型发展的一般规律、汲取区域发展繁荣的核心力量、确定未来发展的历史方位?这是万山必须用实际行动作答的"时代之问"。

一、至真之美:万山"双S"转型模式高度契合资源型城市发展的基本规律

万山的美在于"真"。万山的"真"在于探索出一条推动转型可持续发展的科学路径。这条路径呈现阶梯式、结构性、系统化特征,可以概括为"双S"模型(见图1)。"双S"模型既体现了资源型城市转型的基本规律,又与城市发展的本质要求高度契合。

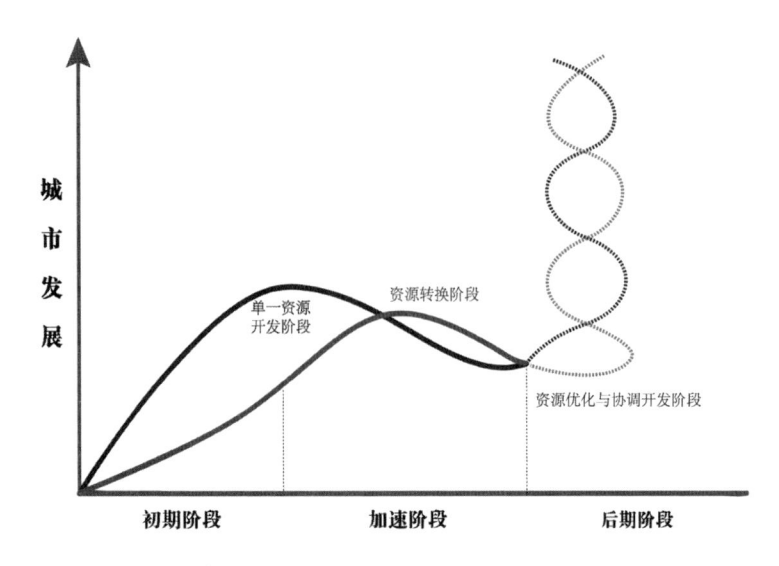

图1 资源型城市发展"双S"曲线

特殊性与一般性相结合,是万山成功转型的秘诀所在。

1975年,美国学者诺瑟夫(Ray M.Northam)提出城市发展"双S"形曲线理论,即城市要经历城镇化水平较低、发展较慢的初期阶段,人口向城镇迅速积聚的中期加速阶段和进入高度城镇化以后城镇人口比重的增长趋于缓慢甚至停滞的后期阶段。资源型城市的生命周期[①]源于对不可再生资源的开发。一般认为资源型城市的生命周期包括预备期、兴盛期、衰退期或转型期及发展期。避免从衰退走向衰亡,是资源型城市必然面临和必须解决的问题。万山发展的特殊性在于,在中国大部分城市还处于发展较慢的初

---

① 生命周期(Life Cycle)的概念应用很广泛,资源型城市生命周期理论由产品生命周期、产业生命周期理论发展而来。

期阶段时，万山已经迎来了因汞资源开发利用而形成的快速发展期和兴盛期。此后，随着汞资源的枯竭，城市发展进入衰退期，而这个衰退期同样也先于中国大部分城市而出现，因此，万山的转型也就来得更早一些。这对于万山来说，是艰难的，也是幸运的。

万山为突破汞资源的限制，开始探索资源拓展与资源转换的路径，从开掘资源到综合利用资源，再到引入资源、配置资源，万山逐步推动产业重构。纵观万山的产业发展历程，以资源要素为观察维度，大致经历三个发展阶段，其中前两个阶段已经完成。第一个阶段是以汞矿资源为核心要素，一业独大的兴盛时期，1959年到1962年水银及朱砂产量达到最高峰，此后产量逐步降低。到2009年万山被列为资源枯竭型城市，宣告资源枯竭、产业衰落。第二个阶段是在谋求转型发展的过程中，以资源转换为突破口，引入资金、项目、人才推动产业更新。比如，万山投资3亿元建成朱砂工艺品产业园，打造独有的朱砂文化产业品牌，从过去的工业汞转变为现在的工艺汞。引进江西吉阳集团投资20亿元建设朱砂古镇，从过去的卖资源转变为现在的卖文化。可以说，资源枯竭是万山转型发展的开始，同时也是万山朱砂价值逐步升华的起点。朱砂是唯一的液体金属汞的原材料，万山作为其储量较大的产源地，经济社会因其开采得到了很大发展。但是，数千年来，朱砂经济价值的体现始终停留在使用价值的基础上，而在挖掘历史中沉淀出来的历史价值、文化价值和精神价值从未得以体现，导致万山朱砂难逃资源枯竭的宿命。资源枯竭制约了万山经济发展，同时也激励了万山干部群众为万山朱砂寻找出路。朱砂价值的升华成为万山经济社会发展的主要方向，而突出朱砂的历史价值、文化价值和精神价值是实现朱砂价值跳跃式增长的绝佳手段。同时，万山推动建设电商生态城，面向全国招募年薪百万的电商高端人才进行运营管理，从过去的工人转退转变为现在的人才引进。如果说第一个阶段的开掘资源已经成为历史，第二个阶段的资源转化已经基本实现，那么第三个阶段的产业发展就应该进入资源优化配置的更高层级。

与此同时，抓住我国城市化加速发展的总体趋势，万山以新城建设推动城市空间调整，以老城保护为重点实施城市更新，以城市化为动力支撑资源转化和产业转型的过渡。随着资源枯竭，万山的老城区面临空间逼仄狭隘的制约，加之地下因采矿被掏空，生态脆弱，城市承载力下降，必须进行城市空间调整。以此推动城市功能转移，改善城市环境，是万山实现转型发展的重要条件。万山把划转过来的谢桥街道作为城市异地转型的承接区，建设了梵净山大道和楚溪大道等一批基础设施，引进了西南国际商贸物流园、万和星城城市综合体等一批重点项目，实施了铜仁八中、规范化医院、体育馆、游泳馆等一批民生项目，谢桥新区成为万山新的城市中心，为产业更新、转型发展提供了重要支撑。同时，以老城保护为重点实施城市更新，改造完善基础设施，加强老城的保护利用，凸显城市的历史感，使老城和新城实现功能互补、相互呼应。

这也就是自2008年转型以来万山"产业原地转型、城市异地转型"战略的基本逻辑。在国家大政方针的支持下，通过一系列有效举措，经过十多年的努力作为，万山基本实现了资源枯竭型城市的成功转型。更为重要的是，万山重构了资源型城市的生命周期，从发展起伏的侧平面 S 曲线变为持续上升的螺旋式 S 曲线。

在这条螺旋式 S 曲线中，万山开始从资源转换阶段进入资源优化与协调开发阶段。按照习近平总书记的指示，就是不断提高资源尤其是稀缺资源的配置效率，以尽可能少的资源投入生产尽可能多的产品，获得尽可能大的效益。[①]对于万山来说，就是以文化、科技、制度的全面创新为主导推动产业全面升级，撬动各类资源要素的优化配置与综合开发，打通驱动发展的创新链。[②]这条螺旋式 S 曲线中还有另一条主线，那就是在高度城镇化和乡村空心化的趋势下，推动实施乡村振兴战略，重新构建新型生命周期涵盖的时空范围。乡村振兴战略既是中国特色新型城镇化实现高质量发展的发力点，也是万山推动转型可持续发展的必经之路。

当然，万山在开启这条螺旋式 S 曲线的时候，也面临一系列挑战。那就是从过去以开发时序为主导向以结构优化为重点再转型。这种结构优化包括产业问题、城乡问题，但更重要的是社会转型的问题。在产业转型升级、城乡融合发展的过程中，必然出现一些社会面的问题，这也是出现所谓"中等收入国家陷阱"的

---

① 许生、张霞：《改革财税体制促进经济高质量发展》，《财政科学》2018年第12期。
② 传统观念中的资源在很大程度上就是指不可再生资源，但实际上，资源是一个包含自然资源和人文资源的综合概念。不断推动人才、科技、知识、制度、文化等人文资源的开发利用，是重构资源型城市生命周期的关键所在。

原因。① 从这个角度讲，推动社会转型是包括万山在内的任何城市实现经济社会"螺旋式上升"的根本路径。万山转型再平衡，就必须在产业原地转型、城市异地转型的基础上，加快推动社会全面转型。在今后的发展中，要更加重视开辟公共空间、缔造社会联结，培育社会资本、提升社会服务，创新社会治理、促进社会融合，以此推动产业、社会和城市的三个重构，实现结构优化，以结构优化促进功能完善，进而提高城市发展的总体质量。

二、大善之美：万山在转型发展中实现脱贫脱困是"以人民为中心"的生动实践

《诗经》有云"民亦老止，汔可小康"，意思是老百姓很劳苦，应该让他们稍得安宁；小康，作为一种社会形态，出自西汉的《礼记·礼运》②，是指仅次于"大同"理想社会的模式，指的是人民富裕安康的社会局面。千百年来，中华民族为摆脱贫困，持续奋斗，不懈努力。以习近平同志为核心的党中央始终高度重视脱贫攻坚工作，党的十九大对精准脱贫做出重大部署，确保坚决打赢脱贫

---

① 2006年，世界银行《东亚经济发展报告》首先提出"中等收入陷阱"（MiddleIncomeTrap）概念。它是一个经济体的人均收入达到世界中等水平（人均GDP在4000~12700美元的阶段）后，由于不能顺利实现发展战略和发展方式转变，新的增长动力特别是内生动力不足，经济长期停滞不前。同时，快速发展积聚的问题集中爆发，造成贫富分化加剧、产业升级艰难、城市化进程受阻、社会矛盾凸显等。

② 李明贤：《农村全面小康社会建设问题探讨》，《农业现代化研究》2003年第4期。

这场对如期全面建成小康社会、实现第一个百年奋斗目标具有决定性意义的攻坚战，并为世界减贫贡献"中国方案"。

对于万山，习近平总书记最牵挂的事情也是万山人民的脱贫脱困。2008年万山经历百年难遇的低温凝冻灾害，习近平同志莅临万山，给面临矿竭之难、城衰之痛和自然之灾的万山带来了党中央的关怀，万山由此开启转型发展之路。2013年习近平同志对万山转型发展做出重要批示，给万山注入了信心与动力。温暖与鼓舞，鞭策着万山在转型发展中奋力脱贫脱困，成为坚持"以人民为中心"这一发展思想的生动实践，成为打赢脱贫攻坚战这一庄严承诺的铿锵回响。

习近平总书记指出：扶贫开发推进到今天这样的程度，贵在精准，重在精准，成败之举在于精准。万山按照精准扶贫精准脱贫的基本方略，实践脱贫调查检验"五看法"，通过看屋里摆的、身上穿的、床上铺的、柜里装的、锅里煮的，更加客观、真实地反映脱贫成效，不断提升精准识别、精准帮扶、精准施策、精准退出质量，扶贫扶到点上扶到根上，从而切实做到"六个精准"，实施"五个一批"，解决"四个问题"。[①] 万山脱贫脱困所取得的成绩得益于发挥了党委总揽全局、协调各方的作用，落实脱贫攻坚一把手负责制，通过第一书记深入百姓当中，为脱贫攻坚提供了坚强的政治保证。后脱贫时期，万山还将继续发挥第一书记和驻

---

① 刘永富：《习近平扶贫思想的形成过程、科学内涵及历史贡献》，《行政管理改革》2018年第9期。

村工作队的作用,并逐步探索建立长效工作机制,切实强化基层组织力量,激发基层组织活力,夯实基层党组织的战斗堡垒作用。同时,万山构建起专项扶贫、行业扶贫、社会扶贫互为补充的大扶贫格局,调动各方面积极性,引导市场、社会协同发力,形成全社会广泛参与脱贫攻坚的格局。[1]万山的脱贫工作结束,但"脱贫"没结束,万山还将引进社会组织、社会公益力量,建立长效的脱贫巩固机制,特别是要精准了解脱贫对象的后续发展情况,对于其中一批容易出现返贫倾向的群体进行持续跟踪关注与专业帮扶指导,减少返贫现象的发生。更为重要的是,万山不等不靠,迈过了转型发展的坎,引导和支持群众依靠自己的双手开创美好明天,激发了内生动力。

万山在转型发展中决胜精准脱贫、拥抱全面小康,把保障和改善民生作为推进转型发展的出发点和落脚点,研究和解决群众最关心、最直接、最现实的利益问题,尤其是打赢脱贫攻坚战,让群众共享改革发展的成果,不断增强群众的获得感。万山瞄准全面建成小康社会中就业、就医、上学、出行、社保等短板,在解决"大多数"和"平均数"问题的同时,着力解决困难群众脱贫奔小康的问题。目前,万山已经摘掉贫困帽子,脱贫攻坚战实现首战告捷。通过这一轮的脱贫攻坚工作,老百姓的生活富起来,集体经济强起来。下一步万山将进一步巩固

---

[1] 黄承伟:《我国新时代脱贫攻坚阶段性成果及其前景展望》,《江西财经大学学报》2019年第1期。

脱贫攻坚成果，促进乡村发展与乡村振兴，把农业、旅游、文化融合起来，推动农旅融合、文旅融合，增强农村发展内生动力，切实推动农村自我提升、自我发展。万山大力推进以路改、水改、棚改和绿化、美化、亮化为重点的城市建设，城市面貌焕然一新。优化城市管理，通过政府购买公共服务的办法，推进环卫保洁、园林绿化、渣土运输等行业的市场化服务，让城市生活更加舒适。城市舒适的生活，提升了居民的归属感，增强了百姓的幸福感。万山通过服务型社区、"一核多元"社区以及网格化社区的建设，构建新型社区服务管理体系，创新基层治理，让社会更加和谐。当然，万山还需要在精细化管理、精准化服务和精致化治理上再下功夫。充分发挥互联网、物联网、大数据等信息技术作用，统筹会聚整合社区人、地、物、事、组织及工作情况等各类数据，实现社区信息的全面掌握、社区舆情的及时反馈和社区问题的及时解决。精准了解社区不同类型人群的实际需求，统筹政府资源和社会力量提供个性化、定制化服务。搭建多元化的社区协商议事平台，广泛吸纳社会组织、企业、人大代表、政协委员、退休老干部等多元主体力量，共同协商解决社区发展中面临的各类问题，形成社区共建共治共享的良好格局。有效的社会治理、良好的社会秩序，才能让群众的安全感更加充实、更有保障、更可持续。

减少贫困是世界难题，让世界上最大的发展中国家摆脱贫困，更是一项前无古人的壮举。在这一宏大的时代背景下，向美好生活进发，成为万山转型可持续发展的终极目标。

三、神韵之美：万山转型可持续发展彰显了山水人文的核心竞争力

孕育城市之美，主要是在生产、生活、生态之间保持和谐，凸显城市精神与品质。万山的美，美在生态、美在人文、美在精神。在转型可持续发展过程中，万山努力把生态之美、文化之美、精神之美变成财富、变成增长动力、变成老百姓的幸福指数。

绿色是万山之美的底色。近年来，万山坚守生态和发展两条底线，深入践行生态文明理念，坚定"绿水青山就是金山银山"的发展观。万山把解决旧问题、防治新污染作为绿色发展的基石，把生态优先与生态修复作为绿色发展的主基调，着力念好"山字经"，做好"水文章"，打好"生态牌"。一方面，着力解决历史遗留问题，减少汞矿污染，从源头上管控和治理污染。针对矿渣堆积带来的破坏，采用修建挡墙、截洪沟、排水管和配套实施渗淋废水处理、土地复垦、绿化等措施，排除和减少了矿渣与矿石可能带来的地质灾害、汞污染等。另一方面，加强污染治理，积极防止新污染产生。通过加强污水处理厂、生活垃圾无害化处理工程的建设，积极推进固体废物综合利用。通过严格监督工业大气污染的排放、扬尘防治等手段，防治大气污染；通过投入7.8亿元实施木杉河治理工程、投入1.2亿元打造滨河公园、建立河长制等措施防治水污染。万山大力实施重点景区、产业园区、经济开发区、城市新区、通道、乡村、水系等绿化工程。自2014年以来，通过退耕还林、天然林保护、石漠化治理等工作完成人工营造林

18.1382万亩。此外，万山积极利用自然山体和生态原貌建设城市园林景观。

万山未来发展的方向和路径是建设公园城市。万山要利用好自己的区位优势、生态环境优势、人文优势和产业优势，以绿地系统和公共空间系统为基础，构建一个以森林公园、湿地公园、山体公园、城市公园和社区公园为主体的大中小微公园相结合的立体化、多类型、功能复合的城市体系，形成人、城、境、业高度和谐统一的大美城市形态，提升城市品位和竞争力，满足市民群众对美好生活的需要。

在地区经济社会发展中，一个城市如果没有特色就不能形成优势，如果没有个性就不能激发活力。曾经的万山特区，是我国第一个行政特区，既有历史悠久的朱砂开采，也有因汞而兴的辉煌时期，更有因汞而衰的艰难处境，在漫漫历史长河中，形成了灿烂的文化、宝贵的精神、感人的故事。万山在转型可持续发展过程中，逐步将朱砂文化与工业文化、朱砂古镇与工业遗址打造为万山的独特优势和响亮品牌。万山对历史文化资源进行整合、进行二次开发与利用，不但有利于形成独具特色的文化产业，使文化成为新的经济增长点，而且对于提高万山文化软实力、提高综合竞争实力具有显著的现实意义。

万山之美，与其说是一种环境生态、文化特色，不如说是一种精神。也许很难用一个词、一句话具象万山的精神。但可以肯定的是，万山转型可持续发展投射出的是民族精神，是时代精神，为中国精神增添了富有生命力的积淀。

中国精神贯穿于中华民族五千年历史，积蕴于近现代中华民族复兴历程，特别是中国快速崛起过程中迸发出来的具有强大的民族动员与感召效应的精气神，成为凝心聚力的兴国之魂、强国之魂，显示中国文化软实力。其中，爱国主义始终把中华民族紧密团结在一起，改革创新始终鞭策我们在改革开放中与时俱进。万山精神体现了以爱国主义为核心的民族精神，彰显了以改革创新为核心的时代精神。

在中华民族伟大复兴的号角吹响之际，"看万山红遍，层林尽染"——既是历史的回响，也是现实的写照，更是未来的期许！

易地扶贫搬迁：将生活在缺乏生存条件地区的贫困人口搬迁安置到其他地区，并通过改善安置区的生产生活条件、调整经济结构和拓展增收渠道，帮助搬迁人口逐步脱贫致富。

户户通：以最低成本、最快速度、最有效方式，从根本上解决中国广大农村家家、户户、人人听广播、看电视的问题，有利于缩小城乡差距，加快推动城乡广播电视公共服务均等化，让农村群众共享我国改革开放成果。

四化融合：万山通过小额贷款贴息、精准扶贫专项资金、产业扶贫基金等扶持政策，鼓励合作社（公司）、产业大户等致富带头人，与村级党组织和农户三方合作投资建立大棚蔬菜产业基地，签订帮扶合作协议，以村为单位带动贫困户整体入股产业基地参与分红，贫困户以精准扶贫专项资金、土地等入股变股东，投资建设大棚蔬菜试点示范基地，建立起技术服务部、生产部、销售部，实现了市场化运作、合作化经营、专业化管理、科技化支撑的"四化融合"。

四圈两带一网：谢桥新区城市经济圈、茶店片区"车轮经济"圈、丹砂湖片区生态经济圈、经济开发区工业经济圈；高楼坪、黄道、敖寨、下溪农旅产业观光带和大坪、鱼塘农牧花卉产业带；全域旅游一张网。

双转型：城市异地转型、产业原地转型。

黔货出山：贵州省委、省政府帮助贫困地区名特优产品走向市场的扶贫战略行动。

五长制：指万山区创新实施"路长制、所长制、街长制、楼长制、网格长制"的"五长制"，强化城乡一体化长效管理，有效提升城乡环境卫生综合整治水平。

"622"利益分配模式：指整合扶贫资金发展产业，入股分红采取将纯利润的60%用于贫困户、20%用于村集体经济积累、20%用于合作社管理人员的模式。

"334"互助养老模式：即"三种养老模式、三项保障措施、解决四个突出问题"。"三种养老模式"是指"自带食材+集体补助""自愿缴费+政府补贴""自己种菜+社会支持"；"三项保障措施"是指多渠道筹措资金保证互助养老有场所，完善配套设施确保入院老人能入住，搭建沟通平台保障入院老人住得下；着力解决空巢、留守老人"生活困难、患病起居困难、精神慰藉缺失、子女后顾之忧"四个突出问题。

第一书记：是指从各级机关优秀年轻干部、后备干部，国有企业、事业单位的优秀人员和以往因年龄原因从领导岗位上调整下来、尚未退休的干部中选派到村（一般为软弱涣散村和贫困村）担任党组织负责人的党员。

农村淘宝：指阿里巴巴与各地政府深度合作，以电子商务平台为基础，通过搭建县、村两级服务网络，充分发挥电子商务优势，突破物流、信息流的瓶颈，实现"网货下乡"和"农产品进城"

的双向流通。

专业合作社：指当前农村经济快速发展中出现的一种新型农业经营主体，以农村家庭承包经营为基础，通过提供农产品的销售、加工、运输、贮藏以及与农业生产经营有关的技术、信息等服务来实现成员互助目的的组织，从成立开始就具有经济互助性。

五改一化一维：指改厨、改厕、改圈、改水、改电和房前屋后硬化及危旧房维修。

"5321"干部帮扶机制：指万山区县级领导帮扶5户精准扶贫户，科级领导帮扶3户精准扶贫户，股级干部帮扶2户精准扶贫户，一般干部帮扶1户精准扶贫户。

七个不能退：一是收入，脱贫户收入必须超过当年的扶贫标准线，必须有稳定的生产性、经营性或工资性收入，不能把低保金和养老保险金作为脱贫依据，不能对低保脱贫户一兜了之，要有相应的其他增收渠道；二是饮水安全保障，未解决安全饮水的贫困户不能脱贫，纳入水利部门农村安全饮水提升的贫困户不能脱贫；三是教育保障，贫困户子女因贫造成辍学的不能脱贫，贫困户子女因贫不能完成"普九"阶段外教育（含大学、高职、中职学业阶段）未获得教育资助的不能脱贫；四是医疗保障，没有落实"三重"医疗保障的患病贫困户不能脱贫，即贫困户家庭成员没有参加新型农村合作医疗的不能脱贫，符合三重医疗保障政策，而未享受政策的不能脱贫；五是住房保障，无房户及住建部门登记的C级、D级危房户不能脱贫，且危房改造户建筑面积不能低于人均13平方米，是危房而且纳入易地扶贫搬迁但当年没有实际搬迁的不能脱贫；六是当年因灾致贫和返贫的不能脱贫，即当年遭受水灾、火灾、地质灾害及暴风雪等自然灾害，导致返贫或致贫的按照精准识别程序纳入贫困户建档立卡系统，当年不能脱贫；七是未落实帮扶措施的不能脱贫，即对当年拟脱贫的贫困户未落实帮扶措施的，不能脱贫。

四场硬仗：一是打好基础设施建设硬仗；二是打好易地搬迁扶贫硬仗；三是打好产业扶贫硬仗；四是打好教育医疗住房"三保障"硬仗。

一达标、两不愁、三保障：一达标是指农村建档立卡贫困户家庭年人均可支配收入稳定超过当年贵州省公布的扶贫标准线；两不愁指不愁吃（包含吃饭不愁、饮水不愁），不愁穿（有换季衣服，夏天有单衣、冬天有棉衣；有换洗衣服、有御寒被褥）；三保障指住房安全、义务教育、基本医疗有保障。

七个极：指铜仁市在脱贫攻坚过程中，探索形成的工作总要求，即以极高的政治站位、极深的民生情怀、极强的全局统筹、极佳的脱贫成效、极准的路径举措、极硬的工作作风、极优的组织保障，坚决打好精准脱贫攻坚战。

三真三因三定：真情实意、真金白银、真抓实干；因地制宜、因势利导、因户施策；定点包干、定责问效、定期脱贫。

"76554"工作法：7个"补"，一是查漏补缺，二是亡羊补牢，三是取长补短，四是勤能补拙，五是合力补位，六是将功补过，七是激励补偿；6个"不"，一是自强不自卑，二是期待不等待，三是依靠不依赖，四是包干不包办，五是苦干不苦熬，六是借力不省力；5个"看"，一是看家里摆的，二是看身上穿的，三是看柜里放的，四是看床上铺的，五是看锅里煮的；5个"一致"，一是"客观有的"与村情民情一致，二是"系统录的"与贫困实际一致，三是"袋里装的"与主要指标一致，四是"墙上挂的"与帮扶措施一致，五是"嘴上说的"与脱贫成效一致；4个"好"，一是党的政策好，二是人居环境好，三是社会风气好，四是干群关系好。

千企帮千村：按照全国工商联关于开展"万企帮万村"精准扶贫行动的决策部署，贵州省委统战部、贵州省工商联紧密结合贵州实际，自2015年12月启动了"千企帮千村"行动。

讲习所：党的十九大召开期间，习近平总书记在参加贵州代表团讨论时充分肯定了贵州省毕节市把支部建在生产小组上、发展脱贫攻坚讲习所的这一做法，强调新时代的农民讲习所是一个创新。习近平总书记的话让贵州广大干部群众倍感振奋和自豪。党的十九大胜利闭幕后，按照省委的统一部署，全省掀起了创办新时代农民（市民）讲习所的热潮，并迅速延伸覆盖到各行业各领域。

一体双翼：指万山区城乡一体化建设和以林果、养殖为双翼的发展规划。

六个精准：指扶贫对象精准、项目安排精准、资金使用精准、措施到户精准、因村派人精准、脱贫成效精准。

五个一批：指发展生产脱贫一批、易地搬迁脱贫一批、生态补偿脱贫一批、发展教育脱贫一批、社会保障兜底一批。

四卡合一：指脱贫政策明白卡、贫困户基本信息卡、帮扶工作记录卡、贫困户收益卡。

组组通：2017年8月30日，贵州省召开2017年脱贫攻坚秋季攻势暨农村"组组通"公路三年大决战启动大会，发出脱贫攻坚秋季攻势行动令，明确提出要确保到2019年全省实现100%的村民组通硬化路。

春晖行动：春晖行动是共青团贵州省委于2004年根据唐代诗人孟郊《游子吟》的感人意境，创意发起的一项大型社会公益活动，旨在"弘扬中华文明，反哺故土亲人"，充分发挥"亲情、乡情、友情"的情感纽带作用，激发赤子情怀，感召游子返乡，共同促进家乡经济文化发展，促进社会和谐进步。

一区五地：一区指绿色发展先行示范区，五地指绿色发展高地、内陆开放要地、文化旅游胜地、安居乐业福地、风清气正净地。

六有标准：指按照有场所、有设施、有经费、有制度、有活动、有形象的"六有"标准要求，精心打造党建工作"新阵地"，进一步提高党支部阵地建设的标准化水平。

四在农家：是指"富在农家，学在农家，乐在农家，美在农家"的乡村精神文明。

鼟锣：鼟锣以锣、鼓为主，辅之其他乐器和用具。盛行于境内黄道、下溪、敖寨侗族乡，至今已有千年历史，1994年黄道侗族乡被贵州省文化厅授予"鼟锣艺术之乡"称号。侗乡人民在长期的风雨岁月中，共演练成闹年锣、喜庆锣、敬神还愿锣、辞诵锣、充锣、丧锣、"三锤锣"、"九锤锣"、"两头忙"、"三道齐"等60余种不同形式和曲调。

雁归工程：是指引导和扶持万山籍在外各类人员返回万山和欢迎非万山籍人员来万山创业就业。

一核多元：指以社区党组织为核心，以居民自治组织为主体，社区党员志愿者、业主委员会、退休老同志和驻小区单位多元参与的"一核多元"社区治理体系。

"1+4+N"社区格局："1"即社区党支部，"4"即信息共享机制、活动共办机制、工作考评机制、志愿服务机制，"N"即集网格室、道德讲堂、党员活动室、四点半学校、图书室、幼儿活动室、卫计服务中心等于一体的多功能室。

"554"服务模式：指设置党员服务岗、劳动就业服务岗、卫生计生服务岗、社会事务服务岗、法律咨询服务岗的"便民五岗"；开展党员个性化服务、劳动就业维权服务、健康养老服务、家政缴费电商服务、文教服务的"五项服务"；构建社区治安警务、社区天网、矛盾纠纷调解、流动人口管理的"四方位治安管理"体系。

消费扶贫：是指社会各界通过消费来自贫困地区和贫困人口的产品与服务，帮助贫困人口增收脱贫的一种扶贫方式，是社会力量参与脱贫攻坚的重要途径。

地名索引

A
敖寨侗族乡沿河两岸　　120
敖寨两河口村大棚蔬菜产
业基地　　148

B
北一号　　171
北二号　　171

C
朝阳路　　171
城南驿　　107
冲广坪社区　　275
冲脚一、二号尾矿库　　120
楚溪大道　　171
创业孵化园　　136

D
大冲村　　243
大坡村　　031
大水溪尾矿库　　120
丹砂湖　　130
丹砂湖片区　　130
地慢村　　112

G
高端装备制造业基地　　212
关庄村　　181
观山雅居　　016
官田村　　030
贵州汞矿一坑、五坑　　010

H
横山村　　035
黄道农旅产业观光带　　130
黄道乡愁馆　　259
黄家寨　　161
黄腊洞　　314

J

解放街旧街区	259
金鳞尚城	017
九丰农业博览园	024

K

开天村	030

L

两河口村	037

M

麻音塘社区	234
梅花湖景区	314
名家汇	017
木杉河湿地公园	267

P

平洋百货商业广场	171

Q

黔东新能源汽车城	212

R

仁山公园	017

S

三角岩社区	164
石头寨	259
石竹社区	030
水眼坪组	259

T

挞扒洞长寿村	308
同心社区	233
铜仁购 O2O 商城	136
铜仁汽车南站	171
土坪社区	247

W

瓦田村	181
瓦寨村	259
万仁新能源汽车	211
万山电商生态城	136
万山邮政公司农民讲习所	148

万山镇"农村淘宝"服务中心	167
万山镇电商服务中心	167
旺家花园	107
瓮岩村	243

X

相思湖	206
小湾村	259
小云南水库	016
谢桥新区	035

Y

牙溪村	024
牙溪村田坝组	030
岩屋坪社区	035
夜郎村	151
夜郎谷风景区	161
义乌商城	136
鱼塘农牧花卉产业带	341

Z

张家湾固体废物综合利用循环经济产业园区	213
中洞	207
中华山村	034
中华山相思湖	314
朱砂工艺品产业园	112
朱砂古镇	024

一、书籍

1. 连玉明:《绿色新政:大国崛起的软实力》,中信出版社,2015。
2. 聂亚珍、张云、姜学勤:《资源型城市产业兴衰与转化之规律》,中国书籍出版社,2012。
3. 欧阳日辉:《资源枯竭型城市转型知识读本》,中国文史出版社,2012。
4. 铜仁市万山区档案局:《万山年鉴(2012)》,2013。
5. 铜仁市万山区档案局:《万山年鉴(2013)》,2014。
6. 铜仁市万山区档案局:《万山年鉴(2014—2015)》,2016。
7. 铜仁市万山区档案局:《万山年鉴(2016)》,2017。
8. 铜仁市万山区档案局:《万山年鉴(2017)》,2018。
9. W.W.罗斯托:《经济增长的阶段》,中国社会科学出版社,2001。
10. 吴春莺:《中国资源型城市产业转型研究》,人民日报出版社,2015。
11. 吴宗杰:《资源型城市产业转型理论与实践》,经济科学出版社,2016。
12. 俞可平:《中国治理评论(第1辑)》,中央编译出版社,2012。

13. 俞可平：《中国治理评论（第2辑）》，中央编译出版社，2012。
14. 俞可平：《中国治理评论（第3辑）》，中央编译出版社，2013。
15. 俞可平：《中国治理评论（第4辑）》，中央编译出版社，2013。
16. 俞可平：《中国治理评论（第5辑）》，中央编译出版社，2014。
17. 俞可平：《中国治理评论（第6辑）》，中央编译出版社，2014。
18. 俞可平：《中国治理评论（第7辑）》，中央编译出版社，2016。
19. 俞可平：《论国家治理现代化》，社会科学文献出版社，2014。
20. 张雷：《矿产资源开发与国家工业化》，商务印书馆，2004。

二、报刊

21. 欧阳黔森：《看万山红遍》，《人民文学》2018年第9期。
22. 安东尼·M.奥罗姆、张玥：《亚洲城市未来十年面临的四个巨大挑战》，《中国治理评论》2014年10月31日。
23. 《八部门联合发文支持"飞地经济"发展》，《福建质量技术监督》2017年第6期。
24. 沈湘平：《当代城市精神如何塑造？》，《成都日报》2017年8月2日。
25. 陈浩、陈平、罗艳：《资源枯竭型城市产业转型成效分析》，《商业研究》2015年第11期。
26. 陈敏尔：《紧密团结在以习近平同志为核心的党中央周围决胜脱贫攻坚同步全面小康奋力开创百姓富生态美的多彩贵州新未来》，《贵州日报》2017年4月25日。
27. 陈润儿：《推进乡村振兴的一支重要力量——关于外出务工人

员返乡创业情况的调查》,《农村·农业·农民》(B版)2019年第5期。

28. 陈斯雅:《新通道越走越宽》,《当代广西》2018年第24期。

29. 陈学章:《国外资源型城市转型的经验与启示》,《湖北师范学院学报》(哲学社会科学版)2007年第3期。

30. 陈永堂:《切实加快贫困地区全面建成小康社会步伐》,《理论与当代》2014年第3期。

31. 陈玉祥:《万山产业转型,提速增量》,《贵州日报》2014年6月20日,第03版。

32. 程晖:《资源枯竭城市转型加强年度绩效考核》,《中国经济导报》2017年9月8日。

33. 崔凯、冯献:《演化视角下农村电商"上下并行"的逻辑与趋势》,《中国农村经济》2018年第3期。

34. 戴学锋:《从国际经验看资源枯竭型城市如何转型》,《今日中国论坛》2009年第Z1期。

35. 邓明鹏:《万山:"六个聚焦"打赢脱贫攻坚战》,《铜仁日报》2018年12月27日。

36. 丁湘城、张颖:《资源型城市转型与发展模式选择——基于生命周期理论的研究》,《江西社会科学》2008年第8期。

37. 方春英:《守好发展和生态两条底线》,《贵州日报》2018年11月11日,第001版。

38. 冯雪艳:《改革开放40年中国可持续发展理论的演进》,《现代管理科学》2018年第6期。

39. 高菊、李英、杨聪：《千筝齐飞万山绿涌》，《贵州日报》2017年3月23日，第008版。

40. 高文香、郭剑英：《新农村建设与农村消费扩大系统相互贡献评价指标体系的构建》，《安徽农业科学》2011年第9期。

41. 顾阳：《做好资源枯竭城市转型发展这篇文章》，《经济日报》2018年12月17日，第011版。

42. 顾一帆、吴玉锋、穆献中、左铁镛：《原生资源与再生资源的耦合配置》，《中国工业经济》2016年第5期。

43. 郭丁源：《为了总书记的嘱托：加快资源枯竭城市绿色发展》，《中国经济导报》2018年12月19日，第02版。

44. 郭刚：《推动产业扶贫实现产业富民》，《当代贵州》2018年5月1日。

45. 《国务院同意将江西省瑞金市列为国家历史文化名城》，《城市规划通讯》2015年第16期。

46. 贺音之：《学习实践科学发展观加强办公室执行力建设》，《民族论坛》2009年第8期。

47. 衡阳市扶贫开发办公室：《突出扶贫扶志激活内生动力》，《衡阳通讯》2019年第4期。

48. 胡凯：《老工业基地视野下自主创新的机制与模式研究》，《青年文学家》2012年第3期。

49. 黄承伟：《我国新时代脱贫攻坚阶段性成果及其前景展望》，《江西财经大学学报》2019年第1期。

50. 黄廷安：《论铜仁市文旅融合的盲区与鸿沟矫治问题》，《知行铜仁》2017年第5期。

51. 姜德波、彭程:《城市化进程中的乡村衰落现象:成因及治理——"乡村振兴战略"实施视角的分析》,《南京审计大学学报》2018年第1期。

52. 姜长云:《多方合力推进乡村产业兴旺》,《证券日报》2018年6月9日,第A03版。

53. 姜长云:《推进产业兴旺是实施乡村振兴战略的首要任务》,《学术界》2018年第7期。

54. 金家文、吴义刚:《新能源电池产业现状及产能过剩研究》,《黑龙江八一农垦大学学报》2018年第4期。

55. 李鸿忠:《树立科学人才理念推进人才强省建设》,《党建》2012年第3期。

56. 李明贤:《农村全面小康社会建设问题探讨》,《农业现代化研究》2003年第4期。

57. 李增元:《农村基层治理单元的历史变迁及当代选择》,《华中师范大学学报》(人文社会科学版)2018年第2期。

58. 李中迪、杨聪:《"千年丹都"拨响"绿色琴弦"》,《贵州日报》2018年8月4日,第01版。

59. 廖桂蓉:《转型期中国城市农民工贫困原因探析》,《改革与战略》2008年第12期。

60. 林斐:《加强农民工返乡创业的地方制度创新》,《中国国情国力》2016年第9期。

61. 刘怡珉、华茜:《归雁返乡带民富》,《铜仁日报》2018年5月4日。

62. 刘永富:《习近平扶贫思想的形成过程、科学内涵及历史贡献》,《行政管理改革》2018年第9期。

63. 刘玉宝:《我国资源型城市的现状特点及其历史贡献评述》,《湖北社会科学》2006年第4期。

64. 马田、王斌全、王磊、刘爽、李文静、汪华彪:《"医养结合"养老模式发展制约因素及对策研究》,《中国卫生产业》2019年第2期。

65. 孟韬:《资源枯竭型城市产业转型的定位与实践——阜新、辽源两个国家试点城市的经验比较》,《社会科学战线》2007年第5期。

66. 潘霞:《理顺地政助力传统村落保护的实践与思考》,《浙江国土资源》2017年第11期。

67. 秦成逊、周惠仙、李喜景:《西部资源型城市经济转型扶持政策研究》,《昆明理工大学学报》(理工版)2008年第2期。

68. 邱实:《工业遗产的主动式保护——基于矿山公园建设的思考》,《建筑与文化》2019年第1期。

69. 屈鹏:《市政府召开第五十二次常务会议》,《沧州日报》2019年4月10日,第P01版。

70. 《全面推动资源型地区经济转型发展迈上新台阶》,《中国改革报》2018年12月14日。

71. 任常青:《产业兴旺的基础、制约与制度性供给研究》,《学术界》2018年第7期。

72. 任洲、刘爱军:《农民工回流问题研究综述》,《农村经济与科技》2015年第5期。

73. 阮启祥:《资源型城市转型如何走出新路》,《江西日报》2019年1月30日。

74. 《山东省人民政府关于促进大数据发展的意见》,《山东省人民政府公报》2016年第30期。

75. 商允忠、王华清:《资源型城市转型效率评价研究——以山西省为例》,《资源与产业》2012年第1期。

76. 邵景良:《"大督查"强健执行力》,《秘书工作》2012年第9期。

77. 沈骏:《乡村振兴战略与产业融合发展研究》,《现代经济信息》2019年第3期。

78. 沈镭、程静:《论矿业城市经济发展中的优势转换战略》,《经济地理》1998年第2期。

79. 《省人民政府办公厅关于支持铜仁市大健康医药产业加快发展的意见》,《贵州省人民政府公报》2017年第12期。

80. 施小燕:《我国新能源行业上市公司资本结构与企业绩效现状分析》,《现代经济信息》2013年第16期。

81. 石光辉、李烨:《从"贵州汞矿"现象看资源枯竭型国有企业产业转型困境》,《经营管理者》2011年第23期。

82. 石秀华:《国外资源型城市成功转型的案例分析与比较》,《科技创业月刊》2006年第12期。

83. 邓明鹏:《舒展更加壮美的画卷——万山区狠抓项目实施推动大跨越走笔》,《铜仁日报》2016年7月28日,第09版。

84. 宋飏、肖超伟、王士君、王雪微:《国外典型矿业城市空间可持续发展的借鉴与启示》,《世界地理研究》2011年第4期。

85. 谭飞、宋常青:《我国资源枯竭型城市转型四大模式》,《瞭望新闻周刊》2006年第Z1期。

86. 谭俊涛、张平宇、李静、刘文新、仇方道:《资源型城市经济转型的路径创造——以辽源市为例》,《资源与产业》2018年第3期。

87. 田世广:《加大贫困地区资源枯竭型城市帮扶力度》,《贵州日报》2017年2月8日,第005版。

88. 《铜仁市委党史研究室万山区委党史研究室.历史界碑与精神丰碑》,《铜仁日报》2014年8月7日。

89. 万秀斌、郝迎灿:《汞都转型,破茧蝶变》,《人民日报》2014年5月20日,第04版。

90. 汪恭礼:《乡村振兴战略视角下的农村三次产业融合发展探析》,《河北大学学报》(哲学社会科学版),2018年第6期。

91. 王昶:《城市矿产开发研究的战略思考》,《贵州省党校学报》2017年第6期。

92. 王莉银、雷景富:《全面提升新时代基层新闻宣传工作水平》,《新闻传播》2018年第22期。

93. 王新伟:《贵州省铜仁市万山区敖寨侗族乡:因地制宜建设幸福乡村》,《经济日报》2019年2月19日,第007版。

94. 王新伟:《农民致富搭上电商快车》,《经济日报》2016年4月12日,第010版。

95. 王彦波:《探索金融服务创新助力重庆内陆开放高地建设——

中国工商银行重庆市分行改革开放发展纪实》,《金融世界》2018年第12期。

96. 温丰源、张小霞、常运昌:《新能源汽车产业涉及的中国矿石资源现状》,《无机盐工业》2017年第1期。

97. 吴雨伦:《匹兹堡成为工业城市转型的典范》,《文汇报》2018年3月15日,第011版。

98. 习近平:《实施国家大数据战略加快建设数字中国》,《信息化建设》2017年第11期。

99. 《新能源蓄电池回收新规出台,动了谁的奶酪?》,《资源再生》2018年第3期。

100. 黔西南州委改革办:《新时代新气象新作为——贵州发展2018(二)》,《贵州日报》2019年3月27日,第006版。

101. 徐雨森、戴大双:《软硬环境在资源型城市经济发展中的地位》,《大连理工大学学报》(社会科学版)2003年第1期。

102. 许生、张霞:《改革财税体制促进经济高质量发展》,《财政科学》2018年第12期。

103. 鄢丽娜:《为资源型城市转型增加"智慧"砝码》,《中国煤炭报》2018年5月12日,第005版。

104. 严明清、邹光:《资源枯竭型城市转型的路径选择》,《学习月刊》2012年第2期。

105. 杨宝国:《论共产主义理想的当代自觉、自信与践行》,《马克思主义文化研究》2018年第2期。

106. 杨波、赵黎明:《资源"诅咒"破解、锁定效应消除与转型空间建构——"中国金都"招远市资源型城市转型模式探索》,《现代财经》(天津财经大学学报)2013年第11期。

107. 杨聪、王瑞馨、王娜:《打破常规激活力"无中生有"闯新路》,《贵州日报》2018年8月15日。

108. 杨聪、张文娟:《万山:"九丰农业+"让山沟沟变身"武陵菜都"》,《贵州日报》2018年1月28日,第t03版。

109. 杨聪:《打破常规激活力"无中生有"闯新路》,《贵州日报》2018年8月15日,第001版。

110. 杨丽娜:《万山:"高铁+全域旅游"组合拳"击"出旅游新趋势》,《铜仁日报》2019年2月28日,第A01版。

111. 叶南客:《城市精神的价值取向与塑造战略——以南京为例》,《群众》2012年第4期。

112. 易兵、许弢:《武汉大都市区"飞地经济"发展制约与对策研究》,《知识经济》2019年第6期。

113. 余建辉、张文忠、王岱、李倩:《资源枯竭城市转型成效测度研究》,《资源科学》2013年第9期。

114. 余欣荣:《全面推进农业发展的绿色变革》,《人民日报》2018年2月8日,第010版。

115. 袁汪洋:《论现代思想政治教育社会化系统的构建》,《理论界》2011年第1期。

116. 岳友熙、岳庆云、张录强:《论生态现代化视阈下资源枯竭城市的转型——以淄博市为例》,《山东理工大学学报》(社会科学版)2011年第5期。

117. 臧雷振:《国家治理现代化的建构路径——作为治理主体的灵巧型政府实践》,《中国治理评论》2015年第1期。

118. 张海涛:《创新是贵阳的腾飞之翼》,《理论与当代》2016年第7期。

119. 张海鹰:《长尾市场媒介策略分析》,《广告大观》(综合版),2007年第9期。

120. 张化冰:《中国新能源汽车废旧电池或从"商机"演变成"危机"》,《电力设备管理》2018年第2期。

121. 张丽艳、张瀚亓:《我国两岸社区养老模式对比研究》,《山东行政学院学报》2019年第1期。

122. 张晓玲:《可持续发展理论:概念演变、维度与展望》,《中国科学院院刊》2018年第1期。

123. 张晓松:《奋力书写东北振兴的时代新篇》,《人民日报》2018年9月30日,第01版。

124. 张学高:《政府主导的资源枯竭型城市转型路径选择》,《云南行政学院学报》2013年第4期。

125. 张永勋、闵庆文、徐明、李先德:《农业文化遗产地"三产"融合度评价——以云南红河哈尼稻作梯田系统为例》,《自然资源学报》2019年第1期。

126. 赵国梁:《学习贯彻习近平总书记对铜仁万山工作重要批示》,《贵州日报》2013年5月12日。

127. 支航、金兆怀:《不同类型资源型城市转型的模式与路径探讨》,《经济纵横》2016年第11期。

128. 《中共贵州省委办公厅.中共贵州省委贵州省人民政府关于支持万山资源枯竭型城市转型发展的意见》,《铜仁日报》2013年7月11日。

129. 《中共中央、国务院发出〈关于建立更加有效的区域协调发展新机制的意见〉》,《城市规划通讯》2018年第23期。

130. 周复宗、费爱心、张祥、戴祥润、张青松:《基于铜仁探索"春晖社"+"三社融合"联动机制》,《法制与社会》2018年第26期。

131. 朱红涛:《如何更好发挥政府在资源配置中的作用》,《唯实》2014年第6期。

132. 朱启臻:《对贵州乡村振兴"产业兴旺"的几点建议》,《贵州日报》2019年1月8日,第011版。

133. 朱启臻:《关于乡村产业兴旺问题的探讨》,《行政管理改革》2018年第8期。

134. 朱启臻:《乡村振兴背景下的乡村产业——产业兴旺的一种社会学解释》,《中国农业大学学报》(社会科学版),2018年第3期。

135. 朱训:《21世纪中国矿业城市形势与发展战略思考》,《中国矿业》2002年第1期。

136. 《住房城乡建设部、国家文物局联合召开国家历史文化名城和中国历史文化名镇名村评估总结大会》,《工程建设标准化》2019年第1期。

137. 刘怡珉:《从一枝独秀到花开遍地"九丰农业+"让万山农业生机勃发》,《铜仁日报》2018年11月24日,第01版。

三、硕博论文

138. 黄田:《可持续发展主导产业选择及实证研究》,合肥工业大学硕士学位论文,2007。

139. 亓晶晶:《煤炭资源型城市产业发展路径依赖与经济转型》,山西财经大学硕士学位论文,2010。

140. 屈学书:《我国家庭农场发展问题研究》,山西财经大学博士学位论文,2014。

141. 宋玥霞:《乌海资源型城市经济转型研究》,内蒙古大学硕士学位论文,2011。

142. 王静:《资源枯竭型城市经济转型问题研究——以白银市为例》,西北师范大学硕士学位论文,2011。

143. 王玉:《新中国成立初期干部教育问题研究(1949-1956)》,吉林大学博士学位论文,2017。

144. 支航:《吉林省资源型城市绿色转型方式与机制研究》,东北师范大学博士学位论文,2017。

四、网址

145. 国家发改委:《国家发展改革委组织召开全国资源枯竭城市转型发展暨采煤沉陷区综合治理经验交流现场会》,http://www.ndrc.gov.cn/gzdt/201812/t20181214_922683.html,2018年12月14日。

146. 《国家划定69个典型资源枯竭型城市煤都占54%》,《矿业汇》,http://www.sxcoal.com/news/4563620/info,2017年11月3日。

147. 张蒙、杨文利:《东北老工业基地对新中国的历史贡献》,中华人民共和国国史网,2009年6月29日。

148. 国家发展改革委办公厅:《关于开展第二批资源枯竭城市转型评估工作的通知》(发改办东北〔2011〕349号),http://www.ndrc.gov.cn/zcfb/zcfbtz/201103/t20110309_399009.html,2011年2月18日。

149. 国家发展改革委办公厅:《关于开展首批资源枯竭城市转型评估工作的通知》,http://dbzxs.ndrc.gov.cn/zywj/201008/t20100823_664298.html,2010年8月18日。

150. 国家统计局:《中华人民共和国2018年国民经济和社会发展统计公报》,http://www.stats.gov.cn/tjsj/zxfb/201902/t20190228_1651265.html,2019年2月28日。

151. 联合国:《可持续发展目标//变革世界的17个目标》,https://www.un.org/sustainabledevelopment/zh/,2019年3月4日。

152. 联合国:《2018年可持续发展目标报告》,https://unstats.un.org/sdgs/files/report/2018/TheSustainableDevelopmentGoalsReport2018-ZN,2019年3月4日。

153. 《万山区"农业综合体+"带动1016人脱贫》,人民网,http://gz.people.com.cn/n2/2017/0929/c375231-30792843.html,2017年9月29日。

154. 万山区政府办公室:《万山荣获"省级森林城市"荣誉称号》,http://www.trs.gov.cn/xwzx/qxyw/201804/t20180419_3241830.html,2018年4月19日。

155.《不忘初心,砥砺前行,奋力谱写"一区五地"建设新篇章中国共产党铜仁市第二次代表大会胜利闭幕》,铜仁网,http://www.tongren.gov.cn/2016/1225/127374.shtm,2016年12月25日。

156. 谢静华、陈虹:《万山区"3+"模式推动农村电商发展》,铜仁网,http://www.tongren.gov.cn/2016/0728/119000.shtml,2016年7月28日。

157. 田世广:《万山资源枯竭城市转型提速》,铜仁网,http://www.tongren.gov.cn/2013/0608/42293.shtml,2013年6月8日。

158. 李靖:《万山积极探索"4+N+5"招商引资新模式》,铜仁新闻网,http://www.trxw.gov.cn/2018/1212/142874.shtml,2018年12月12日。

159. 铜仁市党史研究室、万山区党史研究室:《历史界碑与精神丰碑——万山精神溯源》,万山网,http://www.wsxw.gov.cn/2014/1226/yichan5011.html,2014年12月26日。

160. 李杰:《农村产业革命的九丰农业+模式》,万山网,http://www.wsxw.gov.cn/2018/1207/yaowen34396.html,2018年12月7日。

161. 曾永佳:《万山:顺势而为电商产业发展驶入"快车道"》,万山网,http://www.wsxw.gov.cn/2018/1205/quwei34329.html,2018年12月5日。

162. 张慧玲:《万山区抓实"三项行动"助力脱贫攻坚》,万山网,http://www.wsxw.gov.cn/2018/0728/tongzhan31280.html,2018年7月28日。

163. 金婉秋:《万山抓作风有力度,抓发展有速度》,万山网,

http://www.wsxw.gov.cn/2015/1026/yaowen10390.html,2015年10月16日。

164. 国家发改委:《资源枯竭城市转型已取得阶段性成果》,新华网,http://www.xinhuanet.com/2018-12/13/c_1123849905.htm,2018年12月13日。

165. 发改委:《加快推进资源枯竭城市转型》,中国发展网,http://www.chinadevelopment.com.cn/fgw/2017/08/1172129.shtml,2017年8月31日。

166. 《甘肃玉门油竭城衰资源枯竭型城市陷入转型困局》,中国发展网,http://www.hinews.cn/news/system/2010/06/15/010909069_01.shtml,2010年6月15日。

167. 周娴:《贵州万山"废墟之上"谋划产业转型》,中国新闻网,http://www.chinanews.com/df/2014/05-13/6164098.shtml,2014年5月13日。

168. 杨云:《脱贫攻坚看贵州:"第一书记"激活乡村一池春水》,中国新闻网,http://www.chinanews.com/sh/2017/03-01/8162516.shtml,2017年3月1日。

169. 中华人民共和国农业农村部:《对十三届全国人大一次会议第6445号建议的答复》,http://www.moa.gov.cn/govpublic/NCJJTZ/201809/t20180903_6156727.htm,2018年9月3日。

170. 万山网:《农村产业革命的九丰农业+模式》,http://www.wsxw.gov.cn/2018/1207/yaowen34396.html,2018年12月7日。

171. 区融媒体中心:《万山区营商环境居2018年全省首位》,http://

www.wsxw.gov.cn/2019/0403/yaowen37094.html，2019年4月3日。

172.《就业是民生之本，收入乃民生之源——学习习近平总书记关于民生工作重要论述体会之七》，《民生周刊》，http://www.msweekly.com/show.html?id=104167，2018年10月30日。

173.《贵州初步实现公共就业服务全流程信息化》，新华社，http://www.xinhuanet.com/local/2019-02/21/c_1124144560.htm，2019年2月21日。

174.《重庆：政策"礼包"推动就业扶贫》，新华社，http://www.gov.cn/xinwen/2018-11/18/content_5341503.htm，2018年11月18日。

175.《习近平谈教育发展：教育兴则国家兴，教育强则国家强》，人民网－中国共产党新闻网，http://cpc.people.com.cn/n1/2018/0910/c164113-30282062.html，2018年9月10日。

176. 王忠杰：《"公园城市"理念内涵和实施路径》，http://www.chla.com.cn/htm/2018/0807/269095.html，2018年8月7日。

177. 风景分院－北京公司二所研究团队：《公园城市系列谈（三）：响应"公园城市"理念的风景园林途径与策略》，https://www.sohu.com/a/235685083_563997，2018年6月14日。

178.《万山荣获"省级森林城市"荣誉称号》，铜仁市人民政府网，http://www.trs.gov.cn/xwzx/qxyw/201804/t20180419_3241830.html，2018年4月19日。

后记

2018年5月15日，铜仁市人民政府与北京国际城市发展研究院缔结长期战略合作伙伴关系，共建铜仁市人民政府发展研究中心，并由全国政协委员、北京国际城市发展研究院院长连玉明担任铜仁市委、市政府首席顾问。2018年8月1日，铜仁市人民政府发展研究中心正式运行。中心围绕市委、市政府战略部署，以重大现实问题为主攻方向，积极开展理论探索、信息分析和应用研究，为市委、市政府提供决策咨询和智力支持。"看万山红遍"是铜仁市委、市政府部署的2018年度重大战略研究课题。

自2018年5月起，铜仁市委、市政府首席顾问连玉明带领课题组人员先后赴万山开展了三次前期摸底调研，分别对产业园区（铜仁高新区、万山经开区）、旅游品牌（朱砂古镇、彩虹海）、重点企业（万仁新能源汽车公司、九丰农业博览园）以及部分乡镇（高楼坪乡、万山镇）进行了实地考察，并与万山区委、区政府进行了座谈交流，初步把握了万山转型可持续发展的历史脉络和发展规律。

2018年9月，课题组反复学习领会习近平总书记关于转型可持续发展的重要论述，编辑了资源枯竭型城市转型发展典型案例，梳理了万山区乡镇（街道）与村（社区）基础资料，为开展万山转型可持续发展大调研做好了前期准备。

2018年10月13日至28日,课题组组织北京国际城市发展研究院、贵阳创新驱动发展战略研究院、铜仁市人民政府发展研究中心研究人员组成86人的调研团队,赴铜仁市万山区开展了为期15天的集中调研。调研期间,课题组看发展变化、听扶贫故事、问困境难点、聊转型经历,共召开100余场座谈会,实地考察100多个产业项目,走访近1000户群众,重点访谈约500人,实现了10个乡镇(街道)、95个村(社区)、重点部门、重点企业的全覆盖,形成了127期《简报》和103期《专刊》。调研结束后,课题组对调研资料进行整理分类和研究总结,形成了《看万山红遍》调研记录、理论思考、调研纪实、实践探索共13卷以及《走遍万山》《乡愁万山》《感知万山》等系列阶段性成果,为本书的研究撰写奠定了坚实基础。

2019年1月,连玉明院长在贵阳组织召开了"看万山红遍"课题研讨会,并提出了总体思路和核心观点,朱颖慧执行院长、武建忠副院长对本书框架进行了总体设计。2019年3月,课题组相关人员在铜仁开始了本书的撰写工作,并形成了20余万字初稿。2019年4月,课题组核心成员连玉明、朱颖慧、武建忠、张涛、石龙学、王新江在铜仁对初稿进行了修改,完善了本书的框架结构,丰富了本书的内容与观点。2019年4月24日,课题组在铜仁召开了"看万山红遍"专题汇报会,连玉明院长和朱颖慧执行院长分别围绕《看万山红遍》的撰写情况和主要框架观点进行了汇报。铜仁市委书记陈昌旭、市长陈少荣充分肯定了课题组在万山开展的调查研究工作,并围绕《看万山红遍》理论专著的修改完善工作，提出了一系列前瞻性、指导性的意见建议。

2019年6月至8月，课题组先后在北京、贵阳、铜仁等地召开了"看万山红遍"专家咨询会，广泛听取业界专家的意见建议。铜仁市委、市政府和万山区委、区政府在书稿的撰写、修改过程中给予了充分支持，提出了许多具体的修改建议，确保了书稿内容的真实性、准确性和科学性。社会科学文献出版社社长谢寿光高度重视本书的出版工作，指示组织多名编辑对本书进行精心编校、精心设计，保证了本书的如期出版。在此，一并表示感谢！

城市的发展有其内在的规律，城市会经历兴起、发展、繁荣、衰退、复兴再到繁荣的过程。资源型城市转型作为一个世界性难题，既不可能脱离城市发展的普遍规律，又具有一定的特殊性。本书总结归纳了万山转型发展的三大特征，既体现了万山转型发展的内在特性，又揭示了后发地区转型发展的普遍规律。

从脱困、脱贫到转型是万山发展的大脉络。"困"和"贫"是后发地区的基本特征，也是转型首先要面对和解决的问题。因困生贫，因贫而困，是困扰后发地区发展的死结，只有首先解决"困"和"贫"的问题，转型才有实现的可能和基础。"困"和"贫"的产生有很多复杂的历史和社会因素，它不仅是人口问题、经济问题、政治问题和社会问题，更是一个转型发展问题。脱困和脱贫本身，也就是转型机制生成、转型文化孕育和转型动力集聚的过程。对于万山来说，从2000年全国企业兼并破产和职工再就业工作领导小组正式批准贵州汞矿关闭破产到2008年，脱困是其主要特征；从2008年到2018年这十年间，脱贫攻坚是其主要任务。

2001年万山的地区生产总值仅为1.29亿元，而到了2018年，万山区完成地区生产总值50.57亿元。简单的数字对比，蝶变效应跃然眼前。而蝶变的背后，则是万山通过"产业原地转型、城市异地转型"战略的实施，实现由脱困、脱贫到重新崛起的转型发展路径的探索与实践。

从产业转型、城市转型到社会转型是万山转型的大逻辑。从资源枯竭型城市转型发展的基本规律来看，产业转型、城市转型和社会转型是一个完整体系。经过多年的探索与发展，万山已经初步实现了产业转型和城市转型。但是我们通过调研发现，资源型城市转型发展最大的挑战和困难是社会转型。进入城市发展新时代，万山必须以更高的视角和更现代的思路来审视产业、城市、社会三者之间的关系，进一步推动"社会全面转型"，实现各领域的均衡发展。在今后的发展中，万山要更加重视开辟公共空间、缔造社会联结，培育社会资本、提升社会服务，创新社会治理、促进社会融合，以此推动产业、社会和城市三者之间的结构优化，以结构优化促进功能完善，进而提高城市整体的发展质量。

新能源、新农业、新文旅是万山转型可持续发展的大趋势。跨过脱困与脱贫这两道坎，"转型之转型"开始成为万山面临的新课题。"转型之转型"，就是要在认识和把握转型发展规律的基础上，把握价值链重构方向，培育接续替代产业，重构转型动力机制。未来，万山应立足现有基础和优势，大力支持新能源汽车发展，推动新能源汽车和先进制造、互联网、大数据、人工智能深度融合，构建完整的新能源汽车产业链生态体系；聚焦新农业，进一步推广普及"九丰农业+"模式,以农为基,以文为魂,以旅为本,龙头驱动、节点拉动、外围带动,探索"种养循环、三产融合、文旅兴乡"的农文旅融合发展新模式;聚焦新文旅,依托自身丰厚的历史文化和自然资源优势,顺应当前文化和旅游融合发展的大趋势,以朱砂古镇文旅融合精品品牌为核心,深度挖掘全区旅游资源,努力打造"1+N"的文旅融合品牌体系,助力万山全域旅游发展走上新台阶。

  本书既立足于万山转型实践,又跳出万山看万山;既有转型规律的总结提炼,也有转型之转型的再思考,为资源枯竭型城市转型发展提供了一种新思路、新视角和新理念。在研究编写本书的过程中,我们充分利用调研资料,竭力搜集最新文献、吸纳最新观点,以丰富本书思想。尽管如此,由于著者水平所限,难免有疏漏之处,恳请广大读者批评指正。

2019年9月12日

图书在版编目(CIP)数据

看万山红遍:中国资源型城市转型可持续发展的万山实践/连玉明主编.--北京:社会科学文献出版社,2019.11

ISBN 978-7-5201-5765-0

Ⅰ.①看… Ⅱ.①连… Ⅲ.①城市经济-转型经济-研究-万山区 Ⅳ.①F299.277.34

中国版本图书馆 CIP 数据核字(2019)第 234834 号

看万山红遍
——中国资源型城市转型可持续发展的万山实践

主　编 / 连玉明

出 版 人 / 谢寿光
责任编辑 / 张　媛

出　　版 / 社会科学文献出版社·皮书出版分社（010）59367127
　　　　　　地址：北京市北三环中路甲29号院华龙大厦　邮编：100029
　　　　　　网址：www.ssap.com.cn
发　　行 / 市场营销中心（010）59367081　59367083
印　　装 / 北京盛通印刷股份有限公司
规　　格 / 开　本：889mm × 1194mm　1/32
　　　　　　印　张：12　字　数：253千字
版　　次 / 2019年11月第1版　2019年11月第1次印刷
书　　号 / ISBN 978-7-5201-5765-0
定　　价 / 168.00元

本书如有印装质量问题，请与读者服务中心（010-59367028）联系

版权所有 翻印必究